GONGWEN XIEZUO YU CHULI KAOSHI JIAOCHENG

公文写作与处理考试教程

主　编　高永贵

副主编　姜　晨　魏子超　李彩云

编　者　（按编写章节数量排序）

　　　　高永贵　姜　晨　石燕飞　徐　菡

　　　　周　波　蒋文丽　赵兴华　魏子超

　　　　李彩云　刘璐瑶

北京大学出版社
PEKING UNIVERSITY PRESS

图书在版编目(CIP)数据

公文写作与处理考试教程/高永贵主编. —北京:北京大学出版社,2016.10
ISBN 978-7-301-27542-9

Ⅰ.①公… Ⅱ.①高… Ⅲ.①公文—写作—高等学校—教材 Ⅳ.①H152.3

中国版本图书馆CIP数据核字(2016)第219523号

书　　　名	公文写作与处理考试教程	
	GONGWEN XIEZUO YU CHULI KAOSHI JIAOCHENG	
著作责任者	高永贵　主编	
责 任 编 辑	张盈盈	
标 准 书 号	ISBN 978-7-301-27542-9	
出 版 发 行	北京大学出版社	
地　　　址	北京市海淀区成府路205号　100871	
网　　　址	http://www.pup.cn	
电 子 信 箱	ss@pup.pku.edu.cn	
新 浪 微 博	@北京大学出版社	
电　　　话	邮购部 62752015　发行部 62750672　编辑部 62765016	
印 刷 者	北京圣夫亚美印刷有限公司	
经 销 者	新华书店	
	787毫米×1092毫米　16开本　19.75印张　453千字	
	2016年10月第1版　2021年1月第2次印刷	
定　　　价	49.00元	

未经许可,不得以任何方式复制或抄袭本书之部分或全部内容。
版权所有,侵权必究
举报电话:010-62752024　电子信箱:fd@pup.pku.edu.cn
图书如有印装质量问题,请与出版部联系,电话:010-62756370

前　言

　　推行和完善公务员和事业单位职工录用考试、军队转业干部安置考试制度，是我国人事制度改革的一项重要内容。随着公务员与事业单位职工录用考试、军队转业干部安置考试在全国各地的广泛举行和报考人数的急剧增加，公务员与事业单位职工录用考试、军队转业干部安置考试的组织工作与命题工作也日趋制度化、规范化和标准化。"公文写作与处理"一直是公务员与事业单位职工录用考试、军队转业干部安置考试的重要内容之一。但是，到目前为止社会上还没有一本专门针对这些考试的考试教材，现有的只是把时政热点、马克思主义哲学、中国特色社会主义理论、法律常识、行政管理、思政常识、人文历史常识、经济常识和科技常识、公文写作常识、计算机常识等几门课程综合在一起的综合性教材。在这些教材中，涉及公文写作与处理的内容非常简单，既不全面，也不系统，更谈不上详细具体，很多内容没有编入，很多问题没有提到，涉及的内容、提到的问题也是蜻蜓点水，一带而过，让读者不知所云。考试教材的问题已经严重影响了应试人员复习备考的效率以及考试过关的成功率。多年来，我们一直为参加公务员与事业单位职工录用考试、军队转业干部安置考试的应考人员讲课辅导、出题阅卷，深知一本实用性、针对性强的教材对他们的重要性。基于这种现状，为了给广大应考人员提供一本权威实用的考试复习用书，帮助广大应考人员在短时间内高效、便捷、准确地掌握公文写作与处理的知识与技巧，提高应试的针对性，我们组织有关专家编写了这本考试专用教材。

　　本教材有以下特点：

　　一、全面性和系统性。本教材全面系统地讲述了公文的定义、特点、作用、类型、格式、行文规则与公文处理，并深入浅出地解析了各种常用公文、规范类公文、日常事务性公文、讲话类公文、书信类公文等各个文种的定义、适用范围、特点、类型、写作技法及注意事项，以帮助应考人员全面、系统地掌握公文写作与处理的全部内容和重要考点。

　　二、权威性和规范性。本书的作者大都长期致力于公文写作与处理的教学与研究，发表和出版过多篇（部）有关公文写作与处理的文章、著作，有的作者还曾为一些地方的公务员与事业单位职工录用考试、军队转业干部安置考试出题、阅卷以及制定考试标准。同时，本教材完全按照中共中央办公厅、国务院办公厅颁布实施的《党政机关公文处理工作条例》和《党政机关公文格式》的内容和要求，密切结合公务员与事业单位职工录用考试、军队转业干部安置考试的实际，对公文写作与处理的内容进行全面归纳梳理，对概念的定义、问题的定性、内容的陈述、体系的归纳、脉络的梳理、考点的定位、重点的总结、试题的解析，力求做到准确、规范、无歧义，具有很强的权威性和规范性。

三、实用性和针对性。作者队伍中有多年来从事公文写作与处理的机关文秘人员，也有多年来从事公文写作与处理的教学人员，他们同时又一直为参加公务员与事业单位职工录用考试、军队转业干部安置考试的应考人员讲课辅导、出题阅卷以及制定考试标准，具有丰富的实战经验。该教材是他们长期从事公文写作与处理的实践经验的结晶。该教材在章节设置、内容安排、试题模式等各个方面，完全立足于考试实际，按照考试需要而作，有极强的针对性和实用性。

四、试题数量庞大。本教材在进行内容讲解的同时，在每一章后面有针对每章内容的练习题。同时在教材后部还有针对全部知识考点的十组综合练习题。练习题总量近2000个，完全能满足各类应考人员的需求。

总之，本教材在内容方面，力求做到定义确切、语言准确、叙述恰当、内容系统全面。在实用性方面，力求做到题量庞大，难易适度，目的明确，针对性强。

北京大学出版社的有关领导和张盈盈编辑对本教材的出版给予大力支持，没有他们的支持，就没有本教材的顺利出版，在此，对他们表示衷心的感谢。

在编写本教材的过程中，参考使用了一些教材和网站的资料，在此对这些资料的作者表示诚挚的感谢。

本教材是由多位教师和专家共同编写完成的。由高永贵负责拟定大纲、体系结构设计和内容安排，各位作者分工写作，形成初稿，高永贵对初稿进行多次审核修改，并根据实际需要对某些章节内容进行了改写重写，最终定稿。姜晨、庞晶、李彩云做了一些辅助性编校工作。部分作者的初稿由石燕飞按统一格式整理后发给主编。参加本书编写的有高永贵、姜晨、石燕飞、徐菡、周波、蒋文丽、赵兴华（山东大学）、魏子超（山东省工程咨询院）、李彩云（齐鲁工业大学）、刘璐瑶（山东城乡规划设计研究院）。

由于时间所限，本书不足之处在所难免，敬请广大读者和业内同行批评指正（作者邮箱yonggui2004@sdu.edu.cn）

高永贵

2015 年 11 月 16 日

目 录

第一章 公文概述 / 1
 第一节 公文的定义、特点与作用 / 1
 第二节 公文的类型 / 4
 第三节 公文的文种 / 7
 第四节 公文的稿本 / 8
 第五节 公文写作的特点和步骤 / 10
 第六节 公文的主题 / 12
 第七节 公文的材料 / 13
 第八节 公文的结构 / 15
 第九节 公文的语言 / 17
 第十节 公文的表达方式 / 19
 练习题 / 24

第二章 公文的格式 / 30
 第一节 版头 / 30
 第二节 主体 / 33
 第三节 版记 / 40
 第四节 公文的特定格式 / 42
 第五节 公文的表格及页码格式 / 43
 第六节 公文用纸及印装格式 / 44
 练习题 / 45

第三章 公文的行文与处理 / 55
 第一节 公文的行文关系、行文方向和行文方式 / 55
 第二节 行文规则 / 57
 第三节 公文处理概述 / 58
 第四节 公文的拟制 / 58
 第五节 公文的办理 / 60
 第六节 公文的管理 / 64
 练习题 / 66

第四章 15个常用公文 / 72
 第一节 决议 / 72
 第二节 决定 / 74
 第三节 命令(令) / 76
 第四节 公报 / 80
 第五节 公告 / 81
 第六节 通告 / 84
 第七节 意见 / 87
 第八节 通知 / 91
 第九节 通报 / 94
 第十节 报告 / 97
 第十一节 请示 / 100
 第十二节 批复 / 103

第十三节　议案 / 107
第十四节　函 / 109
第十五节　纪要 / 113
练习题 / 116

第五章　几种常用公文的写作 / 127
第一节　通知的写作 / 127
第二节　请示的写作 / 134
第三节　批复的写作 / 137
第四节　意见的写作 / 139
第五节　通报的写作 / 141
第六节　通告的写作 / 145
练习题 / 147

第六章　讲话类公文 / 152
第一节　讲话稿 / 152
第二节　开幕词 / 155
第三节　闭幕词 / 157
第四节　欢迎词 / 160
第五节　欢送词 / 162
第六节　祝词、贺词、致辞 / 163
练习题 / 166

第七章　书信类公文 / 171
第一节　倡议书 / 171
第二节　建议书 / 174
第三节　公开信 / 175
第四节　感谢信 / 177
第五节　表扬信 / 178
第六节　启事 / 179
练习题 / 180

第八章　日常事务类公文 / 186
第一节　计划 / 186
第二节　总结 / 187
第三节　述职报告 / 189
第四节　简报 / 191
第五节　调查报告 / 194
第六节　会议记录 / 196
练习题 / 197

第九章　规范类公文 / 205
第一节　条例 / 206
第二节　章程 / 208
第三节　规定 / 208
第四节　办法 / 209
第五节　规则 / 210
第六节　细则 / 211
第七节　守则 / 212
第八节　公约 / 212
练习题 / 213

第十章　复习建议及综合练习题 / 216
综合练习题（一）/ 217
综合练习题（二）/ 220
综合练习题（三）/ 223
综合练习题（四）/ 226
综合练习题（五）/ 229
综合练习题（六）/ 230
综合练习题（七）/ 232
综合练习题（八）/ 234
综合练习题（九）/ 236
综合练习题（十）/ 239

练习题参考答案 / 242

参考文献 / 309

第一章 公文概述

第一节 公文的定义、特点与作用

一、公文的定义

公文,即办理公务的文书,是党政机关、社会团体和企事业单位在行使管理职权、处理日常工作时使用的书面文字工具,它是各类社会组织用以表达意志、传达指令的方式和手段。党的方针、路线要靠公文传达、贯彻;各级政府的政策、法令要靠公文宣传、实施;社会团体和企事业单位开展工作的种种方法,也要靠公文进行布置、安排。《党政机关公文处理工作条例》对党政机关公文的定义是:"党政机关公文是党政机关实施领导、履行职能、处理公务的具有特定效力和规范体式的文书,是传达贯彻党和国家方针政策,公布法规和规章,指导、布置和商洽工作,请示和答复问题,报告、通报和交流情况等的重要工具。"

二、公文的特点

公文是一种特殊的文体,与其他文体相比,它有自己的特点,主要表现在以下几个方面。

（一）作者的法定性

公文必须是由法定作者制成和发布的。法定作者是指依法成立并能以自己的名义行使权利和承担义务的社会组织及其领导人。公文的法定作者包括两种:一种是依法设立的各类社会组织。如党政机关、社团组织、企事业单位,都是依法成立并合法存在的社会组织,它们都是法定的作者,均可根据工作需要,在自己的职能和权限范围内制发公文。二是社会组织的法定领导人。领导人的职务是经过委任或经过选举程序后,由上级批准同意的,所以也是法定作者。根据工作需要以领导人的名义制发公文,也是领导人行使职权的一种表现。

用领导人的名义发文,并不是以他个人的名义出现,而是代表他所在机关的身份来发文。因此,以领导者的名义发文,必须在个人名字前冠以机关名称与领导职务。如"中华人民共和国主席×××""某省财政厅厅长×××"等。一旦这些人不再担任这一职务,也就失去了这一法定作者的地位。现实中,因为公文的发文机关标志或公文标题已经表示出发文机关,所以一般只在姓名前标识职务全称,不再重复标注发文机关。需要说明的是,社会组织中从事公文撰写的人员不能视为公文的法定作者。

(二)效用的现实性

公文直接形成于现行的公务活动中,并对该公务活动起指导、指挥、约束、联系与沟通的作用。公文既是发文机关用于发布指令、法规,传达决策意图的重要手段,又是受文机关开展工作的指导和依据,还是维系各机关之间,以及机关和广大人民群众之间正常关系的基本形式之一。它在国家管理中发挥着承上启下、协调配合、联系沟通的执行效用。

由于客观形势的变化和公务活动的阶段性,公文的现行效用都具有一定的时效性。有的公文的时效期较长,如法规性公文、结论性公文、长远规划等;有的公文的时效期则较短,如关于某一具体事项的通知,工作办理完毕,其现行使命便告结束。

(三)作用的权威性

公文的权威性是指公文在一定时间和空间范围内对受文者具有指挥、协调、约束等强制性作用,如强制予以传达、贯彻、执行,强制予以阅读、办理、复文等。

在实际工作中,公文的权威主要表现为:下级机关对上级机关文件的贯彻执行与答复;上级机关对下级机关来文的回复;同级机关之间公文的往来等。由于公文内容是发文机关职能的反映,代表的是制发单位的职权范围。因此,不管是何种性质、何种级别的机关制发的公文都具有法定的权威性。只是因制发机关的职权范围不同其制发公文的权威性有所差别。一般而言,制发机关的职权范围大,其制发公文的权威性就强,作用的范围也广。如国务院的公文,因国务院是最高国家行政机关,它的公文在全国范围内就具有极高的权威性。而某个地方政府或部门以及企事业单位制发的公文,相对于国务院制发的公文而言其权威性则要小得多。

因此,公文是法定作者履行公务的重要工具,体现着组织的权力和意志,表达着组织的意见和主张。因此作为受文者必须无条件地贯彻、执行,否则就会受到制裁,并承担相应的责任。

(四)格式的规范性

公文的格式就是指公文的外观样式,包括公文的文体和版面形式。公文是一种特殊的文体形式,是各级各类组织具体领导和管理政务的工具,代表的是组织的意志和权威。因此,制发公文是一件极其严肃的工作。为了保护公文的法定性、权威性和严肃性,并便于进行公文传递与处理,党和国家有关部门发布实施了统一严格的规定。如《党政机关公文处理工作条例》和《党政机关公文格式》,就对党政机关的公文文体、文面格式和版面形式做了详细、严格的规定。各级党政机关、社会团体和企事业单位制发公文都应当严格按照规定的体式办理,不能随心所欲,另搞一套。

(五)处理的程序性

公文处理的程序性是指公文的制发和办理过程都有严格的程序规定。任何组织在进行公文拟制、办理、管理等工作时,都必须按照规定的程序进行处理。只有这样才能确保公务活动的正常进行。如公文的拟制包括公文的起草、审核、签发等程序。只有经过机关领导人审核并签发后的文稿才能印发;几个机关联合发文,必须履行完备的会签手续;重要的政策性文件还需报请上级机关或主管部门审批;法规性公文必须交正式会议讨论通过,再交领导人签署发布,否则不能生效。

三、公文的作用

公文的作用主要表现在以下几个方面。

(一)领导与指挥作用

公文是传达贯彻党和政府方针政策的有效形式,党和国家的领导机关可以经常通过制发公文来部署工作,传达自己的决策和意见,对下级机关或部门的工作进行领导和指挥。同时,党和政府的方针政策,各级政府机关的工作决策和安排,是各机关开展各项公务活动的指导纲领和重要依据。有些公文要求下级机关或部门结合自己的实际情况参照执行。上级传达领导意图与下级机关贯彻执行相结合,就使公文成为联系上下级机关的纽带,从而发挥其领导与指挥的作用。

(二)规范和制约作用

公文作为管理国家和社会事务的重要工具,其本身所具有的权威性和法定性赋予了它很强的规范和约束作用。各级党政机关的各种法规、规章、政令、条例、决议、决定、通告、通知等公文一经正式发布,对相关范围内的单位和个人均具有规范和准绳作用。党和国家各项管理活动做到有法可依、有章可循,是实现国家管理法制化、科学化的重要基础与保证。

(三)联系和沟通作用

公文是请示和答复问题、指导和商洽工作以及沟通情况的重要手段,是加强机关部门之间联系的纽带。各级党政机关、社会团体、企事业单位之间,需要经常地用公文传递信息、沟通情况、商洽工作、交流经验。如上级机关向下级机关传达策令、布置工作,需要用决议、决定、命令、通知等公文;下级机关向上级机关汇报工作、请求批准和指示,需要用报告、请示等公文;不相隶属机关之间商洽工作、交流信息、询问和答复问题,需要用函等公文。

(四)宣传和教育作用

公文是党政机关直接向广大干部和群众宣传党和国家重大方针政策、宣传单位个人的典型经验和先进事迹的载体,是进行宣传教育的工具。公文不仅起着统一思想、提高认识,鼓舞信心的作用,而且担负着对广大干部、群众进行思想政治教育的重要任务。公文的宣传教育作用较之新闻报道、理论文章来说,更具有直接的权威性,也是新闻广播、电视等媒体进行宣传教育的重要依据。

（五）依据和凭证作用

公文反映了制发机关的意志、愿望和要求,因此是各级各类机关开展工作、处理公务的重要依据。一方面,上级机关所发的公文无疑都是下级机关开展工作的依据。另一方面,下级机关所发的公文,如请示、报告等,同样也是上级机关了解情况、制定政策、指导工作、答复询问的重要依据。

公文是机关档案的主要来源。公文完成了它的现实执行效用后,要立卷归档,使其成为机关公务活动的信息载体而存储起来,以备日后查考。这时公文就成为记载当时某一事件、问题或活动的历史凭证。有的还能成为研究历史的第一手资料,具有重要的史料价值。

总之,公文的作用不是单一的,一种公文往往同时具有多种作用。如一份上级机关的公文,它对下级机关既有领导与指挥的作用,又具有规范和制约作用,同时还具有联系和沟通作用。公文的作用还是变化的,它会随时间、地点和读者对象的不同发挥不同的作用。如一份公文此时可能起领导与指挥作用、规范与制约作用、联系与沟通作用、宣传与教育作用,而彼时则可能起凭证的作用。再如一份公文对某些机关或群体起规范和制约作用,而对另一些机关或群体则起宣传和教育作用。

第二节　公文的类型

公文的分类就是按公文外延所覆盖的不同,把公文分为不同的类型。公文的分类标准不是单一的,按不同的分类标准,从不同的角度可以把公文分成不同的类别。常见的基本公文分类方法,主要是按公文的行文方向、使用范围、涉密程度、紧急程度、来源等方面来划分。

一、按照公文的行文方向分类

（一）上行文

上行文是指下级机关向所属上级机关和上级业务主管部门报送的公文。上行文既包括报送给上级领导或更上一级的领导机关的公文,也包括报送给对本单位有业务指导关系的机关的公文,如国务院各部、委,各省、自治区、直辖市报送给国务院的请示和报告；各省、自治区、直辖市有关委、办、厅（局）向国务院有关部、委所报送的请示、报告等,都属于上行文。

（二）下行文

下行文是指上级机关对所属下级机关、指导机关向被指导机关制发的公文。如国务院给各省、自治区、直辖市人民政府所发的文件,国务院各部、委给各省、自治区、直辖市人民政府对口的有关委、厅(局)、办等所发的文件,都是下行文。

(三)平行文

平行文是指同级机关或不相隶属机关之间相互发送的公文。所谓不相隶属机关主要是指在领导关系上没有领导与被领导的关系,在业务关系上没有指导与被指导的关系,如中共中央各个部门之间,各个县委之间,县人民政府之间,都没有领导与被领导、指导与被指导的关系,都是同级机关。再如,省军区和省人民政府之间,大学和大学之间,也没有领导和被领导、指导和被指导的关系,是一些不相隶属的机关。上述这些机关在相互联系或协商工作时,一般适宜于使用"函"来行文。

二、按照公文的使用范围分类

(一)通用公文

通用公文是指机关、团体、企事业单位普遍使用的公文。它不仅包括《党政机关公文处理工作条例》中规定的15种公文,也包括计划、总结、调查报告、讲话稿、简报等日常事务性公文,还包括条例、规定、办法、章程等法规性公文,这些公文不仅仅用于党政机关、社会团体、企事业单位等,连那些具有专门职能的外交、司法部门等也都同样使用。

(二)专用公文

专用公文是指在一定的业务范围内,按特殊需要而专门使用的公文。它的使用范围限定在特定的专业领域,如外交、司法、科技、军事等专业领域。专用公文包括外交公文、司法公文、科技公文、军事公文、会计公文等。专用公文有特定的格式和处理要求,有很强的专业性。

三、按照公文的涉密程度分类

(一)保密公文

保密公文是指党和国家根据文件内容划定了秘密等级的公文。这类公文因其内容涉及党和国家的秘密,需要控制知密范围和知密对象。目前,我国保密公文按涉密程度的不同,分为绝密、机密、秘密三个级别。

绝密公文是指涉及党和国家最重要的秘密的公文,一旦泄露会使国家的安全和利益遭受特别严重的损害。

机密公文是指涉及党和国家重要的机密的公文,一旦泄露会使国家的安全和利益遭受严重的损害。

秘密公文是指涉及党和国家一般机密的公文,一旦泄露会使国家的安全和利益遭受损害。

（二）普通公文

普通公文是指基本不涉密，可以在本机关内部公开，或向国内外公开发布的公文。这类公文按阅知范围的不同又可以具体分为组织内部公文、限国内公开的公文、对国内外公开的公文三种。

组织内部公文，是指限于机关、团体、企事业单位或专业系统范围内使用的公文。其内容虽不涉及国家秘密，但含有机关和系统内部的情况、信息数据等，不宜对社会公开，只限于本机关或本系统内部阅知。

限国内公开的公文，是指内容虽不涉密，但不宜也没有必要向国外公开，仅在国内公开发布的文书。

对国内外公开的公文，是指内容不涉密，可直接向国内外发布的文书。

四、按照公文的紧急程度分类

（一）紧急公文

紧急公文又分为特急公文和加急公文。

特急公文是指内容特别重要而且特别紧急，要求在最短的时间内以最快的速度形成和处理的公文，如灾情报告、战争情报等。

加急公文是指内容重要且紧急，要求迅速形成和处理或必须在规定的时限内办理完毕的公文。

（二）常规公文

常规公文是指可以按正常的速度和程序形成、运转和处理的公文。

五、按照公文的来源分类

（一）发文

凡是本单位制发的公文都是发文。发文既包括发给上级机关、不相隶属机关、下级机关的公文，又包括发至本机关单位内部机构的公文。发给上级机关、不相隶属的机关、下级机关的公文称为外发公文或外发文；发至本机关单位内部机构的公文称为内发公文或内发文。

（二）收文

凡是本单位收到的由外部单位制发的公文统称为收文。收文既包括上级机关和不相隶属机关外来的公文，如命令、决定、通知、批复、函等，也包括下级机关呈报的公文，如请示、报告等。

六、按照公文的载体分类

（一）纸质公文

纸质公文是指以纸张为载体的公文，这是到目前为止公文的主要使用形式。

（二）电子公文

电子公文是指各级各类机关、组织借助于电子计算机和网络系统生成、传递和处理的公文。随着我国电子政务系统的不断完善，电子公文的使用会越来越广泛。

另外，按照公文的作用，还可把公文分为决策指挥类公文、指导类公文、晓谕类公文、报请类公文、商洽纪要类公文等。

第三节 公文的文种

任何事物都有自己的名称，公文也不例外。公文的名称就是公文的文种。撰写公文时，必须正确选择和使用文种。正确选择和使用文种，有利于维护文件的权威性和有效性，便于受文者准确理解发文意图，使公文得到及时有效的处理，从而提高工作效率。

一、目前党政机关规定使用的主要文种

按照《党政机关公文处理工作条例》的规定，目前党政机关常用的主要文种有15种：决议；决定；命令（令）；公报；公告；通告；意见；通知；通报；报告；请示；批复；议案；函；纪要。

除此之外，党政机关在实际工作中还会使用其他一些文种，如条例、章程、规定、办法、细则、制度、守则、公约、计划（包括规划、纲要、安排、方案、预案、工作要点、打算、设想等）、总结、调查报告、简报、信息、大事记、讲话稿（包括会议的工作报告、开幕词、闭幕词、欢迎词、欢送词、致辞、祝酒词、贺词等）、述职报告、专用书信等。

二、文种的选用方法

公文的文种具有体现公文的性质、反映行文方向、表达行文目的、揭示公文特点的作用。正确使用公文，可以确保公文的严肃性和规范性，更好地发挥公文的权威作用和约束作用，提高机关的办事效率。

（一）根据有关规定选用文种

公文文种的选用必须在规定的文种范围内，如党政机关使用的正式文种只能在《党政机关公文处理工作条例》规定的15种公文中选用。既不能任意编造和使用文种，也不能再使用党和国家有关规定中已淘汰的文种。如"请示报告""答复"就属于生造的文种；"指示""指令""鉴报"则是已淘汰的文种。

（二）根据公文的性质选用文种

每种公文都有自己的性质特点，选用文种还要根据公文的性质，如决策性公文只能是上级机关对下级机关发布指令、传达指示时使用，同级机关或不相隶属机关之间联系工作、商洽事宜不能使用决策类公文，只能使用商洽联系类公文，如函。

（三）根据发文机关的权限选用文种

有些文种是有一定的使用权限的，一些机关因受职权范围的限制，并非所有文种都可以使用，如公告，它是国家权力机关、行政机关及领导人向国内外宣布重要事项或法定事项时使用的文种。一般情况下，基层单位、社会团体、企事业单位是不会有什么重要事项需要向国内外宣布的，因此，这些机关和单位也就无权使用公告这个文种。还有像"命令（令）""公报""决议""议案"等都对发文机关的权限有比较严格的要求。

因此，任何机关制发公文，都应根据自己的职权范围，选用与自己职权范围相适应的文种。超越发文机关权限的行文是无效的公文。

（四）根据公文的使用范围和发文目的选用文种

每一种公文都有自己的使用范围，如报告，适用于向上级机关汇报工作、反映情况、回复上级机关的询问；请示，适用于向上级机关请求指示、批准等等。如果行文目的是向上级机关汇报工作、反映情况、回复上级机关的询问，就应该用"报告"；如果行文目的是向上级机关请求指示、批准，就选用"请示"等等。因此，搞清楚每一个文种的使用范围，明确发文目的，是正确选用文种的前提。

（五）根据隶属关系和行文方向选用文种

所谓隶属关系，一般是指在领导关系上有没有领导与被领导关系、业务上有没有指导与被指导的关系。处于领导或指导地位的机关就是上级机关或领导机关，处于被领导或被指导地位的机关就是下级机关或下属机关。机关之间在领导关系上没有领导与被领导关系，业务上没有指导与被指导的关系，这样的机关就是不相隶属机关。公文的行文方向，包括上行文、下行文和平行文就是根据机关之间的隶属关系确定的。制发公文时，要根据公文发文机关与收文机关之间的关系选择文种。如果发文机关是向上级机关制发公文，只能使用上行文，如请示、报告；如果发文机关是向下级机关或部门制发公文，就应该使用下行文，如命令、决定、批复；如果是向与本机关无隶属关系的机关行文，只能使用平行文，如函。

第四节 公文的稿本

公文的稿本是指同一个公文在制发过程中形成的不同的文稿和文本。

一、公文的文稿

公文的文稿是在公文起草过程中形成的不同的稿子，包括草稿和定稿两种。它们在内容、外观形式以及效用方面均有很大区别。

（一）草稿

草稿是供讨论、征求意见和修改审核使用，不具备正式公文的效用。草稿的外观特点是没有生效标志（如签发、用印等），文面上常见"讨论稿""征求意见稿""送审稿""初稿""二稿""三稿"等稿本标记。标记大都位于标题下方或右侧加括号。草稿包括讨论稿、送审稿、征求意见稿、草稿、修改稿等多种形式。

（二）定稿

定稿是内容已确定，已履行法定生效程序的最后完成稿，即业经机关领导人审核并签发，或经正式会议讨论通过或经上级机关审核批准的文稿。具备正式公文的法定效用，是制作公文正本的标准依据。定稿已经确定，如不经法定责任者（签发人、讨论通过该公文的会议等）的认可，任何人不得再对其进行修改，否则无效。定稿的文面上有法定生效标志，如签发等；有的表明"定稿""最后完成稿"等。

二、公文的文本

同一份文件，根据其不同的用途，可分为正本、副本、存本、修订本；一些法规性公文又有试行本、暂行本；同一内容的文件由于使用不同的文字制发，就形成不同文字的稿本。因此，公文的文本主要有正本、副本、存本、试行本、暂行本、修订本和不同文字的稿本。

（1）正本。根据定稿制作的供主要受文者（主送机关）使用的具有法定效用的正式文本。正本格式规范并具备各种生效标志，其内容和定稿完全一致。

（2）副本。再现正本内容及全部或部分外形特征的公文复制本或正本的复份。副本与正本在内容上并无区别，只是作用不同。副本的作用主要代替正本供传阅、交流、参考、知照、备查使用。作为正本复份（与正本同时印刷）的副本与正本在外形上没有区别，只在送达对象和使用目的上与正本有所不同，正本送主送机关，副本送抄送机关或由发文机关留存备查、归档等，在效用方面具备正式公文的法定效用；作为复制件（如抄本、复印本等）的副本，因不能再现公文的全部特征（如印章等）不具备正式公文的法定效用。

（3）存本。存本是发文机关留存的与正本内容和形式完全一致的公文文本。存本应与定稿及有查考价值的草稿一起保存，并立卷归档。存本的留存份数视需要而定，有的留存一两份，有的留存三五份。存本的作用主要是以备日后查考利用。

（4）试行本。试行本是指有待于接受实践检验后再行修改的文本。试行本主要用于法律、法规类公文，在制发机关认为公文内容还不十分成熟，还必须经过一定时期的实践检验，再行修订时所使用的。试行本是正本的一种特殊形式，在试验推行期间具有法定效用。试行本的试行期不宜过长，试行期间应认真试行，不断总结，及时修订。经过修订后的文本一旦生效，试行本即作废。"试行"的标注方法，一般是在文种后用括号注明"试行"字样，如《中华人民共和国民事诉讼法(试行)》。还有一种方法是直接在标题中标示出"试行"二字,如《可再生能源调峰机组优先发电试行办法》。

(5)暂行本。暂行本就是暂时实行的文本。在公务活动中,应当对某些问题做出规定,但由于种种原因又不宜做出正式规定时,往往以"暂行"的方式制发公文。暂行本是正本的一种特殊形式,在规定的暂行期间具有法定效用。这类公文的标注方法一般是在标题的文种前加"暂行"两字。如《关于实行党政领导干部问责的暂行规定》。也可以在文种后用括号注明"暂行"字样,如《国家基本药物目录管理办法(暂行)》。暂行本和试行本的性质相同,只是暂行本的暂行期一般比试行本的试行期长,有的暂行期长达几年甚至十几年。

(6)修订本。一些已经发布生效的公文,在施行一定时期以后,公文中的一些内容已经不适应当前的实际情况,需要修订补充。这种对已经发布生效的文件,在实行一定时期以后进行修改订正再行发布的文本,称为修订本。修订本是正本的一种特殊形式,它具有法定效用。修订本需要作出稿本标记,可在标题结尾处标作"(修订本)",也可在标题下做题注,在圆括号内注明"某年某月修订"。从修订本发布生效之日起,原文本即行失效。

(7)不同文字的稿本。同一公文在形成过程中,需要两种或两种以上文字撰制时,会形成不同文字的稿本。如,在我国少数民族地区,为方便工作,党政机关、企事业单位和社会团体在发文时,往往是同一份公文同时制发汉语文本和某个少数民族语言的文本。又如,在国家外交工作中,也会根据实际需要,对同一份公文同时制作中文文本和外文文本。不同文字所形成的内容相同的稿本在效用上相同。

第五节 公文写作的特点和步骤

公文写作,是指公文的起草与修改,是撰写者代机关立言,体现机关领导意图和愿望的写作活动。

一、公文写作的特点

(1)被动写作,遵命性强。公文写作有别于文学创作,不能依据个人兴趣爱好和意志而定,而是根据工作需要和发文机关的要求进行的被动写作行为。公文写作是代表发文机关和发文机关负责人的意志,而非起草人自己的意图,具有较强的遵命性。

(2)对象明确,针对性强。文学作品一般没有特定的读者对象。而公文写作具有鲜明的针对性,即公文一般具有明确具体的阅读对象——主送机关以及抄送机关等。公文如果没有特定的受文对象,其内容也就失去了特定的针对性。因此,公文写作必须明确受文对象,公文内容应当具有针对性。

(3)决策之作,政策性强。我国党政机关是以层级制为主的体系结构,各级领导机关一般通过制发公文,来领导和指导各地区、各部门的工作,为基层解决实际问题。因此,上级机关公文的内容既要符合党和国家的方针政策,又要提出便于下级机关执行的决策。同时,下级机关给上级机关的行文也必须符合党和国家以及上级机关的政策,并与各项规定相一致,防止互相抵触。

(4) 急迫之作,时限性强。公文是为解决现实问题而写作的,往往是对重大事情作出决策,对即将出现的问题提出解决办法和处理意见。有些公文由于情况紧急,时间要求相当严格。因此,公文写作一般是对制定和执行决策及处置措施进行快速反应的活动,要求撰写者才思敏捷下笔迅速,写得既快又好。当然,并不是所有的公文都需要快写快发,公文写作的时限性还要求适时,即根据公文的缓急程度,在规定时间内完成。

(5) 集思广益,群体性强。公文写作应发挥集体优势,集思广益,相互启发,拓宽思路,反复协商,扬长避短。因此,公文写作是群体性的写作活动,公文是集体智慧的结晶。

(6) 讲究格式,规范性强。党和国家有关部门对公文的规范化、标准化都作了严格规定。各个发文机关都应当按照规定的格式制发公文,不能另搞一套。

二、草拟公文的组织形式

一般情况下,草拟公文的组织形式有以下三种:

(1) 个人独自完成。即由一人准备、选取材料、构思布局直至拟写成文。一些小型公文,如便函、事务性通知、简报等大多采用这种形式。

(2) 多人共同完成。即由多人共同讨论、构思、准备材料,最后由一人执笔起草。这是公文写作的最普遍的基本组织形式。这种形式能扬长避短,使文稿思路开阔,观点新颖,使公文真正成为集体智慧的结晶。

(3) 集体完成。即由起草小组共同酝酿,多人分工执笔,一人通稿贯穿成文。重要会议报告、总结,重大方针政策性决议、决定等,由于其涉及面大,篇幅长,文字水平要求高,因此,一般由领导机关的文秘部门牵头,吸收各有关业务部门文书人员参加,组成起草小组打团体战。

三、公文的质量

公文质量主要体现在公文的思想内容和文字表达两个方面。

(1) 在思想内容方面,公文应有较强的政策性、针对性、科学性。政策性是衡量公文质量的重要条件。所谓政策性就是要求政治思想观点正确,能准确体现党和国家的方针政策。所谓针对性强就是要有的放矢,切中要害。所谓科学性就是公文内容要反映工作实际和客观规律,并能经受住时间和实践的考验。

(2) 在文字表达方面,公文应该结构严谨、语言精当、行文规范。结构严谨就是要求公文主次分明、条理清楚,重点突出,衔接自然,联系紧密,完整划一。语言精当,就是要求公文语言不但要符合语法、修辞和逻辑的要求,恰如其分地表达内容,而且要使用公文语言,做到准确、简明、庄重、平实。行文规范,就是要求文种选用要正确,格式符合要求,同时要做到文字规范、书写清楚、文面整洁等。

四、公文写作的步骤

公文写作的一般步骤主要有:

(1)明确发文主旨;(2)收集有关材料;(3)拟出写作提纲;(4)认真起草公文;(5)反复检查修改。

第六节 公文的主题

公文的主题也称主旨,是指公文所要表达的中心思想或基本观点。公文的主题一般在撰稿前就已经形成,并在公文的标题、正文开头或结尾处表现出来。

在构成公文的几个基本要素中,主题是一个首要和核心的要素。公文的主题体现了机关领导意图和发文目的,它是公文的灵魂和统帅,决定和制约着材料的取舍、结构的安排和表达方式的选择,是使公文成为一个有机整体的关键。

一、公文主题的作用

(1)主题决定公文的效用,是衡量公文价值的主要标尺。主题是公文的核心和灵魂,公文发挥作用的大小,能否解决实际问题,在很大程度上取决于公文的主题。

(2)主题影响公文材料的选择。主题起着统摄材料的作用,一篇公文要写什么、不写什么,详写还是略写,都要根据主题来定。决定材料能不能用的标准就是主题,与主题无关的材料,即使再新颖和典型,也坚决不能选用。

(3)主题支配着公文的结构安排。主题支配并制约着公文的篇章结构,使用什么结构,如何来安排,都要服从于主题的需要。篇章结构是公文的骨架,是主题表达的外部形式,合理的结构往往能更好地表现公文的主题。

(4)主题制约公文的表达方式,限定公文的语言风格。公文一般有叙述、议论、说明三种表达方式,这三种表达方式都是表现主题的手段。具体采用什么表达方式、运用什么语言风格,都应该根据公文主题的要求而定。

二、确立公文主题的原则和方法

(一)根据领导意图确立主题

公文是起草人根据领导授意起草的,它是领导人意志的体现,因此,领导意图对公文主题的确立具有重要的指导作用,准确地领会领导人的思想和精神,是把握和确立公文主题的关键。

（二）立足于社会实践确立主题

主题是对相关材料的去粗取精、去伪存真，而材料来源于实践中获得的事实和数据，因此，丰富的社会实践是确立公文主题一个重要来源。

（三）依据工作需要确立主题

公文都是由于实际工作需要而产生的，这种工作需要是确立公文主题的依据和直接动因。

（四）依据政策法规确立主题

公文主题的确立对政策法规具有较强的依赖性，公文的主题及其基本观点和主张，必须与党的方针政策、国家的法律法规以及上级指示精神保持高度一致。

三、公文主题的表现形式

公文主题的表现形式主要有以下几种。

（一）标题点题

标题点题，就是把公文的主题直接在公文标题中揭示出来。利用标题来点题，使主题更加清晰明确、一目了然。许多规范性公文，如条例、规定等，大都采用这一方法。

（二）开篇点题

开篇点题就是在正文的开头使用主旨句点题。这种表现形式的主旨句通常具有固定的结构，如"为了……"，通知、通报、报告、意见等公文中常采用这种点题方式。

（三）小标题点题

利用小标题形式点题，一般是在文章涉及内容比较复杂的情况下使用，可以根据一定的逻辑关系把文章主题分解成几个部分，每个部分用一个小标题的形式来显示，从而将公文的主题散布在各小标题中。

（四）篇末点题

篇末点题也称"卒章显志法"，即在公文的结尾处点明主题。

第七节 公文的材料

公文材料是作者为了撰写公文而搜集和积累的一系列事实、论据、资料等，是表现文章主旨的基础和条件。材料在公文中处于基础的地位，任何一种公文写作都离不开材料。

一、公文材料的分类

公文材料通常分为理论材料和事实材料两种。

理论材料是指文章中引用的有关党和国家的方针、政策,有关的法律、法规、规章以及其他著名的论述、论断等。这些材料可以在公文写作中作为文章的背景和依据,以便更充分地说明主旨。

事实材料是指公文中引用的数据、事例或其他材料,事实材料可以增强文章的说服力,使文章言之有物、丰厚实在。

二、公文材料的作用

(一)材料是进行公文写作的基础

公文的材料是构成文章的基本要素之一,也是表现主题的依据和基础,没有丰富的材料,就无法写出深刻充实的文章。

(二)材料是提炼主题的基础

公文的材料与主题之间有着紧密的联系和内在的一致性。公文的主题往往是通过对现有材料的提炼和高度概括而形成的,没有丰富详尽的材料,就难以形成明确的主题。

(三)材料是表现主题的依据

公文的主题只有经过合适的、丰富的材料的表现和证明,才能更具有说服力和可信度。

三、公文材料的收集

(一)观察

观察是认识客观事物的基础,也是搜集材料的重要途径。通过留心观察社会和生活中的事情,可以获得大量有价值的第一手材料,从而为公文写作奠定基础。

(二)调研

有目的、有计划地开展调查研究,是获得各种真实、生动、典型材料的重要方法。有些现实材料无法通过平时的观察得到,必须通过实际的调查研究才能获得。同时,在调查研究的过程中,常常可以发现一些新问题、新情况,使得研究更为深入,主题更加深刻和典型。

(三)阅读

通过观察和调查研究获得的材料是直接材料,但是仅有它还远远不够,再加上时间和精力的限制,不可能事事都亲自调研,因此必须通过阅读去获取大量有价值的材料。书籍、报刊、网络以及之前的公文,都是公文材料的重要获取途径。

四、公文材料的选择

真实、典型、适用、新颖,是选择公文材料的原则和标准。

(一)真实

真实是公文材料选择的首要原则和标准,公文写作中使用的材料必须是客观存在、真实可靠的。真实是保证公文权威性和可信度的重要基础。

（二）典型

公文中选用的材料必须具有一定的代表性和典型性，能够揭示事物的本质特征，深刻地表现文章的主题。

（三）适用

材料的适用性是指必须根据公文的主题来选择材料，选择的材料必须能够说明公文的基本观点和主张，能够有力地体现主旨。适用的就是最好的。

（四）新颖

新颖的材料往往能够反映时代精神、体现时代脉搏。社会在不断进步，新事物在不断涌现，公文写作应该立足于时代高度，不断发现和摄取新颖的材料，反映新面貌，阐发新见解，增强公文的吸引力。

第八节 公文的结构

一、层次与段落

一篇完整的公文是由层次和段落构成的。层次和段落既有联系又有区别。其区别在于：段落是形式范畴的概念，即自然段，其行文标志是"另起一行，空两格"；层次是内容范畴的概念，即意义段，没有明显的行文标志。但层次与段落之间的联系却十分密切，即层次是由段落构成的，一个层次可以是一个自然段，也可以是多个自然段。

（一）层次

层次指的是公文思路的展开和思想内容的表现次序，是公文在表达主题过程中形成的相对完整的思想内容单位，也是结构的基本单位。它体现了公文内容的表现次序，体现了公文内容相互间的逻辑联系。也体现着作者在写作公文时思想展开的步骤。

公文的层次具体来说是总括和分述的安排形式。层次的安排要有一定的依据，有时按照事物发展的时间来安排层次，有时根据事物的空间来安排层次，有时按照事物的功能和特征的主次来安排层次，有时按照公文的逻辑联系来安排层次。比如写"请示"，请示的缘由是一个层次；请示中要求上级给予解决问题的部分又是一个层次；最后是结束语。

公文的层次安排，形式很多，具体如何安排层次，应根据不同种类的公文的内容来决定。公文的层次安排主要有以下几种方式：

（1）并列式。并列式是指各个分论点、各层次之间平行展开，不相互统属，不存在交叉关系，共同从不同的角度论证、诠释文章的主题。公文多用分条、列项的方式表述既有联系又各不相同的内容，形成并列式层次。条例、规定、办法、细则、计划等多为这种层次。

（2）递进式。递进式是指各分论点之间按照逐层深入的方式进行布局形式。与并列式相比，递进式的各层次间存在逐渐深入、层层递进、体现出环环相扣的逻辑关系。在公文中命令、决定、决议、请示、报告、调查报告等常采用这种方式。

（3）总分式。也称为主从式，总分式是指在文章的开头先从总体上概括内容，然后具体分述；或先提出总的观点、主张，再具体说明。在总述的部分中体现文章的中心思想和主旨，然后在分述部分中分别具体论述各个分论点，分述部分采用的是并列式的方式布局。

（4）因果式。因果式是指以分析事物形成和发展的原因、结果为线索安排层次的一种方式，各个层次之间为因果关系。可以先说因、后说果，也可以则先交代结果，后分析原因。

（二）段落

段落就是自然段落。从外在形式上看，段落具有换行、空格等非常明显的标志。公文分段，其主要目的和作用是使文章结构清楚、层次分明、易于理解。

二、过渡与照应

（一）过渡

过渡是指公文层次、段落之间的衔接与转换，在公文中起着承上启下的作用。较为常用的过渡方法主要有以下三种：

（1）词语过渡。即采用过渡性词语来过渡，在需要转折的地方，可以借助于关联词或表示次序、方位的词语来完成过渡。常用的表示过渡词主要有"因此""总之""由此可见""综上所述"等。

（2）句子过渡。即采用过渡性句子来过渡，在段落或层次之间，有时也用一个句子将上下文衔接起来，这样的句子就称为过渡句。过渡句可以设在前一段的末尾，也可以放在后面一段的段首，应根据具体情况，灵活掌握。

（3）段落过渡。即采用段落的形式来过渡，凡是两层或两段文字之间意思相隔较远，或表达方式、结构形式变换幅度较大时，可用段落来进行过渡。这种在层次和段落之间起承前启后作用的段落，称为过渡段。

（二）照应

照应是指公文前后文之间内容的相互照顾与呼应。公文中常用的照应方法有以下三种：

（1）首尾照应。即让公文的开头与结尾相呼应，使开头说的观点、提示，在结尾处能得到相应的补充和强调。

（2）前后照应。即让公文的前后内容之间互相照顾、彼此呼应，使公文的结构紧凑、主题鲜明、逻辑性强。

（3）题文照应。即正文与标题相照应，以起到展开主题、深化主题的作用。

三、开头与结尾

（一）开头

开头又称为导语，用以唤起读者注意，引导阅读。开头是全文思路展开的关键，应显示出事物发展的内在脉络、突出主题，并对下文的展示起导向的作用。

最常见的公文开头大致有以下几种。

（1）情况原因式开头。又称背景式开头，一开始先讲问题的缘起，即为什么要写这篇公文，或对背景、事件、基本情况作简要介绍。

（2）目的式开头。开宗明义，第一句就说明本文目的，一般用"为了……""为……"等开头。

（3）根据式开头。一开始先说明制作公文的依据，多用"根据""遵照""按照"等开头。

（4）时间式开头。一开始先点明某事、某情况的时间。有的是一开始直接写年、月、日，有的是用"近日来""近来"等比较模糊的时间开头，有的则用"……之后"句式开头。

（5）引文式开头。一开始先引用公文标题和发文字号或者引用公文或领导指示中的一段话作为开头。

（二）结尾

公文的结尾，又称为结语，是文章内容发展的结果。

公文中的结尾也是多种多样的，常用的有如下几种。

（1）总结式结尾。在结尾部分对全文作出总结，概括与深化主题，帮助读者进一步理解全文。

（2）希望号召式结尾。在结尾部分提出希望，发出号召，鼓舞斗志。

（3）强调式结尾。对主题意义再次强调以引起重视。

（4）专用式结尾。有些公文的结尾写法较为固定、规范，不得随意更换其他内容。比如，请示的结尾，多用"妥（当）否，请批复（示）""（妥）当否，请指示"等。又如，规章性公文常用的结尾"本办法自发布之日起施行"等。

第九节　公文的语言

语言文字是人类交际、交流思想的重要工具，是构成文章的最基本要素。公文语言既要体现公文语言庄重、准确、朴实、精练、严谨、规范的特点，又要符合现代汉语语法、修辞、逻辑等方面的规范。

一、公文语言的特点和要求

公文语言不同于文学语言，也有别于生活中的口语，公文的语言要体现出规范化语言的公文特色。准确、庄重、简明、平实、得体,既是公文语言的特点,也是对公文语言的基本要求。

(一)准确

公文语言的最基本特征是准确贴切,它要求用词准确,表达恰当,句与句之间逻辑关系紧密,使阅读者一看就懂,不致产生误解。准确是公文的生命。

(二)庄重

公文语言必须文雅庄重,严肃认真,用朴实的语言表达思想。公文的语言不注重辞藻华丽,不追求夸张渲染,只需要将内容真实自然地表达出来。庄重指的是在公文中要体现出权威性和严肃性,要注重使用公文的专用名词和规范性的词语表达。

(三)简明

公文语言必须简洁明快,用尽可能少的文字表达尽可能多的信息,达到"言简意赅""词约事丰"的目的。在公文写作中要注意开门见山,直陈其事,不说空话、套话。还可以多使用规范化简称。但是要使公文中的简称合乎规范化的要求,一是要使用约定俗成的用法,比如"中共中央""中纪委""中组部""中宣部"等,可以在公文中直接使用。二是要先全称后简称,只在特定的地域、特定的人群中得到认可和使用的简称,在首次使用时必须用全称,同时注明简称。

(四)平实

指语言平直自然,通俗易懂。要求语义明确,用语得体,不装腔作势、哗众取宠,而是追求平淡之中见神奇。公文是办理公务的依据和工具,具有极强的实用性,不需要粉饰做作、废话连篇和故作高深,只需实事求是地反映情况、传递信息,便于受文者一目了然地读懂公文的内容即可。

(五)得体

公文有自己的一套专用的语言,在全国具有标准性、规定性和统一性。各级党政机关必须遵照中共中央、国务院的统一规定,不能用各自的表述方法和表达习惯。

二、公文的常用词汇

写作公文必须使用规范性的书面词汇,切勿使用口语、方言土语、网络语言和生编硬造的词语。大多数机关工作人员在长期的公文写作实践中,摸索和积累了许多相固定的简洁而又严密的公文常用词汇,在撰写公文时应当充分地使用。

(一)称谓语

称与对方有关的事物,常用"你",如"你省""你部"。在平行文中则常用敬辞"贵",如"贵部""贵局""贵市""贵单位"等。

称与自己有关的事物,常用"我""本",如"我省""我部""我局""本公司""本会"等。"本"

与"我"有时可以通用,但"本"比"我"更具有郑重、严肃的色彩,因此,"本"常用在比较庄重的正式场合。

公文中间接称呼有关的人或单位,常用"该",如"该同志""该人""该地区""该单位"等。

(二)起首语

对下级机关的来文批复时,开头常用"关于《……的请示》(发文字号)收悉","关于……的电文已悉"等。通知常用"为了……""根据……"等开头。

(三)承启语

在公文的缘由表述完毕后,常用"现就有关事项通知如下"等领起下文。

(四)结尾语

结尾语是各类公文正式结尾时表收束、强调、祈请等的用语,可用"请结合本地区、本部门实际情况,认真贯彻执行""妥否,请批复""当否,请批示""请予审批""以上意见如无不妥,请批转各地、各有关部门执行"等。

第十节　公文的表达方式

在公文写作中,常用的表达方式主要有说明、叙述和议论三种,以说明为主,一般不宜使用描写和抒情。因为公文主要是以准确、简明、清晰地表达发文机关的意图为目的,而并非审美和传情。

一、说明

(一)说明的概念

所谓说明,就是用简练的语言对人物、事项(包括其状态、性质、特征、成因、关系、结构、功能等)进行介绍、解释的表达方式。它常用来解说人和事物,阐明事理,是公文写作中最常用、最核心的表达方式,常与叙述和议论结合在一起使用。此种表达方式在命令、决定、条例、规定、办法、请示、报告、通知、通告、通报、计划、合同书、协议书等文种中广泛使用。

说明与叙述的区别在于:叙述侧重于事物的动态,说明侧重于事物的静态。

说明与议论的区别在于:议论侧重于事理的揭示,说明侧重于事物的撰写,即使面对的是事理,说明采取的也经常是解释或定义的方式。

(二)说明的范围

(1)对人员状况的说明。要求客观、准确、具体地说明个人情况:姓名、性别、年龄、政治面貌、工作时间、文化水平、主要经历等。如《国务院　中央军委关于追授邵荣雁同志"舍己救人好干部"荣誉称号的命令》一文的开头,就简明扼要地介绍说明了邵荣雁烈士的基本情况:"武警部队广东省总队江门市支队副政委邵荣雁烈士,广西苍梧县人,1959年12月出生,

1979年2月入伍,1981年2月入党,中校警衔。1999年8月,他在抗洪抢险中为抢救落水战友光荣牺牲,年仅40岁。"

(2)对知照事项的说明。应清楚交代事项的依据、内容、时限、方法、要求等,如《关于××任职的通知》:"经省政府2015年3月16日研究决定,任命×××为××省文化厅副厅长。"

(3)对规范事项的说明。应明确说明其根据、内容、意义以及必须承担的权力与义务,实施的有效期限,违反规定的处置办法以及注意事项等。如在《党政机关公文处理工作条例》中说明了发文目的、公文处理的原则、公文种类、公文格式、行文规则、公文拟制、公文办理、公文管理等内容。

(三)说明的方法

说明的方法非常多,常用的包括定义说明、解释说明、比较说明、举例说明、分类说明、引证说明、数字说明、图表说明。

(1)定义说明。所谓定义说明,就是用准确的语言对事物的本质属性或者概念的内涵和外延作出确切的解释说明,使受文者对该事物或概念有清楚的了解和把握。用下定义的方式揭示事物的本质属性,是说明的重要方法之一。如《党政机关公文处理工作条例》给党政机关公文下的定义是:"党政机关公文是党政机关实施领导、履行职能、处理公务的具有特定效力和规范体式的文书,是传达贯彻党和国家方针政策,公布法律和规章,指导、布置和商洽工作,请示和答复问题,报告、通报和交流情况等的重要工具。"在这个定义中简洁地说明了党政公文的发文主体、公文的功能作用和特点等,使该概念的含义清清楚楚,容易理解。运用定义说明,重要的是找到"属"即准确地找出被定义对象的上位概念,这里的"文书""工具"就是"党政机关公文"的上位概念。

(2)解释说明。所谓解释说明,就是对事物或事理的某一方面加以解说,也称诠释说明。如《××省图书报刊市场管理规定》:"凡在我省境内从事图书(含图片、画册、挂历、年历、台历等)、报刊发行(包括批发、零售及出租)业务的公民、集体单位和个体等,均须遵守本规定。"解释说明与定义说明的区别是:定义说明必须准确揭示事物或事理的本质特征,而解释说明根据表达需要,只要能概括一部分特征即可;定义说明在形式上表现为标准的判断句,而解释说明除去自然行文,可以用括号或破折号对解释内容作出特别标志,两者具有互补性。在不需要下定义或下定义有困难的情况下,可以考虑使用解释说明,解释说明的使用率高于定义说明。

(3)比较说明。所谓比较说明,就是通过对事物进行正反、纵横、远近、内外等方面的比较,揭示事物的特征和状况,加深对事物的认识。比较可以是同类事物之间的比较,也可以是异类事物之间的比较,还可以是同一事物自身不同时期情况的比较。如《关于××市大棚蔬菜产销情况的调查报告》中即通过不同年代的纵向比较,了解大棚蔬菜种植面积和产量的增长情况:"我市2014年大棚蔬菜种植面积为20.6万亩,大棚蔬菜产量43万吨,与2009年相比,大棚蔬菜的种植面积增长了198%,蔬菜产量提高了16%。"

(4)举例说明。所谓举例说明,就是通过选择有代表性、典型性的事例来说明、揭示各种事物的共同特征和状况。举例说明能使人通过实例来认识和理解抽象的、难以理解的规律或复杂的事物(过程),具有形象化和具体化的特点。如《国务院办公厅关于2013年国务院各直属单位报送公文情况的通报》的开头部分就列举了一些直属单位在报送公文工作中的不规范做法:"该报送给国务院办公厅的直接报送给国务院领导人,报告中夹带请示事项"等典型事例。再如《××省人民政府关于加强安全生产的通知》的开头就列举了本省在矿井、公路运输、铁路运输等方面出现的典型安全事件,使下文提出的解决措施更具有针对性。

(5)分类说明。所谓分类说明,就是把被说明的事物,按照一个统一的标准划分为若干类别,然后逐类加以说明。如《××省2014年国民经济和社会发展情况的报告》中即将国民经济划分为第一产业、第二产业、第三产业、城市建设与管理、对外经济等不同类别分别加以说明。

(6)引证说明(资料说明)。所谓引证说明,又称资料说明,就是运用权威性的材料来说明事物。权威性材料包括权威机构发布的材料、相关专家的分析结论、经典论著、科学定理、格言、成语等。如在一份关于××省农用机械市场的调查报告中,通过"省机械工业局宣布""根据省信息中心分析认为""专家分析""相关企业负责人认为"等引出四段具有权威性的资料,以证明该省农机市场需求增加的趋势。

(7)数字说明。所谓数字说明,就是运用数字和数据,从数量上对事物的情况和特征加以说明。数字说明非常直观,可以使人一目了然。如《××省人民政府关于请求帮助解决××半岛严重干旱缺水问题的请示》中就是用具体数字说明旱情的严重程度:"20多月的时间内,××、××两市累计平均降雨分别只有443毫米、448毫米,××市受旱面积一度达到470万亩,占农作物播种面积的80%,××市280万亩农作物全部受旱。"

(8)图表说明。所谓图表说明,就是指用直观、形象、生动的表格、插图、照片等说明事物。这种方法是对文字材料的进一步补充和说明。

二、叙述

(一)叙述的概念

叙述是一种叙说、介绍人物活动经历和事物发展过程的表述方式。叙述的基本功能是用来介绍公务活动情况,交代相关的问题和原委,在通报、报告、总结、简报等文种的撰写中均离不开叙述的表达方式。

(二)叙述的特点

公文写作使用叙述方式时,一般采用平铺直叙的顺叙方式,很少使用倒叙和插叙。同时,相对于一些文学作品中的叙述要求生动形象而言,公文的叙述则要求朴实自然、简洁明了,这就决定了公文叙述独特的叙事特点:求实、概括。

(1)求实。就是要以客观事实为基础,实事求是地叙述其人其事,既讲好的方面,也讲做得不够的地方,既讲成绩,也讲不足和失误,客观、公正、真实地叙述事情的发展过程。

(2)概括。所谓概括就是用简洁概括的文字将事物的全貌或本质交代清楚,它是一种概括度很高的、接近于抽象概括的叙述。由于公文不同于一般的文学作品,准确、简洁、庄重、平实、得体是其语言特点。公文一般采用概括叙述的表达方式叙述事情的全过程(时间、地点、人物、事件)以及原因和结果,要求文字简练,事理清楚,语感平实庄重。

公文除了常规的按事件发生发展的连续性叙事外,还可以采用跳跃式的叙述方式。这主要适用于对跨度时间较长的事件中。如:"改革开放以来,××省经济取得突飞猛进的发展,2005年地区生产总值达到18305亿元,在经济快速发展的同时,吸纳就业能力却不断下降,××省自20世纪80年代中后期以来就业弹性系数长期下降,而且随着经济增长方式转变和产业结构调整,农村剩余劳动力转移和城镇下岗失业人员再就业的规模逐渐加大,加上新增就业人口,就业形势越来越严峻。"

上段话中运用了"改革开放以来""2005年""上世纪80年代中后期以来"等时间概念,叙述了较长时间的发展情况,大大提高了叙事速度。

(三)叙述的方法

叙述的方法多种多样,如顺叙、倒叙、插叙、平叙、分叙、补叙等,但公文中,常见的叙述方法是顺叙,有时也用到平叙和倒叙。

(1)顺叙。顺叙就是按照事物发生、发展的时间顺序或人物认识的变化过程进行叙述的方法。在公文中,在叙述人物经历及事物发生、发展的基本情况时,常采用这样的表达手法,如嘉奖令中对某人、某事进行嘉奖时,常采用顺叙的手法。

(2)平叙。所谓平叙就是把具有并列关系的两个或两个以上的人或事物分别进行叙述的方法。但应当注意,平叙在叙述两个或两个以上的人或事物时,必须服从于一个主旨,紧紧围绕一个主旨展开。在通报、报告这样的文种中常采用平叙的叙述手法。

(3)倒叙。是指从后果追溯到前因的记述方法。即先写事情结局,然后再按事件的发生发展过程进行叙述。调查报告、工作总结、简报等经常会使用倒叙方法。

三、议论

(一)议论的概念

议论是对事物进行分析,并通过推理证明的方式来阐明事理、发表见解、表明观点的一种表达方式,它的主要目的是以理服人。

议论是运用概念、判断、推理的思维手段来议事论理,在许多情况下,它常与叙述结合起来使用,也就是所谓的夹叙夹议。公文中的议论与其他写作活动中的议论有所不同,它一般不要求理论上的深入性、系统性、完整性,而是要求议论的针对性、要害性和明确性。

(二)议论的三要素

议论有三个要素:论点、论据和论证,这三个要素缺一不可。

(1)论点。论点是公文作者的观点、主张和看法,是论据所要证明的对象。论点回答的是"是什么"的问题,论点有中心论点和分论点之分。在一篇公文中,中心论点就是主题,分论点则是各个层次的中心意思以及各个自然段的段旨。

(2)论据。论据是议论中所使用的材料,是用来证明论点的理由和依据。论据回答的是"为什么"的问题,论据又可以分为事实论据和理论论据。事实论据包括各种事实材料、统计数据等,理论论据包括经典论著、科学定理、格言、成语等。

(3)论证。论证是用论据来证实论点正确的过程,是从论据到论点的推理推导方式。论证要回答的是"怎么样"的问题。论证的方式有三种:归纳、演绎和类比。

(三)议论的方法

公文中议论的方法也就是论证的方法。一般说来,公文中常用的议论方法有例证法、引证法、比照法和因果推论法。

(1)例证法。即以事实为论据,通过列举事实来证明论点的一种方法。这是一种最容易为读者接受、最具有说服力的方法,也是议论中采用最多的论证方法。

(2)引证法。即以观念材料为论据,通过引用经典论著、科学定理、格言、成语等来证明论点的一种方法。由于引用的内容大多具有很高的权威性,因此,这种论证具有极强的说服力。引证可以直接引证,也可以间接引证,但无论哪种引证,都必须尊重原文原意,不能断章取义,要确保引证内容的精神实质,以体现论证的严谨性和严肃性。

(3)比照法。即把相同或相反属性的事物和一个事物的不同侧面列举出来,经过对照或比较得出自己观点的议论方法。这种方法可以具体化为类比和对比。类比是指性质和特征相同或相似的事物之间的比较和对照。对比是指性质和特征截然相反的两个事物放在一起进行比较和对照。比照法的优势在于,判断事物是非分明、界限清晰,长于区分事物之间的细微差别,具有强烈的说理效果。

(4)因果法。即由原因推导结果,或反过来由结果推导原因的论证方法。因果推论法,由因及果或由果溯因,这在公文写作中是很简单很实用的议论方法。

事实上,在公文写作中,纯粹的议论是不多的。议论常与叙述紧密结合在一起,表现为"夹叙夹议"的方式。夹叙夹议就是一边摆事实,一边讲道理。运用这种方式时请注意两个问题:其一,叙述要真实、典型,议论要中肯、精辟;其二,事实与道理要和谐一致,防止出现事大理小或事小理大的错位现象。

练 习 题

一、单项选择题

1. 公文和一般文章的根本区别在于（　　）。
A. 公文有特定的制发主体，一般文章不限定发文主体
B. 公文有特定的阅读对象，一般文章不限定阅读对象
C. 公文具有特定效力和规范体式，一般文章不一定有
D. 公文有严格的特定处理程序，一般文章没有

2. 以下关于公文的权威性说法不正确的是（　　）。
A. 公文的权威性是指公文在一定时间和空间范围内对受文者具有指挥、协调、约束等强制性作用
B. 所有的公文都具有法定的权威性
C. 制发机关的职权范围不同，其制发公文的权威性有所差别
D. 国务院的公文和地方政府的公文的权威性是相同的

3. 目前，党政机关制发公文的格式依据是（　　）。
A. 《中国共产党机关公文处理工作条例》
B. 《国家行政机关公文处理办法》
C. 《党政机关公文处理工作条例》
D. 《党政机关公文处理工作条例》和《党政机关公文格式》

4. 以下各项中不属于公文作用的是（　　）。
A. 领导和指挥作用　　　　　　　　B. 规范和制约作用
C. 联系和沟通作用　　　　　　　　D. 欣赏和愉悦作用

5. 以下关于公文的类型说法错误的是（　　）。
A. 上行文是指下级机关向所属上级机关和上级业务主管部门报送的公文
B. 下行文是指上级机关对所属下级机关，指导机关向被指导机关制发的公文
C. 平行文是指同级机关或不相隶属机关之间相互发送的公文
D. 国务院各部委承接的山东省人民政府的公文属于上行文

6. 以下属于上行文的是（　　）。
A. 国务院给各省、自治区、直辖市的行文　　B. 财政部给各省财政厅的行文
C. 山东省人民政府给国务院的行文　　　　D. 山东省财政厅给山东省教育厅的行文

7. 以下机关之间应使用平行文行文的是（　　）。
A. 山东省人民政府和山东省文化厅　　B. 山东大学和山东师范大学附属中学
C. 国务院和青岛市人民政府　　　　　D. 教育部和山东大学

8. （　　）是指涉及党和国家最重要的秘密的公文，一旦泄露会使国家的安全和利益遭受特别严重的损害。

A. 绝密公文　　　　　B. 机密公文　　　　　C. 秘密公文　　　　　D. 普通公文

9. (　　)是指涉及党和国家重要的机密的公文,一旦泄露会使国家的安全和利益遭受严重的损害。

A. 绝密公文　　　　　B. 机密公文　　　　　C. 秘密公文　　　　　D. 普通公文

10. (　　)是指涉及党和国家一般机密的公文,一旦泄露会使国家的安全和利益遭受损害。

A. 绝密公文　　　　　B. 机密公文　　　　　C. 秘密公文　　　　　D. 普通公文

11. 以下关于公文说法错误的是(　　)。

A. 紧急公文分为特急公文和急件公文
B. 特急公文是指内容特别重要且特别紧急,要求在最短时间内以最快速度形成和处理的公文
C. 加急公文是指内容重要且紧急,要求迅速形成和处理或必须在规定时限内办毕的公文
D. 常规公文是指可以按正常速度、程序形成、运转和处理的公文

12. 按照公文的来源,可以把公文分为(　　)。

A. 通用公文和专用公文　　　　　　　　B. 涉密公文和普通公文
C. 发文和收文　　　　　　　　　　　　D. 紧急公文和常规公文

13. 下列稿本中不具有法定效用的是(　　)。

A. 草稿　　　　　　　B. 定稿　　　　　　　C. 正本　　　　　　　D. 试行本

14. 在公文写作中,最常用的表达方式是(　　)。

A. 说明　　　　　　　B. 叙述　　　　　　　C. 议论　　　　　　　D. 夸张

15. "我市2014年大棚蔬菜种植面积为20.6万亩,大棚蔬菜产量43万吨,与2009年相比,大棚蔬菜的种植面积增长了198%,蔬菜产量提高了16%。"该段话的表达方式是(　　)。

A. 说明　　　　　　　B. 叙述　　　　　　　C. 议论　　　　　　　D. 夸张

二、多项选择题

1. 制发公文的主体是(　　)。

A. 党政机关　　　　　B. 社会团体　　　　　C. 企事业单位　　　　D. 个人

2. 以下属于公文特点的是(　　)。

A. 作者的法定性　　　　　　　　　　　B. 效用的现实性
C. 作用的权威性　　　　　　　　　　　D. 处理程序的特定性

3. 以下属于公文法定作者的是(　　)。

A. 依法设立的各类社会组织　　　　　　B. 个人
C. 公文草拟者　　　　　　　　　　　　D. 社会组织的法定领导人

4. 公文的作用有(　　)。

A. 领导和指挥作用　　B. 规范和制约作用　　C. 宣传和教育作用　　D. 依据和凭证作用

5. 按照公文的行文方向,可以把公文分为(　　)。

A. 上行文　　　　　　B. 平行文　　　　　　C. 下行文　　　　　　D. 常规行文

6. 按照公文的使用范围分类,可以分为( )。

A. 通用公文　　　　B. 专用公文　　　　C. 涉密公文　　　　D. 普通公文

7. 以下关于公文说法正确的是( )。

A. 通用公文是指机关、团体、企事业单位普遍使用的公文

B. 专用公文是指在一定的业务范围内,按特殊需要而专门使用的公文

C. 具有专门职能的外交、司法等部门使用的公文都是专用公文

D. 通用公文有时也可以作为专用公文使用

8. 以下属于通用公文的是( )。

A. 通知　　　　　　B. 决议　　　　　　C. 总结　　　　　　D. 办法

9. 以下属于专用公文的是( )。

A. 军事公文　　　　B. 司法公文　　　　C. 外交公文　　　　D. 会计事务公文

10. 按照公文是否涉密,可以把公文分为( )。

A. 保密公文　　　　B. 普通公文　　　　C. 通用公文　　　　D. 专用公文

11. 按涉密程度的不同,可以把保密公文分为( )。

A. 绝密公文　　　　B. 机密公文　　　　C. 秘密公文　　　　D. 普密公文

12. 以下关于公文密级说法正确的是( )。

A. 保密公文是指发文机关根据文件内容划定了秘密等级的公文

B. 涉密公文需要控制知密范围和知密对象

C. 普通公文是指内容不涉密,可以公开发布的公文

D. 特殊情况下,普通公文也可以标注密级

13. 按阅知范围的不同可以把普通公文分为( )。

A. 涉密公文　　　　　　　　　　　　B. 组织内部公文

C. 限国内公开的公文　　　　　　　　D. 对国内外公开的公文

14. 按阅知范围的不同可以把公文分为( )。

A. 涉密公文　　　　　　　　　　　　B. 组织内部公文

C. 限国内公开的公文　　　　　　　　D. 对国内外公开的公文

15. 以下关于公文说法正确的是( )。

A. 组织内部公文,是指限于组织或专业系统范围内使用的公文

B. 限国内公开的公文,是指仅在国内公开发布的文书

C. 对国内外公开的公文,是指可直接向国内外发布的文书

D. 限定阅读范围的公文是涉密公文

16. 以下关于公文说法不正确的是( )。

A. 通用公文和专用公文格式相同,使用范围不同

B. 专用公文有特定的格式和处理要求,有很强的专业性

C. 通用公文是国内外公开发布的公文

D. 专用公文是只限国内公开发布的公文
17. 按照公文有无紧急程度,可以把公文分为( )。
   A. 紧急公文   B. 常规公文   C. 涉密公文   D. 普通公文
18. 按照公文有无紧急程度,可以把公文分为( )。
   A. 急件   B. 平件   C. 密件   D. 专件
19. 紧急公文又分为( )。
   A. 特提公文   B. 特急公文   C. 加急公文   D. 平急公文
20. 以下关于公文说法不正确的是( )。
   A. 凡是本单位制发的公文都是发文
   B. 凡是本单位收到的由外部单位制发的公文统称为收文
   C. 决议、决定、命令等权威性强的公文属于发文
   D. 请示、报告等权威性较弱的公文属于收文
21. 按照公文的载体分类,可以把公文分为( )。
   A. 纸质公文   B. 电子公文   C. 普通公文   D. 特定公文
22. 以下属于《党政机关公文处理工作条例》中规定的公文文种的是( )。
   A. 决议   B. 决定   C. 命令(令)   D. 指示
23. 以下属于《党政机关公文处理工作条例》中规定的公文文种的是( )。
   A. 公告   B. 通告   C. 意见   D. 条例
24. 以下属于《党政机关公文处理工作条例》中规定的公文文种的是( )。
   A. 纲要   B. 报告   C. 请示   D. 批复
25. 以下属于《党政机关公文处理工作条例》中规定的公文文种的是( )。
   A. 议案   B. 函   C. 纪要   D. 规定
26. 以下属于《党政机关公文处理工作条例》中规定的公文文种的是( )。
   A. 公报   B. 通报   C. 通知   D. 规划
27. 下列稿本中具有法定效用的是( )。
   A. 定稿   B. 正本   C. 暂行本   D. 试行本
28. 以下关于公文稿本说法正确的是( )。
   A. 定稿是内容已确定,已履行法定生效程序的最后完成稿
   B. 正本根据定稿制作的供受文者使用的具有法定效用的正式文本
   C. 副本是再现正本内容及全部或部分外形特征的公文复制本或正本的复份
   D. 暂行本就是暂时实行的文本
29. 公文写作的特点有( )。
   A. 被动写作,遵命性强   B. 对象明确,针对性强
   C. 决策之作,政策性强   D. 急迫之作,时限性强
30. 公文写作的特点有( )。

A. 集思广益,群体性强　　　　　　　　B. 讲究格式,规范性强

C. 讲究艺术,欣赏性强　　　　　　　　D. 语言精美,文学性强

31. 关于公文写作说法正确的是(　　)。

A. 公文写作是代表发文机关和发文机关负责人的意志

B. 公文写作必须明确受文对象,公文内容应当具有针对性

C. 公文写作是群体性的写作活动

D. 写作公文应做到结构严谨、语言精当、行文规范

32. 公文写作的一般步骤主要有(　　)。

A. 明确发文主旨　　B. 收集有关材料　　C. 拟出写作提纲　　D. 认真起草修改

33. 公文主题的特点有(　　)。

A. 合法性　　　　　B. 单一性　　　　　C. 明确性　　　　　D. 群体性和程序性

34. 公文主题的作用具体表现在(　　)。

A. 决定公文的效用　　　　　　　　　　B. 影响材料的选择

C. 支配着结构的安排　　　　　　　　　D. 制约公文的表达方式

35. 确立公文主题的原则和方法有(　　)。

A. 根据领导意图确立主题　　　　　　　B. 立足于社会实践确立主题

C. 依据工作需要确立主题　　　　　　　D. 依据政策法规确立主题

36. 公文主题的表现形式具体有(　　)。

A. 标题点题　　　　B. 开篇点题　　　　C. 小标题点题　　　D. 篇末点题

37. 公文的层次安排主要有以下几种常用的方式(　　)。

A. 并列式　　　　　B. 递进式　　　　　C. 总分式　　　　　D. 因果式

38. 公文中常用的照应方法有(　　)。

A. 首尾照应　　　　B. 前后照应　　　　C. 题文照应　　　　D. 篇幅长短照应

39. 公文中的结尾方式多种多样,常用的有(　　)。

A. 总结式结尾　　　　　　　　　　　　B. 希望号召式结尾

C. 强调式结尾　　　　　　　　　　　　D. 专用式结尾

40. 在公文写作中,常用的表达方式主要有(　　)。

A. 说明　　　　　　B. 叙述　　　　　　C. 议论　　　　　　D. 夸张

三、判断题(正确填 A,错误填 B)

1. 公文,即办理公务的文书。(　　)

2. 公文是一种特殊的文体。(　　)

3. 公文必须由法定作者制成和发布,个人不能制发公文。(　　)

4. 公文的法定作者是指依法成立并能以自己的名义行使权利和承担义务的社会组织,领导人不能制发公文。(　　)

5. 用领导人的名义发文,不是代表他个人的名义,而是代表他所在机关的身份。(　　)
6. 所有公文都具有时效性,并且其时效性都相同。(　　)
7. 公文的格式就是指公文的外观样式。(　　)
8. 公文处理的程序性是指公文的制发和办理过程都有严格的程序规定。(　　)
9. 须经领导人签发的公文,只有经过机关领导人审核并签发后才能印发,否则无效。(　　)
10. 几个机关联合发文,必须履行完备的会签手续。(　　)
11. 任何组织在进行公文拟制、办理、管理等工作时,都必须按照规定的程序进行处理。(　　)
12. 法规性公文必须交正式会议讨论通过,再交领导人签署发布,否则不能生效。(　　)
13. 公文的宣传教育作用较之新闻报道、理论文章更具有直接的权威性。(　　)
14. 公文是机关档案的主要来源。(　　)
15. 公文是各级各类机关开展工作、处理公务的重要依据。(　　)
16. 公文是记载当时某一事件、问题或活动的历史凭证,有的公文还具有重要的史料价值。(　　)
17. 大部分公文在完成了它的现实执行效用后,就变成了重要的档案材料。(　　)
18. 公文的分类标准不是单一的,按不同的分类标准,可把公文分出不同的类别。(　　)
19. 应根据发文机关的权限、发文机关与收文机关之间的关系以及发文的具体目的和要求确定和使用文种。(　　)
20. 公文材料的收集方法有观察、调研、阅读、想象。(　　)
21. 真实、典型、适用、新颖,是选择公文材料的原则和标准。(　　)
22. 准确、庄重、简明、平实、得体是对公文语言的基本要求。(　　)

第二章　公文的格式

公文格式就是公文的表现形式,是指公文的各要素在公文文面上所处的位置和排列顺序,它是公文在形式上区别于一般文章的重要标志。2012年7月1日起实施的《党政机关公文处理工作条例》规定公文的各要素主要包括:"份号、密级和保密期限、紧急程度、发文机关标志、发文字号、签发人、标题、主送机关、正文、附件说明、发文机关署名、成文日期、印章、附注、附件、抄送机关、印发机关和印发日期、页码等。"随后,由国家质量监督检验检疫总局、国家标准化管理委员会发布并于2012年7月1日实施的《党政机关公文格式》将一个完整的公文分为版头、主体、版记三部分。公文首页红色分隔线以上的部分称为版头;公文首页红色分隔线(不含)以下、公文末页首条分隔线(不含)以上的部分称为主体;公文末页首条分隔线以下、末条分隔线以上的部分称为版记。页码位于版心外。公文格式分为通用格式和特定格式,《党政机关公文格式》除对通用格式做了详细规定外,还对信函格式、命令(令)格式、纪要格式三种特定格式以及公文中表格的格式做了规定。

第一节　版　　头

公文首页红色分隔线以上的部分称为版头。版头部分的要素主要有:份号、密级和保密期限、紧急程度、发文机关标志、发文字号、签发人。

一、份号

份号,即公文印制份数的顺序号。涉密公文应当标注份号。如需标注份号,一般用6位3号阿拉伯数字,顶格编排在版心左上角第一行,如,000001。

二、密级和保密期限

密级和保密期限,即公文的秘密等级和保密的期限。涉密公文应当根据涉密程度分别标注"绝密""机密""秘密"和保密期限。"绝密"是最重要的国家秘密,泄露会使国家的安全和利益遭受特别严重的损害;"机密"是重要的国家秘密,泄露会使国家的安全和利益遭受严重的损害;"秘密"是一般的国家秘密,泄露会使国家的安全和利益遭受损害。保密期限是对公文密级的时效规定。如需标注密级和保密期限,一般用3号黑体字,顶格编排在版心左上角第二行;保密期限中的数字用阿拉伯数字标注。密级和保密期限之间用"★"分隔,如"秘密★6个月"。保密期限在1年以上的,以年计;保密期限在1年以内的,以月计。已标注保密期限的,按标注的保密期限执行,只标注密级,未标注保密期限的,则按规定执行:绝密30年,机密20年,秘密10年。如需同时标注密级和保密期限,"绝密""机密""秘密"两字之间不空格;如果只标密级不标保密期限,"绝密""机密""秘密"两字之间空一字。

三、紧急程度

紧急程度,即公文送达和办理的时限要求。根据紧急程度,紧急公文应当分别标注"特急""加急",电报应当分别标注"特提""特急""加急""平急"。如需标注紧急程度,一般用3号黑体字,顶格编排在版心左上角;如需同时标注份号、密级和保密期限、紧急程度,按照份号、密级和保密期限、紧急程度的顺序自上而下分行排列。

四、发文机关标志

发文机关标志由发文机关全称或者规范化简称加"文件"二字组成,也可以使用发文机关全称或者规范化简称。联合行文时,发文机关标志可以并用联合发文机关名称,也可以单独用主办机关名称。

发文机关标志居中排布,上边缘至版心上边缘为35 mm,推荐使用小标宋体字,颜色为红色,以醒目、美观、庄重为原则。

联合行文时,如需同时标注联署发文机关名称,一般应当将主办机关名称排列在前;如有"文件"二字,应当置于发文机关名称右侧,以联署发文机关名称为准上下居中排布。

五、发文字号

发文字号由发文机关代字、年份、发文顺序号组成。联合行文时,使用主办机关的发文字号。发文字号编排在发文机关标志下空二行位置,居中排布。发文机关代字要能体现发文机关的本质属性和职能,如"鲁政"是山东省人民政府的代字。年份、发文顺序号用阿拉伯数字标注;年份应标全称,用六角括号"〔〕"括入,六角括号不是数学中的中括号。发文顺序号不加"第"字,不编虚位(即1不编为01),在阿拉伯数字后加"号"字。上行文的发文字号居左空一字编排,与最后一个签发人姓名处在同一行。

(一) 发文字号的类型

发文字号的类型主要有以下三种:

1. 三要素型

三要素型又称为规范型,即由发文机关代字、年份、发文顺序号三要素构成,如"国发〔2015〕26号"。

2. 两要素型

有的公文的发文字号是由发文年份、发文顺序号两要素构成。如通告等公文的发文字号有时以"2013年第6号"的方式标注。两要素型的发文字号没有发文机关代字;年份不再像三要素那样用"〔〕"括起,而是直接用阿拉伯数字+"年"字表示,如"2015年";发文顺序号要加"第"字,如"第28号"。

3. 一要素型

一要素型又称为单要素型。该类型省去了发文机关代字和年份两个要素,只有顺序号一个要素,如"第66号"。

(二) 发文字号的位置

发文字号的位置有以下三种情况:

1. 在发文机关标志的正下方

下行文的发文字号编排在发文机关标志下空二行位置,居中排布。这是最常用的一种标注方式。

2. 与签发人左右对称

上行文按规定必须标注"签发人"。因此,为了美观,上行文的发文字号要求居左排布,并左空一字,此时右侧对称位置标注签发人,发文字号与最后一个签发人姓名同处一行。

3. 在第一条红色反线下

发文机关在制作公文时有时会使用信函格式。在信函格式中要求把发文字号顶格居版心右边缘编排在第一条红色双线下,与该线的距离为3号汉字高度的7/8。

(三) 联合发文时发文字号的标注

联合发文时应使用主办机关的发文字号。既不能把所有发文机关的发文字号都标注上,也不能使用联合编号。

六、签发人

按照规定,上行文应当标注签发人姓名,所以,只有上行文才会在正式公文中出现签发人。公文格式中标注的签发人指发文机关的主要负责人。签发人由"签发人"三字+全角冒号和签发人姓名组成,居右空一字,编排在发文机关标志下空二行位置。

联合发文时,每一个联合发文机关都有一个签发人,都需要标注签发人姓名,主办机关的签发人放在第一位。如有多个签发人,签发人姓名按照发文机关的排列顺序从左到右、自上而下依次均匀编排,一般每行排两个姓名,回行时与上一行第一个签发人姓名对齐。

单一机关或者两个机关联合上行文,签发人编排在发文字号的右侧,与发文字号处在同一行,右空一字,这样显得对称美观。

三个或三个以上机关联合上行文,签发人标注的方法是:"签发人"三字和全角冒号与首行签发人姓名编排在发文机关标志下空二行位置,按发文机关顺序编排签发人姓名,每行一般排两个签发人姓名,两个签发人姓名中间空1字。为与三个字的人名对齐,两个字的人名中间空1字。发文字号应始终与最后一个签发人姓名处于同一行。

下行文和平行文的签发人只在公文定稿时标注(签署)在定稿上或封签上,不出现在正式公文中。正式印发的公文中,只有上行文才标有签发人。上行文中标注签发人的目的是在上级机关处理公文时及时了解谁对上报的公文事项负责。

"签发人"三字用3号仿宋体字,签发人姓名用3号楷体字。

七、版头中的分隔线

发文字号之下4 mm处居中印一条与版心等宽的红色分隔线。

第二节 主 体

公文的主体格式包括:标题、主送机关、正文、附件说明、发文机关署名、成文日期、印章、附注、附件。

一、标题

标题是公文的必备要素,是对公文主要内容的概括和揭示。标题由发文机关名称、事由和文种组成。拟写标题要做到,内容提炼准确,标题鲜明,一目了然,文种使用正确。标题一般用2号小标宋体字,编排于红色分隔线下空二行位置,分一行或多行居中排布;回行时,要做到词意完整,排列对称,长短适宜,间距恰当,标题排列应当使用梯形或菱形。

(一)标题的三要素

标题的三要素包括发文机关名称、事由和文种。

1. 发文机关名称

发文机关名称必须是法定的全称或通用的规范化简称。如果是联合行文,联合发文的机关较少,如三个以下,可以把所有的发文机关都列上。如果发文机关较多,如四个以上机关联合发文时,如果把所有发文机关都列上,标题势必会很长,可以采取省略发文机关或只排列主办机关名称后面加"等"的办法解决。有的标题也可以省略发文机关。

2. 事由

标题的事由是对公文内容的高度概括和浓缩,读者从标题即可了解和掌握公文的内容。对事由部分的概括要做到准确、简洁、平实、规范,防止歧义,避免烦琐,力戒冗长。

3. 文种

文种是公文标题三要素中唯一不能省略的要素。文种的使用要做到准确、恰当、规范。

(二)标题的四种格式

公文标题的格式主要有以下四种:

1. 发文机关名称+事由+文种

这是一种比较完整全面的写法,也称为三要素写法或全称写法。

2. 事由+文种

这种写法省略了发文机关名称,因此被称为两要素写法。有正式发文机关标志的公文,标题中可以省略发文机关。

3. 发文机关名称+文种

这种写法省略了事由(或称主要内容),因此被称为两要素写法。这种写法只有少数几个文种的标题可以使用,如命令(令)、公告、通告等。大部分公文文种的标题不能使用这种写法,如决议、决定、意见、报告、请示、批复、议案、函、纪要等文种的标题均不能省略事由。

4. 只有文种

这种写法省略了发文机关名称和事由,只有文种一个要素,因此被称为单要素写法。大部分公文文种的标题不能使用这种写法,这种写法只适用于公告、通告少数几个文种的标题。

此外,一些日常事务性的公文可以采用文章式的标题,如总结、调查报告、讲话稿、简报、述职报告等。这类标题形式自由,文字活泼,有的只有一个标题,有的是正副两个标题,其中正标题用来揭示正文的中心内容,副标题用以说明反映的单位、时间、人物和事件。如《山与海的情谊——山东大学校长展涛在中国海洋大学校庆大会上的讲话》《团结一致 迎难而上 再创体育辉煌——中国体育代表团参加第28届奥运会的总结》。

(三)标题的排布

标题居中,排布在红色分隔线下空两行的位置。如果标题字数较多,可多行排布,回行时要做到词意完整,排列对称,长短适宜,间距恰当,标题排列应当使用梯形或菱形。

1. 词意完整

词意完整就是标题在回行的情况下,不能把含义完整的词、词组分割成两行。如:

国务院关于加强食品
安全工作的决定

"食品安全工作"是一个完整的词组,在标题中是不可以把它分隔成两行的,可以改为:

国务院
关于加强食品安全工作的决定

2. 排列对称,长短适宜,间距恰当

公文标题在格式上要强调美观大方,"排列对称,长短适宜,间距恰当"就是对形式美的具体规定和要求。如果标题字数较少,应居中排成一行,两边空出相等的距离,以示鲜明醒目、匀称美观。对于只有两个字的标题如"公告""通告"等,排列时两个字之间要适当空出一定距离,一般以3—5个字为宜,既不能太密集,也不能太松散;如果字数较多,排列一行时左右剩余空间距较小,则应分成两行或三行。但要尽量避免出现四行以上的标题。

3. 标题排列应当使用梯形或菱形

如果标题字数较多,需要多行排布时,一般应采用上梯形或下梯形或菱形排布。每行字数不能过多,如果左右都顶到版心边缘,会显得非常难看。

(四)标题中的标点符号

公文标题中除法规、规章名称加书名号外,一般不用标点符号。但在实际工作中,确有不使用标点符号就易引起歧义的情况。

1. 书名号的使用

(1)标题中如果出现书籍、文章、报刊等名称时,应用书名号。如"中共中央关于深入学习《邓小平文选》的实施意见"。

(2)在转发、批转法律、法规和规章类公文的标题中经常使用书名号。如"财政部办公厅关于转发《党政机关公文格式》国家标准的通知"。

2. 引号的使用

在公文标题中有时会用到引号,以示对某个问题或内容的强调。在遇到以下情况时,应该使用引号。

(1)缩略语、数概、专用名词、特定称谓可使用引号。如:《关于"农转非"户口审批制度改革情况的报告》,其中的"农转非"是缩略语,具有特殊含义。又如:《国务院关于处理"渤海2号"事故的决定》,其中的"渤海2号"属特定称谓,使用时必须用引号注明。其他,如"十二五"、"十三五"、"四有"新人、"希望工程"等。但像:五一、十一等专用名词具有太高的知名度,不用引号也不致产生歧义。

(2)在转发、批转某些非法规性的公文时,这些非法规性公文的名称一般不加标点符号,直接转发。但为了对被转发的文件进行强调,也可以用引号,如:《转发××省××厅"关于人文函大招生问题的通知"的通知》,这里的引号就起到了强调的作用。

3. 间隔号的使用

含有日月简称表示事件、节日和其他意义的词组:如果涉及1月、11月、12月,应用间隔号"·"将表示日月的数字隔开,并外加引号,以避免歧义。如:"一·二八事变"(1月28日),如果不加间隔号,读者就分不出是1月28号还是12月8号。其他如"一二·九运动(12月9日)""一·一七批示(1月17日)"等,均属此类;涉及其他月份时,一般不必使用间隔号。

4. 圆括号的使用

在公文标题中有时会用到说明性用语对标题内容进行解释、说明和补充。如"草稿""讨论稿""征求意见稿""试行"等。标题的说明性用语是标题的一部分,使用时应加括号放在标题书名号之内。如《××市人民政府住房公积金管理办法(试行)》,其中的"试行"是对文件成熟度的限定,说明该办法还有待在实践中修订、补充,它与标题是一个完整的整体,不能分开。现实中存在着把"试行""暂行"等说明性词语置于书名号之外的不规范做法,有损标题的完整性。如果圆括号内的内容只是在形式上对书名号中书名、篇名的解释,不是书名、篇名的一部分时,则圆括号放在书名号之外,如《百科知识》(彩图本)。

5. 空格和顿号的使用

标题的发文机关部分如果有多个发文机关名称,各发文机关名称之间用空格表示间隔。标题事由部分(注意:不是发文机关部分)出现多个机关并列时,每个机关名称之间不使用空格,机关名称之间可前后相继,若容易引起歧义,也可用顿号表示间隔。

二、主送机关

主送机关是指公文的主要受理机关,应当使用机关全称、规范化简称或者同类型机关统称。主送机关应编排于标题下空一行位置,居左顶格,回行时仍顶格,最后一个机关名称后标全角冒号。

有多个主送机关时,按与公文内容关联度的高低依次排列,与公文内容无关的机关则不必排列,若需要其知道的,则采取抄送的办法;如果主送机关中有级别高低的区别,则按级别高低前后排布;如果主送机关的性质和权限不同,则按党、政、军、群的顺序排列。

主送机关中,同一类别的用顿号分隔,不同类别的用逗号分隔,最后一个主送机关后面加全角冒号。如国务院的普发性下行文的主送机关一般是"各省、自治区、直辖市人民政府,国务院各部委、各直属机构","各省、自治区、直辖市"都是地方政府,属于同一类型,用顿号分隔。"国务院各部委、各直属机构"都是国务院的部门和机构,属于同一类也用顿号分隔。而"各省、自治区、直辖市人民政府"与"国务院各部委、各直属机构"之间则不属于同一种类型,应用逗号分隔。

如主送机关名称过多导致公文首页不能显示正文时,应当将主送机关名称移至版记中,如需把主送机关移至版记,除将"抄送"二字改为"主送"外,编排方法同抄送机关,即一般用4号仿宋体字,在印发机关和印发日期之上一行、左右各空一字编排。"主送"二字后加全角冒号和主送机关名称,回行时与冒号后的首字对齐,最后一个主送机关名称后标句号。

既有主送机关又有抄送机关时,应当将主送机关置于抄送机关之上一行,之间不加分隔线。

三、正文

公文的正文是指公文的主体,用来表述公文的内容。公文首页必须显示正文。一般用3号仿宋体字,编排于主送机关名称下一行,每个自然段左空二字,回行顶格。文中结构层次序数依次可以用"一、""(一)""1.""(1)"标注;一般第一层用黑体字、第二层用楷体字、第三层和第四层用仿宋体字标注。层次序数可以越级使用,如果公文结构层次只有两层,第一层用"一、",第二层既可用"(一)",也可以用"1."。

公文中的数字,除部分结构层次序数和词、词组、惯用语、缩略语、具有修辞色彩语句中作为词素的数字必须使用汉字外,都应当使用阿拉伯数字。

正文中需引用其他公文时,按照先引标题,后引发文字号的方式进行引用。如"你省《关于撤销××县设立××市的请示》(×政发〔2016〕26号)收悉"。

四、附件说明

附件说明是指公文附件的顺序号和名称。公文若有附件,在正文下空一行、左空二字编排"附件"二字,后标全角冒号和附件名称。如有多个附件,使用阿拉伯数字标注附件顺序号(如"附件:1.××××××");附件名称后不加标点符号。附件名称较长需回行时,应当与上一行附件名称的首字对齐。

需要注意的是,批转、转发、印发、报送类公文,在其生效标志后附的需要转发、批转、印发、报送的公文内容不是公文的附件,因此不必在附件说明处进行标注说明。

五、发文机关署名

发文机关署名应用发文机关全称或者规范化简称。公文一般以发文机关的名义署名,特殊情况(如命令、议案等文种)需要有签发人签名的,应当写明签发人职务并加盖签发人签名章。发文机关署名应与发文机关标志、标题中的发文机关名称相一致。联合行文时,发文机关署名的顺序应与发文机关标志的排列顺序相一致。

单一机关行文时,如果公文需要加盖印章,一般在成文日期之上、以成文日期为准居中编排发文机关署名;如果公文不需要加盖印章,则在正文(或附件说明)下空一行、右空二字编排发文机关署名。

联合行文时,如果公文需要加盖印章,一般将各发文机关署名按照发文机关顺序整齐排列在相应位置(横排);如果公文不需要加盖印章,则应当先编排主办机关署名,其余发文机关署名依次向下编排(纵排)。

不管是单一机关行文,还是几个机关联合行文都应该标注发文机关署名。

六、成文日期

成文日期是公文的生效时间,是公文生效的重要标志。

(一)成文日期确定的原则

会议讨论通过的公文(决议、决定等),以会议正式通过的日期为准;领导人签发的公文,以签发的日期为准;联合行文,以最后签发的机关负责人签发的日期为准;法规性公文以批准的日期为准;一般电报、信函等以实际发出的日期为准。

(二)成文日期在公文中的标注位置

成文日期在公文中的标注位置有两种:一是常规标注方法。大部分的公文都把成文日期标注在公文正文或附件说明的右下方。二是特殊标注方法。经会议通过的决议、决定等公文,年、月、日均标注在公文标题之下,并用圆括号括起来。

(三)成文日期的标注格式

加盖印章的公文,不管是单一机关制发的公文还是联合行文,成文日期一般都置于正文(或附件说明)之后若干行,用阿拉伯数字居右空四字编排。至于放在多少行之后,是由印章的大小决定的,要确保成文日期处于印章中心下边缘位置,同时保证印章顶端距正文(或附件说明)一行之内。

不加盖印章的公文,不管是单一机关制发的公文还是联合行文,都是在正文(或附件说明)下空一行、右空二字编排发文机关署名,在发文机关署名下一行编排成文日期,成文日期首字比发文机关署名首字右移二字。如果发文机关署名长于成文日期,那么发文机关署名居右空二字编排;如果成文日期长于发文机关署名,应当使成文日期右空二字编排,并相应增加发文机关署名右空字数。

加盖签发人签名章的公文,如果是单一机关制发的公文,一般在签发人签名章下空一行、右空四字编排成文日期;如果是联合行文,应在最后一个签发人签名章下空一行、右空四字编排成文日期。

(四)成文日期中的数字

成文日期中的数字用阿拉伯数字将年、月、日标全,年份应标全称,月、日不编虚位(即 1 不编为 01)。

七、印章

公文加盖印章是体现公文效力的表现形式,是公文生效的标志,也是鉴定公文真伪的最重要依据。

(一)是否加盖印章的规定

公文中有发文机关署名的,应当加盖发文机关印章,并与署名机关相符。有特定发文机关标志的普发性公文和电报可以不加盖印章。对于以机关负责人名义制发的公文需要加盖签发人的签名章。

（二）加盖印章的格式要求

单一机关行文时，一般在成文日期之上、以成文日期为准居中编排发文机关署名，印章端正、居中下压发文机关署名和成文日期，使发文机关署名和成文日期居印章中心偏下位置，印章顶端应当上距正文（或附件说明）一行之内。

联合行文时，一般将各发文机关署名按照发文机关顺序整齐排列在相应位置，并将印章一一对应、端正、居中下压发文机关署名，最后一个印章端正、居中下压发文机关署名和成文日期，印章之间排列整齐、互不相交或相切，每排印章两端不得超出版心，首排印章顶端应当上距正文（或附件说明）一行之内。

（三）加盖签发人签名章的格式要求

签发人签名章是印章的一种特殊形式。对于以机关负责人名义制发的公文需要署签发人的签名章（如议案、命令等）。

单一机关制发的公文加盖签发人签名章时，在正文（或附件说明）下空二行、右空四字加盖签发人签名章，签名章左空二字标注签发人职务，以签名章为准上下居中排布。

联合行文时，应当先编排主办机关签发人职务、签名章，其余机关签发人职务、签名章依次向下编排，与主办机关签发人职务、签名章上下对齐；每行只编排一个机关的签发人职务、签名章；签发人职务应当标注全称。

（四）印章的颜色

印章用红色、签名章一般也用红色。

（五）加盖印章的注意事项

1. 不能出现空白印章（即印章没有压盖任何文字）。

2. 印章与正文必须同处一面。

3. 当正文之后的空白容不下印章或签发人签名章、成文日期时，一般应采取调整正文行距或字距的措施加以解决。

八、附注

附注是指公文印发传达范围等需要说明的事项，如"此件发至县团级""此件传达至群众"等。如有附注，居左空二字加圆括号编排在成文日期下一行。印发传达范围一般针对下行文和平行文，对上行文不可标注阅读范围。"请示"应当在附注处注明联系人及联系电话。不要把附注理解为是对公文内容的注释或解释。对公文某些概念的解释说明应放在正文之内，采用括号的方式加以解决。

九、附件

附件是指公文正文的说明、补充或者参考资料。不管公文的正文部分是否存有空白,也不管空白的行数是多少,附件应当另面编排,并在版记之前,与公文正文一起装订。"附件"二字及附件顺序号用3号黑体字顶格编排在版心左上角第一行。附件标题居中编排在版心第三行。附件顺序号和附件标题应当与附件说明的表述一致。附件的标题以及附件中字、行、段等编排格式与主体部分相应格式要素的要求相同。

如附件与正文不能一起装订,应当在附件左上角第一行顶格编排公文的发文字号并在其后标注"附件"二字及附件顺序号。如"国发〔2015〕26号附件"。

需要注意的是,批转、转发、印发类公文,被批转、转发、印发的公文不能按附件处理,在公文正文中不加"附件说明",直接另面编排,被批转、转发、印发的公文首页也不标注"附件"二字。

附件和附件说明的区别是:附件说明是附件的顺序号和名称。标注方式是在正文下空一行左空二字编排"附件"二字,后标全角冒号和附件名称。而附件是属于正文的文字材料,是附件说明的具体内容,包括各种形式的说明材料、参考材料、图表、凭据等。附件应当另面编排。

第三节 版　　记

公文末页首条分隔线以下、末条分隔线以上的部分称为版记。《党政机关公文格式》规定:"版记置于最后一面,版记的最后一个要素置于最后一行。"这句话可以理解为:

一是版记一定是在偶数页上。假设公文内容很短,即使首页可以放下版记内容,由于公文是双面印刷,版记也必须印在第2页上,即使第2页除了版记没有任何内容。

二是不管公文的篇幅长短,不管版记前面有无空白页,也不管版记前面有多少空白行,版记都要放在最后一面,版记的最后一个要素置于最后一行。

三是如果公文的版记页前面没有空白页,既使版记页除版记外没有任何其他文字,此时版记页也应当正常编排页码。

四是如果用A3纸印制公文,版记页前面有可能会出现空白页。此时,版记页和版记页前面的空白页均不编页码。

公文的版记部分包括:抄送机关、印发机关和印发日期。

2012年7月1日起施行的《党政机关公文格式》取消了"主题词"这个要素。因为随着检索技术的快速发展,标注主题词已经越来越没有必要了。

早在20世纪五六十年代,制发公文时把拟稿人、校对人和打字人的姓名标注在版记之后。如果现在再这样标注,则是不规范的做法。如果出于备查的需要,可以把这些要素标注在发文底稿或发文稿签上。

一、版记中的分隔线

版记中的分隔线与版心等宽,首条分隔线和末条分隔线用粗线(推荐高度为 0.35 mm),中间的分隔线用细线(推荐高度为 0.25 mm)。首条分隔线位于版记中第一个要素之上,末条分隔线与公文最后一面的版心下边缘重合。

二、抄送机关

抄送机关是指除主送机关外需要执行或者知晓公文内容的其他机关。抄送机关应当使用机关全称、规范化简称或者同类型机关统称。

公文如有抄送机关,一般用 4 号仿宋体字,在印发机关和印发日期之上一行、左右各空一字编排。"抄送"二字后加全角冒号和抄送机关名称,抄送机关的排列顺序与主送机关的排列顺序相同,回行时与冒号后的首字对齐。一般情况下,抄送机关之间标点符号使用方法是:同一系统内同级机关之间用顿号分隔,不同系统机关之间用逗号分隔,最后一个抄送机关名称后标句号。

如需把主送机关移至版记,除将"抄送"二字改为"主送"外,编排方法同抄送机关。既有主送机关又有抄送机关时,应当将主送机关置于抄送机关之上一行,之间不加分隔线。

三、印发机关和印发日期

印发机关和印发日期分别是指公文的送印机关和送印日期。

印发机关和印发日期一般用 4 号仿宋体字,编排在末条分隔线之上,印发机关左空一字,印发日期右空一字,用阿拉伯数字将年、月、日标全,年份应标全称,月、日不编虚位(即 1 不编为 01),后加"印发"二字。

版记中如有其他要素,应当将其与印发机关和印发日期用一条细分隔线隔开。

需要注意的问题有:

(1) 印发机关不是发文机关。发文机关体现在"发文机关标志"和"发文机关署名"上,而印发机关指的是公文的送印机关或称为公文的印制主管部门,一般应是各机关的办公厅(室)或文秘部门。

(2) 印发日期不同于成文日期。印发日期是公文的送印日期。成文日期是领导人签发或会议通过的日期。一般情况下,领导人签发或会议通过后,公文的印制需要经过打字、校对、复核等程序,因此,印发日期与成文日期存在时间差。印发日期可以晚于成文日期,印发日期也可以和成文日期是同一天,但印发日期决不可以早于成文日期。

版记中如有其他要素,应当将其与印发机关和印发日期用一条细分隔线隔开。

第四节 公文的特定格式

公文的特定格式是针对公文的通用格式而言的,是公文通用格式的补充。《党政机关公文格式》对几个特定的公文格式作了详细规定,主要包括信函格式、命令(令)格式、纪要格式三种。

一、信函格式

在公务活动中,信函格式被各级党政机关、企事业单位、社会团体广泛使用。与公文的通用格式相比较而言,信函格式相对简单,容易操作,多见于函、批复、通知等文种的公文中。需要强调的是,信函格式是一种特定的公文格式,并不是一种文种,与《党政机关公文处理工作条例》中定义的"函"的文种有本质的区别。

1. 发文机关标志。信函格式的发文机关标志使用发文机关全称或者规范化简称,不加"文件"二字。如财政部的信函格式的公文,其发文机关标志为"中华人民共和国财政部",而不能标志为"中华人民共和国财政部文件"。信函格式的发文机关标志居中排布,上边缘至上页边为30 mm,推荐使用红色小标宋体字。联合行文时,使用主办机关标志。

2. 红色双线。发文机关标志下4 mm处印一条红色双线(上粗下细),距下页边20 mm处印一条红色双线(上细下粗),线长均为170 mm,居中排布。

3. 份号、密级、和保密期限、紧急程度的位置。如需标注份号、密级和保密期限、紧急程度,应当顶格居版心左边缘编排在第一条红色双线下,按照份号、密级和保密期限、紧急程度的顺序自上而下分行排列,第一个要素与该线的距离为3号汉字高度的7/8。

4. 发文字号的位置。发文字号顶格居版心右边缘编排在第一条红色双线下,与该线的距离为3号汉字高度的7/8。

5. 标题的位置。标题居中编排,与其上最后一个要素相距二行。

6. 页码。首页不显示页码,由第2面开始标注页码。

7. 版记。版记不加印发机关和印发日期、分隔线,版记位于公文最后一面版心内最下方。

二、命令(令)格式

命令(令)是具有权威性的文种,为了维护国家政令的权威性和统一性,命令(令)的格式必须全国统一,并且要严格执行。

1. 发文机关标志。命令(令)的发文机关标志由发文机关全称加"命令"或"令"字组成,如"中华人民共和国国务院令"。发文机关标志居中排布,上边缘至版心上边缘为20 mm,推荐使用红色小标宋体字。

2. 令号。令号是命令(令)的编号,作用等同于发文字号。发文机关标志下空二行居中编排令号,一般采用"第××号"的形式,不加虚位数,如"第一号"或"第1号",而不能编为"第01号"。

3. 正文。与通用公文格式不同的是,令号和正文之间没有红色分割线,令号下空二行编排正文。命令(令)正文的格式与通用公文的格式相同。

4. 签发人职务、签名章和成文日期。单一机关制发的公文加盖签发人签名章时,在正文(或附件说明)下空二行右空四字加盖签发人签名章,签名章左空二字标注签发人职务,以签名章为准上下居中排布。联合行文时,应当先编排主办机关签发人职务、签名章,其余机关签发人职务、签名章依次向下编排,与主办机关签发人职务、签名章上下对齐;每行只编排一个机关的签发人职务、签名章;签发人职务应当标注全称。签名章一般用红色。

5. 成文日期。在签发人签名章下空一行右空四字编排成文日期。用阿拉伯数字将年、月、日标全,年份应标全称,月、日不编虚位(即1不编为01)。

三、纪要格式

纪要标志由"×××××纪要"组成,居中排布,上边缘至版心上边缘为35 mm,推荐使用红色小标宋体字。

标注出席人员名单,一般用3号黑体字,在正文或附件说明下空一行左空二字编排"出席"二字,后标全角冒号,冒号后用3号仿宋体字标注出席人单位、姓名,回行时与冒号后的首字对齐。

标注请假和列席人员名单,除依次另起一行并将"出席"二字改为"请假"或"列席"外,编排方法同出席人员名单。

纪要格式可以根据实际制定。

第五节 公文的表格及页码格式

一、页码

页码是公文格式的一项要素,是保证公文完整性和有效性的标志。在公文中标注页码,还有利于对公文进行查阅、检索与装订。页码一般用4号半角宋体阿拉伯数字,编排在公文版心下边缘之下,数字左右各放一条一字线;一字线上距版心下边缘7 mm。单页码居右空一字,双页码居左空一字。公文的版记页前有空白页的,空白页和版记页均不编排页码。公文的附件与正文一起装订时,页码应当连续编排。

二、公文中的横排表格

在制发公文时,有些公文需要附带表格。如果是竖排表格,与一般文字无异。如果是 A4 纸型的横排表格,页码位置与公文其他页码保持一致。装订时,单页码表头在订口一边,双页码表头在切口一边。

第六节 公文用纸及印装格式

一、公文用纸的主要技术指标

《党政机关公文格式》规定:"公文用纸一般使用纸张定量为 $60\ g/m^2$—$80\ g/m^2$ 的胶版印刷纸或复印纸。纸张白度 80%—90%,横向耐折度≥15 次,不透明度≥85%,pH 值为 7.5—9.5。"

二、公文用纸的幅面尺寸

1999 年,GB\T9704-1999《国家行政机关公文格式》国家标准实施以后,我国行政机关公文用纸的幅面尺寸已经由 16 开改为国际标准 A4 型纸,但是党的机关公文一直沿用 16 开纸。为了保证我国党政机关公文纸型的一致性,2012 年 7 月 1 日起施行的《党政机关公文格式》将党政机关的公文用纸幅面尺寸统一规定为 A4 纸型,其成品幅面尺寸为:210 mm×297 mm。

三、公文的印装规范

(一)页边与版心尺寸

为了美观和装订方便,公文印制时上、下、左、右都要留出白边,不能印刷文字,能印刷文字的中心区域称为版心。公文用纸天头(上白边)为 37 mm±1 mm,公文用纸订口(左白边)为 28 mm±1 mm,版心尺寸为 156 mm×225 mm。

(二)字体和字号

如无特殊说明,公文格式各要素一般用 3 号仿宋体字。特定情况可以作适当调整。如密级和保密期限、紧急程度使用 3 号黑体字,签发人姓名使用 3 号楷体字,标题使用 2 号小标宋体,版记中的要素使用 4 号仿宋体。

(三)行数和字数

一般每面排 22 行,每行排 28 个字,并撑满版心。特定情况可以作适当调整。

(四)文字的颜色

公文中除了发文机关标志、版头中的分割线、发文机关印章和签发人签名章为红色外,公文中文字的颜色均为黑色。

练 习 题

一、单项选择题

1. 下列哪一项不属于公文版心内的要素(　　)。
   A. 版头　　　　　　B. 主体　　　　　　C. 版记　　　　　　D. 页码
2. 根据《党政机关公文格式》规定,版头部分的要素不包括(　　)。
   A. 份号、密级和保密期限　　　　　　B. 紧急程度、发文机关标志
   C. 发文字号、签发人　　　　　　　　D. 成文日期
3. 公文份号须用(　　)位 3 号阿拉伯数字标注。
   A. 3　　　　　　　B. 4　　　　　　　C. 5　　　　　　　D. 6
4. 属于重要的国家秘密,泄露会使国家的安全和利益遭受严重的损害,在密级分类中符合描述的是(　　)。
   A. 绝密　　　　　　B. 机密　　　　　　C. 秘密　　　　　　D. 保密
5. 公文的密级和保密期限应该标注在公文首页(　　)。
   A. 左上角　　　　　B. 左下角　　　　　C. 右下角　　　　　D. 正中间
6. 如需同时标注份号、密级和保密期限、紧急程度,须按下列哪种顺序自上而下排列(　　)。
   A. 份号、密级、保密期限、紧急程度　　　　B. 密级、份号、保密期限、紧急程度
   C. 份号、保密期限、紧急程度、密级　　　　D. 份号、密级和保密期限、紧急程度
7. 关于发文机关标志叙述错误的是(　　)。
   A. 发文机关标志由发文机关全称或者规范化简称加"文件"二字组成
   B. 发文机关标志可以使用发文机关全称或者规范化简称
   C. 联合行文时,发文机关标志可以并用联合发文机关名称,也可以单独使用主办机关名称
   D. 联合行文时,发文机关标志可以并用联合发文机关名称,特殊情况下也可单独使用协办机关名称
8. 《党政机关公文格式》规定,不管是上报的公文还是下行公文,发文机关标志上边缘至版心上边缘的距离统一为(　　)mm。
   A. 25　　　　　　　B. 30　　　　　　　C. 35　　　　　　　D. 40
9. 下列关于发文字号叙述错误的是(　　)。
   A. 发文字号由发文机关代字、年份、发文顺序号组成
   B. 联合行文时,使用主办机关的发文字号
   C. 发文字号编排在发文机关标志下空二行位置,居中排布
   D. 发文顺序号不加"第"字,数字前一般应编虚位
10. 下列发文字号标注正确的是(　　)。

A. 国发〔2013〕6 号 　　　　　　　　　B. 国发（2013）6 号
C. 国发〔2013〕第 6 号 　　　　　　　 D. 国发〔2013〕06 号

11.《党政机关公文格式》将版头中的一条与版心等宽的红线称为(　　　)。
　A. 正线　　　　　B. 反线　　　　　C. 武文线　　　　　D. 分割线

12. 下列哪种公文能够在标题中省略事由(　　　)。
　A. 报告　　　　　B. 请示　　　　　C. 批复　　　　　D. 通告

13. 如果主送机关的性质和权限不同,一般按下列哪种顺序排列(　　　)。
　A. 政、党、军、群　　B. 党、政、军、群　　C. 群、党、政、军　　D. 军、党、政、群

14. 下列关于发文机关署名说法错误的是(　　　)。
　A. 单一机关行文时,如果公文需要加盖印章,一般在成文日期之上、以成文日期为准居中编排发文机关署名
　B. 联合行文时,如果公文需要加盖印章,一般将各发文机关署名按照发文机关顺序整齐排列在相应位置(横排)
　C. 单一机关行文时,如果公文不需要加盖印章,则在正文(或附件说明)下空二行右空二字编排发文机关署名
　D. 联合行文时,如果公文不需要加盖印章,则应当先编排主办机关署名,其余发文机关署名依次向下编排(纵排)

15. 下列关于公文加盖印章说法错误的是(　　　)。
　A. 印章用红色,签名章一般也用红色
　B. 不能出现空白印章(即印章没有压盖任何文字)
　C. 印章与正文必须同处一面
　D. 两个机关联合发文时,两个印章必须与成文日期同时相交

16. 公文的版记部分不包括(　　　)。
　A. 抄送机关　　　　B. 印发机关　　　　C. 印发日期　　　　D. 成文日期

17.《党政机关公文格式》中把"公文末页首条分隔线以下、末条分隔线以上的部分"称为(　　　)。
　A. 版头　　　　　B. 主体　　　　　C. 版记　　　　　D. 版尾

18. 密级和保密期限之间用以下哪个符号分隔(　　　)。
　A. ★　　　　　　B. ⊕　　　　　　C. △　　　　　　D. ∥

19. 上行文中标注签发人的目的是(　　　)。
　A. 属于规定需要,并无实际意义
　B. 在上级机关处理公文时能及时了解谁对上报的公文事项负责
　C. 让上级领导加深对签发人的印象
　D. 为了公文的美观

20. 在公文标题中,出现下列哪一项不能使用书名号(　　　)。
　A. 书籍　　　　　B. 文章　　　　　C. 报刊　　　　　D. 特殊事件

21. 公文版头中的份号应顶格编排在版心（ ）。
   A. 左上角第一行   B. 左下角第一行   C. 右上角第一行   D. 右下角第一行
22. 下列关于公文各要素位置叙述错误的是（ ）。
   A. 份号应顶格编排在公文首页版心左上角第一行
   B. 密级应顶格编排在公文首页版心右上角第二行
   C. 紧急程度应顶格编排在公文首页版心左上角
   D. 发文字号一般编排在发文机关标志下空二行位置，居中排布
23. 公文的正文中的结构层次一般第一层、第二层、第三层和第四层分别用什么字体标注（ ）。
   A. 黑体字、楷体字、仿宋体字、仿宋体字   B. 黑体字、黑体字、楷体字、仿宋体字
   C. 黑体字、楷体字、楷体字、仿宋体字   D. 仿宋体字、黑体字、楷体字、仿宋体字
24. 公文一般需要加盖发文机关印章，有的公文需要加盖签发人的签名章，以下哪个文种应加盖签发人签名章（ ）。
   A. 命令（令）   B. 请示   C. 报告   D. 会议记录
25. 关于决议的成文日期说法正确的是（ ）。
   A. 标注在正文之后，右下侧
   B. 标注在公文标题之下，并用圆括号括起
   C. 标注在标题中
   D. 标注在发文机关标志之下，并用圆括号括起
26. 公文的成文日期一般标注在正文之后右下方，这种标注成文日期的方法属于（ ）。
   A. 常规标注方法   B. 特殊标注方法
   C. 自主标注方法   D. 随意标注方法
27. 鉴定公文真伪的最重要依据是（ ）。
   A. 签发单位   B. 签发内容   C. 印章   D. 公文格式
28. 一般情况下，公文格式各要素应当使用的字体是（ ）。
   A. 3号仿宋体字   B. 4号仿宋体字   C. 3号正楷体字   D. 3号宋体字
29. 下列不符合发文字号写作要求的是（ ）。
   A. 第26号   B. 2015年第6号
   C. 中发〔2015〕66号   D. 2015年（16号）
30. 公文格式中的主体部分不包括（ ）。
   A. 公文标题   B. 主送机关   C. 附件说明   D. 印发日期
31. 在公文标题三要素中，我们可以通过哪部分迅速了解公文内容（ ）。
   A. 发文机关名称   B. 事由   C. 文种   D. 标题

二、多项选择题

1. 2012年7月1日实施的《党政机关公文格式》将版心内的公文格式各要素划分三部分，这三部

分是( )。

A. 版头　　　　　B. 主体　　　　　C. 版尾　　　　　D. 版记

2. 以下属于版头部分要素的是( )。

A. 份号、密级和保密期限　　　　　B. 紧急程度、发文机关标志

C. 发文字号、签发人　　　　　　　D. 主送机关、抄送机关

3. 公文的密级分为( )。

A. 绝密　　　　　B. 机密　　　　　C. 秘密　　　　　D. 保密

4. 公文电报的紧急程度分为( )。

A. 特提　　　　　B. 特急　　　　　C. 加急　　　　　D. 平急

5. 关于发文机关标志叙述正确的有( )。

A. 发文机关标志可由发文机关全称或者规范化简称加"文件"二字组成

B. 发文机关标志可以使用发文机关全称或者规范化简称

C. 联合行文时,发文机关标志可以并用联合发文机关名称

D. 联合行文时,发文机关标志也可以单独用主办机关名称

6. 公文的发文字号一般由哪三要素组成( )。

A. 发文机关代字　　B. 年份　　　　C. 发文顺序号　　　D. 签发人

7. 下列关于发文字号叙述正确的有( )。

A. 发文字号由发文机关代字、年份、发文顺序号组成

B. 联合行文时,使用主办机关的发文字号

C. 发文字号一般编排在发文机关标志下空二行位置,居中排布

D. 年份、发文顺序号用阿拉伯数字标注

8. 下列关于发文字号三要素叙述正确的是( )。

A. 年份用阿拉伯数字全称标注,不应简化

B. 发文顺序号用阿拉伯数字标注,不加"第"字,不编虚位

C. 发文机关代字要能体现发文机关的本质属性和职能

D. 年份应用中括号括起

9. 下列符合发文字号类型的有( )。

A. 由发文机关代字、年份、发文顺序号三要素构成

B. 由发文年份、发文顺序号两要素构成

C. 省去"发文机关代字"和"年份"两个要素,只有一个要素:顺序号

D. 有发文机关代字和顺序号组成

10. 下列关于发文字号位置描述正确的是( )。

A. 发文字号一般在发文机关标志下空两行位置,居中排布

B. 下行文的发文字号居左空一字编排,与最后一个签发人姓名同处一行

C. 信函格式的发文字号顶格居版心右边缘在第一条红色反线下

D. 命令(令)格式发文字号在发文机关标志下空两行居中编排

11. 关于签发人说法正确的是( )。

A. 签发人由"签发人"三字加全角冒号和签发人姓名组成

B. 如有多个签发人,一般每行排一个姓名,依次纵向排列

C. "签发人"三字用3号仿宋体字,签发人姓名用3号楷体字

D. 签发人编排在发文机关标志下空二行右空一字的位置

12. 下列各项中属于公文格式主体部分的是( )。

A. 公文标题、主送机关　　　　　　　B. 公文的主体(正文)、附件说明

C. 发文机关署名、成文日期　　　　　D. 印章、附注、附件

13. 关于公文标题叙述正确的是( )。

A. 公文标题的三要素包括发文机关名称、事由和文种

B. 文种是公文式标题三要素中唯一不能省略的要素

C. 发文机关名称必须是法定的全称或通用的规范化简称

D. 如果是三个以下机关联合发文,应当把所有的发文机关都列上

14. 公文标题的格式种类包括( )。

A. 发文机关名称+事由+文种　　　　B. 事由+文种

C. 发文机关名称+文种　　　　　　　D. 发文时间+文种

15. 下列哪些公文标题可以只写文种( )。

A. 公告　　　　B. 通告　　　　C. 函　　　　D. 请示

16. 公文标题如果多行排布,回行时要做到( )。

A. 词意完整　　　B. 排列对称　　　C. 长短适宜　　　D. 间距恰当

17. 公文标题中的标点符号使用正确的有( )。

A. 中共中央关于深入学习《邓小平文选》的实施意见

B. 国务院批转人事部等部门关于部分专业技术和党政干部家属"农转非"问题的意见的通知

C. 关于废止《第二批汉字简化方案(草案)》的请示

D. 滨保高速天津"10·7"特别重大道路交通事故调查报告

18. 对于公文的主送机关说法正确的是( )。

A. 上行文必须有主送机关

B. 上行文的主送机关一般只能是一个

C. 除领导人特别交代的事项,公文一般不主送领导者个人

D. 主送机关中,同一类别的用顿号分隔,不同类别的用逗号分隔

19. 下列关于发文机关署名说法不正确的有( )。

A. 单一机关行文时,公文必须标注发文机关署名

B. 联合行文时,可以只标注主办机关署名并加盖印章

C. 单一机关行文时,可以不标注发文机关署名,只标注成文日期并加盖印章

D. 联合行文时,可以不标注发文机关署名,只标注成文日期并加盖印章

20. 下列关于公文成文日期叙述正确的是( )。

A. 经会议讨论通过的公文,以会议正式通过的日期为准

B. 经发文机关负责人签发的公文,以签发日期为准

C. 联合行文的公文,以主办机关负责人签发的日期为准

D. 单一机关制发的公文,以公文的印发日期为准

21. 以下关于版记说法正确的是( )。

A. 版记一定是在偶数页上

B. 最后一面是指必须带有正文内容的最后一面

C. 不管版记前面有无空白页,版记都要放在最后一面,版记的最后一个要素置于最后一行

D. 如果"版记页"前面有空白页,版记页前面的空白页和版记页均不标注页码

22. 关于公文版记说法正确的有( )。

A. 印发机关和印发日期分别是指公文的送印机关和送印日期

B. 印发日期用阿拉伯数字标注,后加"印发"二字

C. 印发机关不是发文机关,印发日期即成文日期

D. 如需把主送机关移至版记,可以放在"抄送机关"后面

23. 下列属于公文特定格式的是( )。

A. 信函格式   B. 命令(令)格式
C. 纪要格式   D. 批复格式

24. 以下关于信函格式和函说法正确的是( )。

A. 信函格式是一种特殊的公文格式   B. 信函格式既是一种格式又是一种文种
C. 信函格式即函,函即信函格式   D. 函不使用通用格式,使用信函格式

25. 下列关于命令(令)说法正确的有( )。

A. 命令(令)的发文机关标志由发文机关全称加"命令"或"令"字组成

B. 令号是命令(令)的编号

C. 在签发人签名章下空一行右空四字编排成文日期

D. 命令(令)一般加盖发文机关主要负责人的签名章

26. 下列关于公文的印装规范说法正确的有( )。

A. 公文用纸是A4纸型,左侧装订

B. 公文一般每面排22行,每行排28个字,并撑满版心,特定情况可以作适当调整

C. 公文中除了特定要素为红色外,公文中文字的颜色均为黑色

D. 如无特殊说明,公文格式各要素一般用4号仿宋体字

27. 下列关于密级和保密期限说法正确的有( )。

A. 密级和保密期限之间用"★"分隔

B. 如需标注密级和保密期限,一般用3号黑体字,顶格编排在版心左上角第二行

C. 如需同时标注密级和保密期限,密级两字之间不空格

D. 保密期限中的数字用阿拉伯数字标注

28. 下列关于公文标题说法正确的有(　　)。

A. 公文的标题是对公文主要内容的概括和揭示

B. 公文标题的作用在于向阅读者传达公文的基本内容

C. 标题一般用2号小标宋体字,编排于红色分隔线下空二行位置,分一行或多行居中排布

D. 多个机关联合发文时,可采取省略发文机关或只排列主办机关名称加"等"的办法标注发文机关

29. 下列公文可以使用文章式标题的是(　　)。

A. 调查报告　　　B. 讲话稿　　　C. 述职报告　　　D. 命令

30. 公文标题字数较多,需要多行排布时,一般采用(　　)。

A. 梯形　　　B. 菱形　　　C. 三角形　　　D. 正方形

31. 在公文标题中,哪些情况下需使用书名号(　　)。

A. 标题中如果出现书籍、文章、报刊等名称时

B. 在转发、批转法律、法规和规章类公文的标题中

C. 含有日月简称表示事件、节日和其他意义的词组

D. 对名词进行解释和说明

32. 下列关于公文标题中圆括号使用正确的是(　　)。

A. 关于废止《第二批汉字简化方案(草案)》的请示

B. 关于组织实施九年义务教育课程方案(试行)的意见

C. 关于贯彻执行省政府第十次全体(扩大)会议精神的通知

D. 关于颁发《教育部属勘察设计院(所、室)职工道德准则》(试行)的通知

33. 下列关于公文格式中几个要素定义正确的有(　　)。

A. 紧急程度,即公文送达和办理的时限要求

B. 密级和保密期限,即公文的秘密等级和保密的期限

C. 上行文应当标注签发人,签发人是指发文机关的主要负责人

D. 份号,即公文印制份数的顺序号

34. 下列对于公文的主送机关说法正确的是(　　)。

A. 主送机关是指公文的主要受理机关,应当使用机关全称、规范化简称或同类型机关的统称

B. 一份公文的主送机关应根据公文的内容需要、发文机关的权限范围等来确定

C. 上行文都应当有主送机关

D. 上行文的主送机关一般只能是一个

35. 下列哪些文种可以加盖发文机关主要负责人的签名章(　　)。

A. 命令　　　B. 议案　　　C. 报告　　　D. 决议

36. 公文用纸的印装规范应注意哪些问题(　　)。

A. 页边与版心尺寸 B. 字体和字号
C. 行数和字数 D. 文字的颜色

37. 一般情况下,公文格式中哪些要素应为红色( )。
A. 发文机关标志 B. 版头中的分割线
C. 发文机关印章 D. 签发人签名章

38. 下列关于信函格式说法正确的是( )。
A. 标题居中编排,与其上最后一个要素相距二行
B. 版记位于公文最后一面版心内最下方
C. 信函格式的发文机关标志居中排布,上边缘至上页边为 30 mm
D. 发文字号顶格居版心右边缘编排在第一条红色双线下,与该线的距离为 3 号汉字高度的 7/8

39. 公文格式中除了通用格式,还有几个特定格式,主要包括( )。
A. 报告格式 B. 信函格式 C. 命令(令)格式 D. 纪要格式

40. 公文的紧急程度有( )。
A. 特提 B. 特急
C. 加急 D. 平急

41. 下列哪些公文文种不能使用"发文机关名称+文种"这种标题格式( )。
A. 公告 B. 通告 C. 报告 D. 议案

42. 下列哪种公文文种标题可以只写文种( )。
A. 公告 B. 通告 C. 报告 D. 函

43. 下列哪些属于上行文( )。
A. 请示 B. 报告 C. 请求批转的意见 D. 函

44. 关于公文主送机关说法正确的是( )。
A. 上行文必须有主送机关并且应是一个主送机关
B. 单一性下行文的主送机关一般只有一个
C. 普发性下行文的主送机关较多
D. 一些行文方向不定,没有特指主送机关的公布性公文,则不写主送机关

三、判断题(正确填 A,错误填 B)

1. 联合行文时,发文字号应使用主办机关的发文字号。( )
2. 发文顺序号一般不加"第"字,需编虚位,在阿拉伯数字后加"号"字。( )
3. 联合行文时一般应标注主办机关的发文字号,特殊情况下也可以标注所有发文机关的发文字号。( )
4. 公文主送机关是指公文的主要受理机关,应当使用机关全称、规范化简称或者同类型机关统称。( )
5. 如果公文的主送机关的性质和权限不同,则按党、政、军、群的顺序排列。( )

6. 成文日期中的数字一般用简写的汉字标注。（　　）
7. 附注是对公文正文的解释和说明，编排在成文日期下空一行，居左空二字加中括号。（　　）
8. 印发机关和印发日期分别是指公文的送印机关和成文日期。（　　）
9. "主题词"一直是公文的基本组成要素。（　　）
10. 纪要标志由"××××纪要"组成，居中排布，上边缘至版心上边缘为35mm，推荐使用红色仿宋体字。（　　）
11. 如果只标密级不标保密期限，"绝密""机密""秘密"两字之间不需空格。（　　）
12. 正式公文中，上行文和平行文都应当标注签发人及其姓名。（　　）
13. "签发人"三字用3号仿宋体字，签发人姓名用3号楷体字。（　　）
14. 公文标题的三要素包括发文机关名称、事由和文种，三要素可以两两组合成公文标题。（　　）
15. 公文的紧急程度的位置应在公文首页版心左上角。（　　）
16. 上行文按规定应当标注"签发人"。（　　）
17. 在转发、批转某些法规性的公文时，这些法规性公文的名称应使用书名号。（　　）
18. 当公文排版后所剩空白处不能容下印章或签发人签名章、成文日期时，可采取调整行距、字距的措施解决。（　　）
19. 主送机关中，同一类别和不同类别的机关都须用顿号分隔，最后一个主送机关后面加全角冒号。（　　）
20. 几个机关联合行文时只需标注最重要的发文机关署名。（　　）
21. 印章应当同正文同处一面。（　　）
22. 决议和经会议通过的决定的成文日期应当标注在公文标题之下，并用圆括号括起来。（　　）
23. 加盖印章的公文，成文日期一般都置于正文（或附件说明）之后若干行，右空四字用阿拉伯数字编排。（　　）
24. 不加盖印章的公文，在正文（或附件说明）下空一行右空二字编排发文机关署名。（　　）
25. 中国共产党的各级机关制发的公文用阿拉伯数字标注成文日期，行政公文用简写的汉字标注成文日期。（　　）
26. 制发纪要时一般应使用公文的通用格式。（　　）
27. 信函格式是一种特定的公文文种，使用时须遵循具体规范。（　　）
28. 财政部制发信函格式的公文，其发文机关标志应为"中华人民共和国财政部文件"。（　　）
29. 印发日期就是公文的成文日期。（　　）
30. 发文机关标志应以醒目、美观、庄重为原则。（　　）
31. 命令（令）格式的发文机关标志一般由发文机关全称加"文件"二字组成。（　　）
32. 公告的标题可以只写文种，省略发文机关名称和事由。（　　）
33. 为了引起上级部门的重视，可以多列几个主送机关。（　　）

34. 有特定发文机关标志的普发性公文和电报也应当加盖印章才生效。（　　）
35. 附件位于版记之后，与正文一起装订。（　　）
36. 如需把主送机关移至版记，应将主送机关放在抄送机关之后，编排方法同主送机关。（　　）
37. 信函格式与函都是特定的公文文种，但两者在本质上有区别。（　　）
38. 以信函格式制发的公文其首页需显示页码。（　　）
39. 公文的版记页前有空白页的，空白页和版记页均需编排页码。（　　）
40. 命令（令）格式的发文机关标志一般由发文机关全称或规范化简称加"命令"或"令"字组成。（　　）

第三章　公文的行文与处理

第一节　公文的行文关系、行文方向和行文方式

严格根据行文关系、行文方向和行文方式行文，不仅有助于畅通公文运行渠道、理顺工作关系、提高工作效率，还可以避免行文混乱、运转迟缓、指挥不良等弊端。

在实际工作中，要做到规范地制发公文，必须首先根据隶属关系和职权范围确定行文关系。其次，根据行文关系确定行文方向。最后，严格按照行文方式行文。

一、公文的行文关系

公文的行文关系是指发文机关与收文机关之间的公文往来关系。行文关系是根据机关的组织系统、领导关系和职权范围所确定的机关之间的文件授受关系。机关的行文关系从隶属关系和职权范围可分为：

（1）领导与被领导关系。同一系统的机关，既有上级领导机关，又有下级被领导机关，上下级机关之间，构成领导与被领导的关系，使用"上行文""下行文"。

（2）指导与被指导关系。上级业务主管部门和下级业务部门之间具有业务上的指导与被指导关系，使用"上行文""下行文"。

（3）不相隶属关系。非同一系统的机关之间，无论级别高低，既无领导与被领导关系，又无上下级业务部门的指导关系，它们是不相隶属关系，使用"平行文"。

（4）平行关系。平行关系又称为平级关系，是指同一系统的同级机关之间的关系，使用"平行文"。平级关系也属于不相隶属关系。

以上四种情况的机关之间的公文往来，就构成了一定的行文关系。前两种情况的机关之间互相行文应当使用上行文或下行文；后两种情况的机关之间互相行文应当使用平行文。

二、公文的行文方向

根据机关之间不同的行文关系,可将机关的行文分为上行文、下行文、平行文。

下行文:是指上级领导机关或业务主管部门对所属下级机关或业务部门的一种行文。

上行文:是指下级机关或业务部门向所属上级领导机关或业务主管部门的一种行文。

平行文:是指同级机关或不相隶属机关之间的一种行文。

三、行文方式

可以把行文方式分为以下几种:逐级行文、多级行文、越级行文、直接行文等。

1. 逐级行文。逐级行文是最常用的行文方式,因此又称为常规行文或常态行文。它是给直接的上级机关或下级机关行文的方式。逐级行文又分为逐级上行文和逐级下行文两种具体方式。逐级上行文是指下级机关直接向直属上级领导机关的一种行文方式,是上行文最基本最常用的一种方式。逐级下行文是指采取逐级下达或者只对直属下级机关下达的一种行文方式。

2. 多级行文。多级行文是指党政机关根据工作需要,同时向多个级别的机关同时行文的方式。这种行文方式将公文同时发送给上几级或下几级机关,甚至直达基层与人民群众直接见面。多级行文包括多级上行文和多级下行文两种具体方式。多级上行文是指下级机关同时向自己的直属上级机关或更高级的上级领导机关行文的一种行文方式。根据行文规则,多级上行文一般是不允许使用的。多级下行文是指党政领导机关根据工作需要,同时下达几级机关的一种行文方式。多级下行文不是常规行文的方式,但也是实际工作中允许使用的行文方式。

3. 越级行文。越级行文主要是指根据工作需要,发文机关越过自己的直接上级机关或直接下级机关,向更高一级或更低一级的机关行文的方式。越级行文是一种非常规的行文方式,没有特殊情况一般不使用。越级行文可分为越级下行文和越级上行文。越级下行文是指上级机关可以跃过直属下级直接向再下一级甚至最基层单位的行文。越级下行文在现实中也时常会见到。越级上行文是指在非常必要的时候,下级机关可以越过自己的直接上级领导机关,向更高一级的领导机关直至中央直接行文的一种行文方式。这是一种非正常的行文方式,没有特殊情况,一般不能轻易采用。只有在以下特殊情况下可以采用越级上行文:一是遇有特殊重大紧急情况,如战争、自然灾害等,如逐级上报,可能会延误时机,造成重大损失时;二是经多次请示直接上级,长期未得到解决的重大问题;三是上级领导或领导机关交办,并指定越级直接上报的事项;四是对直接上级机关或领导进行检举、控告;五是直接上下级机关有争议,而无法解决的重大问题;六是询问、联系无须经过直接上级机关的一些工作问题等。

越级行文时应当把公文抄送被越过的机关。

4. 直接行文。直接行文是发文机关直接向需要周知、承办或执行公文中有关公务的受文机关行文的行文方式。这种行文方式是指不相隶属机关之间的行文方式。

第二节 行文规则

行文规则是控制公文行文对象、行文方向和行文方式等方面的制度规定。行文规则规范着各种社会组织之间的行文行为,旨在确保公文有序、有效地进行,顺利实现公文的效用。

一、行文的总规则

行文应当确有必要,讲求实效,注重针对性和可操作性。行文关系根据隶属关系和职权范围确定。一般不得越级行文,特殊情况需要越级行文的,应当同时抄送被越过的机关。

二、向上级机关行文应当遵循的规则

1. 原则上主送一个上级机关,根据需要同时抄送相关上级机关和同级机关,不抄送下级机关。

2. 党委、政府的部门向上级主管部门请示、报告重大事项,应当经本级党委、政府同意或者授权;属于部门职权范围内的事项应当直接报送上级主管部门。

3. 下级机关的请示事项,如需以本机关名义向上级机关请示,应当提出倾向性意见后上报,不得原文转报上级机关。

4. 请示应当一文一事。不得在报告等非请示性公文中夹带请示事项。

5. 除上级机关负责人直接交办事项外,不得以本机关名义向上级机关负责人报送公文,不得以本机关负责人名义向上级机关报送公文。

6. 受双重领导的机关向一个上级机关行文,必要时抄送另一个上级机关。

三、向下级机关行文应当遵循的规则

1. 主送受理机关,根据需要抄送相关机关。重要行文应当同时抄送发文机关的直接上级机关。

2. 党委、政府的办公厅(室)根据本级党委、政府授权,可以向下级党委、政府行文,其他部门和单位不得向下级党委、政府发布指令性公文或者在公文中向下级党委、政府提出指令性要求。需经政府审批的具体事项,经政府同意后可以由政府职能部门行文,文中须注明已经政府同意。

3. 党委、政府的部门在各自职权范围内可以向下级党委、政府的相关部门行文。

4. 涉及多个部门职权范围内的事务,部门之间未协商一致的,不得向下行文;擅自行文

的,上级机关应当责令其纠正或者撤销。

5. 上级机关向受双重领导的下级机关行文,必要时抄送该下级机关的另一个上级机关。

四、不相隶属机关之间的行文规则

1. 同级党政机关、党政机关与其他同级机关必要时可以联合行文。属于党委、政府各自职权范围内的工作,不得联合行文。

2. 党委、政府的部门依据职权可以相互行文。

3. 部门内设机构除办公厅(室)外不得对外正式行文。

第三节 公文处理概述

一、公文处理的含义

公文处理工作是指公文拟制、办理、管理等一系列相互关联、衔接有序的工作。公文拟制主要包括公文的起草、审核、签发等程序。公文办理主要包括收文办理、发文办理和整理归档。公文的管理主要包括公文的登记、组织传阅、催办、撤销废止等环节。

二、公文处理工作的原则和要求

1. 公文处理工作应当坚持实事求是、准确规范、精简高效、安全保密的原则。

2. 各级党政机关应高度重视公文处理工作,加强组织领导,强化队伍建设,设立文秘部门或者由专人负责公文处理工作。

3. 各级党政机关办公厅(室)主管本机关的公文处理工作,并对下级机关的公文处理工作进行业务指导和督促检查。

第四节 公文的拟制

公文的拟制包括公文的起草、审核、签发等程序。

一、公文的起草

(一)公文起草的含义

起草又称为撰写、拟稿,是指执笔人(个体或团体)遵照领导人或领导机关的指示精神,从领命、准备、构思到写就公文初稿的行文过程。

(二)公文起草的原则

公文起草应当做到:

（1）符合国家法律法规和党的路线方针政策，完整准确体现发文机关意图，并同现行有关公文相衔接。

（2）一切从实际出发，分析问题实事求是，所提政策措施和办法切实可行。

（3）内容简洁，主题突出，观点鲜明，结构严谨，表述准确，文字精练。

（4）文种正确，格式规范。

（5）深入调查研究，充分进行论证，广泛听取意见。

（6）公文涉及其他地区或者部门职权范围内的事项，起草单位必须征求相关地区或者部门意见，力求达成一致。

（7）机关负责人应当主持、指导重要公文的起草工作。

二、公文的审核

（一）公文审核的含义

公文审核，是指公文的审核人员按照一定的原则和方法在公文签发之前对其进行全面的检查、修正活动。

（二）公文审核的重点

公文文稿签发前，应当由发文机关办公厅（室）进行审核，审核的重点是：

（1）行文理由是否充分，行文依据是否准确。

（2）内容是否符合国家法律法规和党的路线方针政策；是否完整准确体现发文机关意图；是否同现行有关公文相衔接；所提政策措施和办法是否切实可行。

（3）涉及有关地区或者部门职权范围内的事项是否经过充分协商并达成一致意见。

（4）文种是否正确，格式是否规范；人名、地名、时间、数字、段落顺序、引文等是否准确；文字、数字、计量单位和标点符号等用法是否规范。

（5）其他内容是否符合公文起草的有关要求。

需要发文机关审议的重要公文文稿，审议前由发文机关办公厅（室）进行初核。经审核不宜发文的公文文稿，应当退回起草单位并说明理由；符合发文条件但内容需作进一步研究和修改的，由起草单位修改后重新报送。

三、公文的签发

（一）公文签发的含义

公文签发是指机关或部门领导人对拟以本机关或本部门名义发出的文件送审稿签署表示核准的意见。审核后的文稿仍是草稿，只有签发后的文稿才成为定稿。

（二）公文签发的原则

（1）按职权划分的原则。公文应当经本机关负责人审批签发。重要公文和上行文由机关主要负责人签发。党委、政府的办公厅(室)根据党委、政府授权制发的公文,由授权机关主要负责人签发或者按照有关规定签发。联合发文由所有联署机关的负责人会签。

(2) 集体负责的原则。对于某些有关全局性、长期性、关键性的公文,必须由领导班子集体讨论、通过,共同负责,最后由主要领导人签发。

(3) 授权代签的原则。主要领导人因公外出,可以授权或委托其他副职领导人代为签发,事后再送主要领导人核阅。一般性的事务性公文也可以委托办公厅(室)的负责人签发。

(4) 加签的原则。凡欲以业务主管部门名义发出的公文,原则上应由部门负责人签发。但当公文内容涉及重大问题时,应送机关主管领导审阅后加签。如市文化局要发一份公文,原则上由局长签发即可。但公文内容如果涉及文化方面的一些重大措施的调整,就应主动送主管文化的副市长加签。

(5) 会签的原则。会签是指当文稿内容涉及两个以上业务主管部门的职权范围时,必须经相关部门的负责人共同协商,并都在发文处理笺的"会签"栏内签署发文的具体意见。

会签时由主办机关首先签署意见后,协办机关依次会签。会鉴应使用原件,一般不能使用复印件。

(6) 先审后签的原则。签发人在签发前一定要仔细审阅文稿,不能完全依赖核稿的文秘人员。因为签发人要对自己所签发的公文负完全责任。

(三) 公文签发的要求

签发人签发公文,应当签署意见、姓名和完整日期;圈阅或者签名的,视为同意。

(四) 公文签发的注意事项

(1) 代签要注明。受委托代签的文稿应注明"代签"字样,以备查考。

(2) 用笔要符合档案管理的要求。签发文稿应使用毛笔、钢笔或签字笔,不要使用铅笔或圆珠笔。

第五节　公文的办理

公文的办理包括收文办理、发文办理和整理归档。

一、收文办理

(一) 收文的含义

收文是指收进外部送达本机关、单位的公务文书和材料,其中包括文件、电报、信函、内部刊物和资料等。

(二) 收文的程序

收文的主要程序包括签收、登记、初审、承办、传阅、催办、答复等。

1. 签收。签收又叫收进,是指收到公文后,收件人在对方的公文投递单或送文簿上签字,表示收到。对收到的公文应逐件清点,核对无误后签字或盖章,并注明签收时间。签收应做到四看:一看封口是否严密。如发现有拆封现象,应立即查询,作适当处理。二看实收份数与投递单上的份数是否相符。如不符,应注明实收份数或暂不签收。三看信封上的封号与投递单或送文簿上登记的封号是否一致。如不一致,应暂不签或在送文簿上注明实收公文的封号。四看信封或封套上的收文机关名称与本机关的名称是否相符。如属误投,应当即退以免误事。

2. 登记。收文登记是指对本机关收到的各类公文进行记载。

(1) 收文登记的作用有:管理和保护作用;查找和利用作用;统计和催办作用;责任和证据作用。

(2) 常见的收文登记形式有簿式、卡片式、联单式三种。随着高新技术的发展,利用计算机登记、管理公文已在不少机关得到采用。

(3) 收文登记的内容包括收(来)文编号、收(来)文日期、来文机关、来文字号、来文标题、份数、附件、秘密等级、领导人批阅情况、承办单位或个人、处理结果、归存卷号等。

3. 初审。对收到的公文应当进行初审,初审的重点是:是否应当由本机关办理,是否符合行文规则,文种、格式是否符合要求,涉及其他地区或者部门职权范围内的事项是否已经协商、会签,是否符合公文起草的其他要求。

经初审,对符合规定的公文,文秘部门应当及时提出拟办意见送负责人批示或者交有关部门办理,需要两个以上部门办理的应当明确主办部门。紧急公文应当明确办理时限。对不符合规定的公文,应当及时退回来文单位并说明理由。

4. 承办。承办是指按公文本身的要求和机关领导人的意见进行具体办理。承办的要求是:阅知性公文应当根据公文内容、要求和工作需要确定范围后分送;批办性公文应当提出拟办意见报本机关负责人批示或者转有关部门办理;需要两个以上部门办理的,应当明确主办部门;紧急公文应当明确办理时限。承办部门对交办的公文应当及时办理,有明确办理时限要求的应当在规定时限内办理完毕。

5. 传阅。传阅是根据领导批示和工作需要将公文及时送传阅对象阅知或批示。传阅的方式一般可分为以下四种。

第一,轮辐式。这种传阅方法是以文秘人员为中心,以阅文人为外圈。由中心点开始,先送给第一个人看,看后退回中心点,再由中心点送给第二个人看,看完后又退回,又送出,如此下推,直到阅完。传阅路线如同车轮辐条形状,所以称之为"轮辐式"。

第二,接力式。这种传阅方法是公文一旦传出,不再经由中心点,由阅文人依次下传,直至最后一个阅文人阅毕后再交回中心点。

第三,专人送传式。专人送传是指派专人把需要传阅的公文在限定的时间内依次送给阅文人阅读。必须专人送传的公文有两种,一是特急件,二是绝密件。

第四,集中传阅式。集中传阅是指因紧急程度或密级所要求,一份公文需在极短的时间内由多人传阅,而阅件人办公地分散、采用专人传送的方式还不能达到要求时,将阅件人集中在一起传阅公文的方式。

6. 催办。送负责人批示或者交有关部门办理的公文,文秘部门要负责催办,做到紧急公文跟踪催办,重要公文重点催办,一般公文定期催办。紧急公文或重要公文应当由专人负责催办。催办的方法很多,不外乎以下几种:第一,书面催办。第二,电话催办。第三,当面催办。第四,会议催办。

7. 答复。答复是指承办部门把领导批办的收文办结后,将承办情况和办理结果向交办领导人和来文单位汇报或答复。公文的办理结果应当及时答复来文单位或交办的领导人,并根据需要告知相关单位。

答复的原则是:谁批办(交办)答复谁;谁来文答复谁。总之,对承办的公文要做到件件有着落、事事有回音(包括不同意的或办不了的)。

二、发文办理

(一)发文办理的含义

发文办理是指对本单位对外发文拟制后所要履行的一系列处理环节,包括公文的复核、登记、印制和核发。

(二)发文的程序

1. 复核

已经发文机关负责人签批的公文,印发前应当对公文的审批手续、内容、文种、格式等进行复核;需作实质性修改的,应当报原签批人复审。经过复核,审批、签发手续不完备的,要采取措施予以补救;附件材料不齐全的要马上补齐;格式有问题的,要予以调整。

经复核需要对文稿进行实质性修改的,应按程序复审。"实质性修改"是指涉及文稿内容的修改,要按发文办理的程序重新送审、签发。

2. 登记

对复核后的公文,应当确定发文字号、分送范围和印制份数并详细记载。

各发文机关都有专门的发文登记簿,登记项目主要有:发文年月日、主办单位、发文机关标志、发文字号、签发人、标题、主送机关、附件名称、密级和保密期限、紧急程度、印数、抄送机关等。

3. 印制

公文印制必须确保质量和时效。涉密公文应当在符合保密要求的场所印制。

4. 核发

公文印制完毕,应对公文的文字、格式和印刷质量进行检查,确定无误后分发。

三、整理归档

公文归档是现行文件转化为历史档案的重要步骤。通过公文归档,可以使公文从动态形式转入静态形式,为日后的工作提供查证和参考。

(一)归档的原则

需要归档的公文及有关材料,应当根据有关档案法律法规以及机关档案管理规定,及时收集齐全、整理归档。两个以上机关联合办理的公文,原件由主办机关归档,相关机关保存复制件。机关负责人兼任其他机关职务的,在履行所兼职务过程中形成的公文,由其兼职机关归档。

(二)归档范围

公文归档范围应以国家档案局的《机关文件材料归档和不归档的范围》《关于机关档案保管期限的规定》《文书档案保管期限表》为依据,并结合机关的实际情况,实事求是地确定归档范围。总的说来,凡是能够反映本机关工作活动、具有查考利用价值的文件材料均属归档范围。主要包括上级机关、不相隶属机关、下级机关和本机关的事件材料。

(三)归档的质量要求

归档文件应齐全完整,已破损的文件应予修整,字迹模糊或易蜕变的文件应予复制;整理归档文件所使用的书写材料、纸张、装订材料等应符合档案保护的要求。

(四)按"件"归档的步骤和方法

本书涉及的是按"件"归档的方法。按文件级归档,其管理单位不是"卷"而是"件",是指立档单位把在其职能活动中形成的、办理完毕、应作为文书档案保存的各种纸质文件材料,以件为单位进行装订、分类、排列、编号、编目、装盒,使之有序化的过程。

归档文件的整理单位一般以每份文件为一件。文件正本与定稿为一件,正文与附件为一件,原件与复制件为一件,转发文与被转发文为一件,报表、名册、图册等一册(本)为一件,来文与复文可为一件。实行文件级管理可免除烦琐、复杂的组卷过程。

1. 按"件"装订

归档文件应按件装订。装订时,正本在前,定稿在后;正文在前,附件在后;原件在前,复制件在后;转发文在前,被转发文在后;来文与复文作为一件时,复文在前,来文在后。

2. 灵活分类

归档文件可以采用年度—机构(问题)—保管期限,或保管期限—年度—机构(问题)等方法进行分类。同一全宗应保持分类方案的稳定。

按年度分类是指将文件按其形成年度分类。按机构(问题)分类是指将文件按其形成或承办机构(问题)分类。按保管期限分类是指将文件按划定的保管期限分类。

3. 文件排列和编号

(1) 文件排列

归档文件应在分类方案的最低一级类目内按事由并结合时间、重要程度等排列。

会议文件、统计报表等成套性文件可集中排列。

(2) 文件编号

归档文件应依分类方案和排列顺序逐件编号,在文件首页上端的空白位置加盖归档章并填写相关内容。

4. 编制归档文件目录

归档文件应依据分类方案和室编件号顺序编制归档文件目录。

5. 归档文件装盒

将归档文件按室编件号顺序装入档案盒,并填写档案盒封面、盒脊及备考表项目。

档案盒封面应标明全宗名称。档案盒应根据摆放方式的不同在盒脊或底边设置全宗号、年度、保管期限、起止件号、盒号等必备项。

6. 归档文件备考表

备考表置于盒内文件之后,项目包括盒内文件情况说明、整理人、检查人和日期。

第六节 公文的管理

一、制度管理

各级党政机关应当建立健全本机关公文管理制度,确保管理严格规范,充分发挥公文效用。

二、统一管理

党政机关公文由文秘部门或者专人统一管理。设立党委(党组)的县级以上单位应当建立机要保密室和机要阅文室,并按照有关保密规定配备工作人员和必要的安全保密设施设备。统一管理原则首先表现在机关领导人应负责对本机关公文管理活动的领导,日常工作活动的组织、协调工作由其授权的综合办公部门具体负责。其次,统一管理原则还表现在公文办理环节的统一集中,即公文管理的一些具体工作,如签收、登记、分发、组织传阅、信息加工、平时归卷、催办、查办等均由文书处理部门进行统一管理,有利于实现公文管理的规范化、标准化和制度化。

三、涉密公文的管理

1. 密级的确定与变更。公文管理的目的之一就是保障国家秘密的安全。公文确定密级前,应当按照拟定的密级先行采取保密措施。确定密级后,应当按照所定密级严格管理。绝密级公文应当由专人管理。公文的密级需要变更或者解除的,由原确定密级的机关或者其上级机关决定。

2. 涉密公文的印制与传输。涉密公文应当在符合保密要求的场所印制。涉密公文应当通过机要交通、邮政机要通信、城市机要文件交换站或者收发件机关机要收发人员进行传递,通过密码电报或者符合国家保密规定的计算机信息系统进行传输。

3. 涉密公文的公布与解密。公文的印发传达范围应当按照发文机关的要求执行;需要变更的,应当经发文机关批准。涉密公文公开发布前应当履行解密程序。公开发布的时间、形式和渠道,由发文机关确定。经批准公开发布的公文,同发文机关正式印发的公文具有同等效力。

4. 涉密公文的复制与汇编。复制、汇编机密级、秘密级公文,应当符合有关规定并经本机关负责人批准。绝密级公文一般不得复制、汇编,确有工作需要的,应当经发文机关或者其上级机关批准。复制、汇编的公文视同原件管理。复制件应当加盖复制机关戳记。翻印件应当注明翻印的机关名称、日期。汇编本的密级按照编入公文的最高密级标注。

5. 涉密公文的清退或销毁。涉密公文应当按照发文机关的要求和相关规定进行清退或者销毁。不具备归档和保存价值的公文,经批准后可以销毁。销毁涉密公文必须严格按照有关规定履行审批登记手续,确保不丢失、不漏销。个人不得私自销毁、留存涉密公文。

四、机关合并或撤销以及工作人员离岗离职时公文的管理

机关合并时,全部公文应随之合并管理;机关撤销时,需要归档的公文经整理后按照有关规定移交档案管理部门。工作人员离岗离职时,所在机关应当督促其将暂存、借用的公文按照有关规定移交、清退。

五、公文的撤销和废止

公文的撤销和废止,由发文机关、上级机关或者权力机关根据职权范围和有关法律法规决定。公文被撤销的,视为自始无效;公文被废止的,视为自废止之日起失效。

六、发文立户申请

新设立的机关应当向本级党委、政府的办公厅(室)提出发文立户申请。经审查符合条件的,列为发文单位,机关合并或者撤销时,相应进行调整。

练 习 题

一、单项选择题

1. 以下关于公文处理工作说法错误的是（　　）。

A. 公文处理的主要内容包括公文的拟制、办理、管理等几个环节

B. 公文拟制主要包括公文的起草、审核、会签等程序

C. 公文办理主要包括收文办理、发文办理和整理归档

D. 公文处理工作应当坚持实事求是、准确规范、精简高效、安全保密的原则

2. 以下关于行文要求说法不正确的是（　　）。

A. 行文应当确有必要，讲求实效，注重针对性和可操作性

B. 行文关系根据隶属关系和职权范围确定

C. 一般不得越级行文

D. 特殊情况需要越级行文的，一般不再抄送其他机关，包括被越过的机关

3. 下列各项中不能制发公文的是（　　）。

A. 各级党政机关　　　　　　　　B. 企事业单位

C. 人民团体　　　　　　　　　　D. 具有行事能力的个人

4. 以下关于上行文说法错误的是（　　）。

A. 原则上主送一个上级机关　　　B. 根据需要同时抄送相关上级机关

C. 根据需要同时抄送相关平级机关　D. 根据需要同时抄送相关下级机关

5. 以下关于上行文说法不正确的是（　　）。

A. 党委、政府的部门向上级主管部门请示、报告重大事项，应当经本级党委、政府同意或者授权

B. 属于部门职权范围内的事项应当直接报送上级主管部门

C. 下级机关的请示事项，如需以本机关名义向上级机关请示，可直接将下级机关的原文转报上级机关

D. 不能把上级机关的领导人列入主送机关

6. 以下关于上行文说法正确的是（　　）。

A. 请示应当一文一事

B. 根据需要可在报告等非请示性公文中夹带请示事项

C. 任何情况下都不能以本机关名义向上级机关负责人报送公文

D. 为引起上级机关的重视，可以本机关负责人名义向上级机关报送公文

7. 以下关于下行文说法错误的是（　　）。

A. 主送受理机关，根据需要抄送相关机关

B. 重要下行文应当同时抄送发文机关的直接上级机关

C. 党委、政府的办公厅（室）根据本级党委、政府授权，可以向下级党委、政府行文

D. 党委、政府的除办公厅(室)外的其他部门和单位不得向下级党委、政府发布指令性公文,但可以在公文中向下级党委、政府提出指令性要求

8. 以下关于行文规则说法不正确的是( )。

A. 同级党政机关、党政机关与其他同级机关必要时可以联合行文

B. 属于党委、政府各自职权范围内的工作,不得联合行文

C. 党委、政府的部门依据职权可以相互行文

D. 部门内设机构均可对外正式行文

9. 以下关于签发说法不正确的是( )。

A. 公文应当经本机关负责人审批签发

B. 重要公文和上行文由机关主要负责人签发

C. 联合发文由主办机关的负责人签发

D. 党委、政府的办公厅(室)根据党委、政府授权制发的公文,由授权机关主要负责人签发或者按照有关规定签发

10. 一个单位单独发文,不可能使用的程序是( )。

  A. 签发　　　　　　B. 加签　　　　　　C. 会签　　　　　　D. 代签

11. 市教育局要制发一份重要公文,局长签发后还需要主管教育的副市长( )。

  A. 签发　　　　　　B. 加签　　　　　　C. 会签　　　　　　D. 代签

12. 当文稿内容涉及两个以上业务主管部门的职权范围时,必须经相关部门的负责人共同协商,并签署发文的具体意见,这个程序称之为( )。

  A. 签发　　　　　　B. 加签　　　　　　C. 会签　　　　　　D. 代签

13. 某省财政厅厅长要长时间外出,他把签发公文的权利委托给副厅长,副厅长代厅长签发公文的程序称之为( )。

  A. 签发　　　　　　B. 加签　　　　　　C. 会签　　　　　　D. 代签

14. 根据《党政机关公文处理工作条例》,以下收文办理主要程序排列顺序正确的是( )。

A. 签收、登记、初审、承办、传阅、催办、答复等

B. 登记、签收、初审、承办、传阅、催办、答复等

C. 登记、签收、初审、传阅、承办、催办、答复等

D. 签收、初审、登记、传阅、承办、催办、答复等

15. 以下关于发文程序排列正确的是( )。

  A. 复核、登记、印制、核发等　　　　　　B. 审核、登记、印制、核发等

  C. 初审、登记、承办、核发等　　　　　　D. 复核、登记、承办、核发等

16. 以下关于公文处理说法错误的是( )。

A. 两个以上机关联合办理的公文,原件由主办机关归档,相关机关保存复制件

B. 机关负责人兼任其他机关职务的,在履行所兼职务过程中形成的公文,由其兼职机关归档

C. 党政机关公文由文秘部门或者专人统一管理

D. 设立党委(党组)的厅级以上单位应当建立机要保密室和机要阅文室

17. 以下关于涉密公文的管理说法不正确的是( )。

A. 公文确定密级前,应当按照拟定的密级先行采取保密措施

B. 确定密级后,应当按照所定密级严格管理

C. 涉密公文应当由专人管理

D. 公文的密级需要变更或者解除的,由原确定密级的机关或者其上级机关决定

18. 以下关于涉密公文的公布与解密说法正确的是( )。

A. 公文的印发传达范围应当按照上级机关的要求执行

B. 公文的印发传达范围需要变更的,应当经上级机关批准

C. 涉密公文公开发布前应当履行解密程序

D. 经批准公开发布的公文,自发布之日起失效

19. 以下关于涉密公文的说法正确的是( )。

A. 复制、汇编机密级、秘密级公文,应当符合有关规定并经本机关负责人批准

B. 涉密公文一般不得复制、汇编

C. 确有工作需要复制、汇编涉密公文的,应当经上级机关负责人批准

D. 复制、汇编的涉密公文按照普通公文管理

20. 以下关于公文管理的说法正确的是( )。

A. 翻印件应当注明翻印的机关名称、日期

B. 汇编本的密级按照编入公文的最低密级标注

C. 复制件应当加盖发文机关的戳记

D. 涉密公文可以在保密场所印制,也可在一般场所印制

二、多项选择题

1. 公文处理工作包括的主要环节有( )。
A. 公文拟制   B. 公文办理   C. 公文管理   D. 公文归档

2. 公文拟制包括的主要环节有( )。
A. 起草   B. 审核   C. 复核   D. 签发

3. 公文办理主要包括的环节有( )。
A. 收文办理   B. 发文办理   C. 整理归档   D. 移交销毁

4. 公文处理工作的特点有( )。
A. 服务性   B. 程序性   C. 管理性   D. 时效性

5. 公文处理工作应当坚持的原则有( )。
A. 实事求是   B. 准确规范   C. 精简高效   D. 安全保密

6. 以下属于行文要求的是( )。
A. 确有必要   B. 讲求实效   C. 注重针对性   D. 注重可操作性

第三章 公文的行文与处理

7. 上行文应当做到（　　）。
A. 必须有主送机关
B. 主送机关应使用全称、规范化简称或同类型机关的统称
C. 原则上主送一个上级机关
D. 不抄送下级机关

8. 以下关于下行文说法正确的是（　　）。
A. 需经政府审批的具体事项,经政府同意后可以由政府职能部门行文,文中须注明已经政府同意
B. 党委、政府的部门在各自职权范围内可以向下级党委、政府的相关部门行文
C. 涉及多个部门职权范围内的事务,部门之间未协商一致的,不得向下行文
D. 上级机关向受双重领导的下级机关行文,必要时抄送该下级机关的另一个上级机关

9. 公文起草应该遵循的原则是（　　）。
A. 符合国家法律法规和党的路线方针政策
B. 完整准确体现发文机关意图
C. 应同现行有关公文相衔接
D. 分析问题实事求是,所提政策措施切实可行

10. 公文起草应该遵循以下原则（　　）。
A. 内容简洁　　B. 主题突出　　C. 观点鲜明　　D. 结构严谨

11. 公文起草应该遵循以下原则（　　）。
A. 表述准确　　B. 文字精练　　C. 文种正确　　D. 格式规范

12. 公文起草应该遵循以下原则（　　）。
A. 领导重视
B. 深入调研
C. 充分论证
D. 广泛听取意见

13. 公文审核的重点有（　　）。
A. 内容是否符合国家法律法规和党的路线方针政策
B. 内容是否完整准确体现发文机关意图
C. 内容是否同现行有关公文相衔接
D. 所提政策措施和办法是否切实可行

14. 公文审核的重点有（　　）。
A. 行文理由是否充分
B. 行文依据是否准确
C. 文种是否正确
D. 格式是否规范

15. 公文审核的重点有（　　）。
A. 人名、地名、引文等是否准确
B. 文字、数字、标点符号等用法是否规范
C. 涉及有关地区或者部门职权范围内的事项是否经过充分协商并达成一致意见
D. 文种是否正确

16. 以下关于签发程序说法正确的是（　　）。
A. 签发人签发公文,应当签署意见、姓名和完整日期
B. 圈阅或者签名的,视为无效

C. 受委托代签的文稿应注明"代签"字样

D. 用笔要符合档案管理的要求

17. 签发时的用笔要符合档案管理的要求,这些笔包括( )。

   A. 毛笔　　　　　　B. 钢笔　　　　　　C. 签字笔　　　　　　D. 铅笔或圆珠笔

18. 收文登记的作用有( )。

   A. 管理和保护作用　　　　　　　　　　B. 查找和利用作用

   C. 统计和催办作用　　　　　　　　　　D. 责任和证据作用

19. 以下关于承办说法正确的是( )。

   A. 承办是指按机关领导人的批办意见和公文本身的要求进行具体的办理

   B. 承办部门收到交办的公文后应当及时办理,不得延误、推诿

   C. 紧急公文应当按时限要求办理

   D. 对不属于本单位职权范围或者不宜由本单位办理的,应当及时退回交办部门并说明理由

20. 以下关于承办说法正确的是( )。

   A. 阅知性公文应当根据公文内容、要求和工作需要确定范围后分送

   B. 批办性公文应当提出拟办意见报本机关负责人批示或者转有关部门办理

   C. 需要两个以上部门办理的,应由这些部门协商办理

   D. 紧急公文应当明确办理时限

21. 传阅的方式有( )。

   A. 轮辐式　　　　　　B. 接力式　　　　　　C. 专人送传式　　　　　　D. 集中传阅式

22. 催办的办法有( )。

   A. 书面催办　　　　　B. 电话催办　　　　　C. 当面催办　　　　　D. 会议催办

23. 文件归档范围包括( )。

   A. 上级机关的文件材料　　　　　　　　B. 本机关的文件材料

   C. 同级机关、非隶属机关的文件材料　　D. 下级机关的文件材料

24. 涉密公文传输的渠道有( )。

   A. 机要交通　　　　　　　　　　　　　B. 邮政机要通信

   C. 城市机要文件交换站　　　　　　　　D. 收发件机关机要收发人员

25. 以下关于涉密公文说法正确的是( )。

   A. 不具备归档和保存价值的涉密公文,经批准后可以销毁

   B. 销毁涉密公文必须严格按照有关规定履行审批登记手续

   C. 销毁涉密公文必须确保不丢失、不漏销

   D. 个人不得私自销毁、留存涉密公文

26. 以下关于"公文的撤销和废止"说法不正确的是( )。

   A. 公文的撤销和废止,由发文机关、上级机关或者权力机关根据职权范围和有关法律法规决定

   B. 公文被撤销的,视为自撤销之日起失效

C. 公文被废止的,视为自始无效

D. 涉密公文应当按照上级机关的要求和有关规定进行清退或者销毁

三、判断题(正确填 A,错误填 B)

1. 党政机关公文是党政机关实施领导、履行职能、处理公务的具有特定效力和规范体式的文书。( )

2. 公文处理工作是指公文拟制、办理、管理等一系列相互关联、衔接有序的工作。( )

3. 公文处理工作应当坚持实事求是、准确规范、精简高效、安全保密的原则。( )

4. 行文应当确有必要,讲求实效,注重针对性和可操作性。( )

5. 行文关系根据隶属关系和职权范围确定。( )

6. 行文主体是依照法律法规成立、能够独立行使职权、具有独立法律行为能力的组织及其负责人。( )

7. 党委、政府的部门向上级主管部门请示、报告重大事项,应当经本级党委、政府同意或者授权。( )

8. 下级机关的请示事项,如需以本机关名义向上级机关请示,应当提出倾向性意见后上报,同时可将原文附后。( )

9. 除上级机关负责人直接交办事项外,不得以本机关名义向上级机关负责人报送公文。( )

10. 为提高办文效率,可以本机关负责人名义向上级机关报送公文。( )

11. 受双重领导的机关向一个上级机关行文,必要时抄送另一个上级机关。( )

12. 需经政府审批的具体事项,经政府同意后可以由政府职能部门行文,文中须注明已经政府同意。( )

13. 公文的拟制包括公文的起草、审核、签发等程序。( )

14. 公文审核,是指公文的审核人员按照一定的原则和方法在公文签发之前对其进行全面的检查、修正活动。( )

15. 主要领导人因公外出,可以授权或委托其他副职领导人代为签发,事后再送主要领导人核阅。( )

16. 公文的办理包括收文办理、发文办理和整理归档。( )

17. 答复是指承办部门把领导批办的收文办结后,将承办情况和办理结果向交办领导人和来文单位汇报或答复。( )

18. 答复的原则是:谁批办(交办)答复谁;谁来文答复谁。( )

19. 发文的主要程序包括签收、登记、初审、承办、传阅、催办、答复等。( )

20. 收文程序包括复核、登记、印制、核发等。( )

第四章　15个常用公文

第一节　决　议

一、决议的含义与适用范围

决议是正式公布经法定会议讨论通过的重大决策事项,并要求贯彻执行的重要公文。决议适用于会议讨论通过的重大决策事项。

二、决议的特点

决议与会议有直接的因果关系,决议的形成渠道只有一个,即法定的会议。决议最主要的特点就是权威性、程序性、指导性和长期性。

（一）权威性

决议一旦经过相关会议讨论通过,就具有法定效力,必须遵照执行,即使投票时的少数反对者也必须遵守。

（二）程序性

决议草案必须经过法定会议按法定程序讨论,按法定程序表决,经法定的人数同意,最终才能形成决议。

（三）指导性

决议的观点、评价及做出的决定都对执行机关的工作具有指导作用。

（四）长期性

决议具有战略性,其效用往往具有相对的长期性和稳定性,一般不会朝令夕改。

三、决议的分类

根据决议的性质和所涉及的内容,可以将决议划分为以下三类:

(一)批准性决议

批准性决议主要是指用于批准某事项或通过某文件的决议,涉及的内容比较单一,一般用于批准某项报告、文件或特定事项,如《全国人民代表大会常务委员会关于批准2013年中央决算的决议》。

(二)宏观政策性决议

这类决议主要是从宏观的角度反映有关结果,往往涉及国家法律的制定及修改,或对历史问题做出权威性结论等方面。如《中国共产党中央委员会关于建国以来党的若干历史问题的决议》《中共中央关于加强社会主义精神文明建设若干重要问题的决议》。

(三)专门事项性决议

专门事项性决议又称单项决议或专题决议,是指会议就某一个单一问题或单项工作讨论通过作出的决议,往往涉及重要的、长期的事项,如《第七届全国人民代表大会第五次会议关于兴建长江三峡工程的决议》《第七届全国人民代表大会第一次会议关于建立海南经济特区的决议》。

四、决议的结构和写作要点

决议由标题、题注和正文三部分组成。

(一)标题

决议的标题由三要素组成,即"会议名称+事由(审查或批准事项)+文种",如《第十一届全国人民代表大会第五次会议关于政府工作报告的决议》。一般情况下,决议的标题不能省略发文机关(会议名称)。

(二)题注

决议因是会议文件,无法加盖印章,因此,决议成文日期不在正文之后而在标题下方用圆括号括入。题注包括三个要素:一是具体通过或批准的日期;二是会议名称全称;三是要有"通过"或"批准"的字样,如(2015年2月26日××会议通过)。

(三)正文

决议的正文部分陈述决议内容,在篇幅上较为灵活。内容简单的可以采取一段式,内容稍微繁杂的可以采取多段式,分层表述。无论简单还是复杂,决议的正文部分一般包括以下几方面内容:一是对决议对象予以评价,二是说明决议的根据和理由,三是对同意或批准与否进行明确表态,四是以会议之名发起号召。

五、注意事项

（1）决议的内容必须是会议讨论通过的事项，会议讨论并通过是制发决议的两个必要条件，二者缺一不可。因此，不经会议不可能产生决议。

（2）决议的内容必须是会议讨论通过的重大决策事项，会议讨论通过的一般事项不能用决议，可以由会议的常设机构以决定的形式下发。

（3）并不是所有会议都可以形成决议，原则上讲只有经过法定程序选举或经过一定的组织原则按照一定程序形成的重要会议、委员会会议才能形成决议。工作会议、专题会议或其他临时性的会议决定的事项，一般不能使用决议行文，可以使用纪要。

（4）在写作手法上，决议的内容一般针对重大问题，因此在行文表述上应十分慎重。应以正面阐述为主，对议而未决的事项，应当回避。

（5）决议是普发性公文，无主送机关、无落款、无印章。

（6）决议可见报、可张贴。

第二节　决　　定

一、决定的含义和适用范围

决定是机关、单位对于某些重大事项或重大行动作出决策和部署时，经常使用的具有规定性和指导性的公文文种。

决定适用于对重要事项作出决策和部署、奖惩有关单位和人员、变更或者撤销下级机关不适当的决定事项。

二、决定的特点

（一）指导性

决定记载和传达上级领导机关对重要事项或重大事件的意见和决策，是指导下级机关工作的准则。决定是比较庄重、严肃的文种。决定作出的安排和决策，具有很高的权威性和很强的约束力，且事关全局，政策性强，特别是对重大问题、重大行动作出的部署和安排的决定，通常产生于较高层次的领导机关，下级机关必须无条件执行。

（二）单一性

一是行文方向单一，决定只能用于下行文；二是内容单一，要求"一文一事"，一项决定不能同时陈述多种事项。

（三）权威性

决定属于下行文，具有很强的约束力，决定作出的决策和安排，下级机关必须贯彻执行。

（四）规定性

决定还可以用于规范人们的行动,具有法定的强制力,对有关单位和人员具有约束力,受文机关与人员必须遵守,认真执行。

（五）稳定性

决定用于对重要事项作出决策,它所规定的原则、措施及有关事项,会在相当长的时期内发挥效用。

（六）广泛性

决定的制发机关比较广泛,各级、各类单位均可使用决定。

三、决定的分类

决定的种类,按照其内容、性质和适用范围来划分,可以分为决策性决定、奖惩性决定、变更性决定、执照性决定。决策性决定又可具体分为政策性决定、指挥部署性决定、法规性决定。

（一）政策性决定

这类决定主要用于对重要问题进行政策引导或政策交代,或规定重大方针政策,如《国务院关于经济体制改革的决定》。

（二）指挥部署性决定

这类决定是指对重要工作和重要行动作出安排的决定,用来制定重大决策或提出实施意见、办法、步骤,对工作进行部署,如《国务院关于加强市县政府依法行政的决定》。

（三）法规性决定

法规性决定是由国家权力机关或具有相应职权的政府机关制定、修订或发布法规性文件或行政法规的决定,如《全国人民代表大会常务委员会关于惩治破坏金融秩序犯罪的决定》。

（四）变更（修改或撤销）性决定

这类决定是用于变更、修改或撤销不适当决定事项的决定,如《国务院关于废止部分行政法规的决定》。

（五）奖惩性决定

奖惩性决定用于对有关事件、单位和个人进行表彰或惩处,如《国务院关于表彰全国民族团结进步模范集体和模范个人的决定》《国务院关于大兴安岭特大森林火灾事故的处理决定》。

（六）知照性决定

这类决定用于将重要事项或重要工作安排的意见和决定告知、传达给有关单位和人员,一般只起告知作用,不需有关单位贯彻执行,像设置和撤销机构的决定、人事任免性决定等均属此类,如《国务院关于成立国务院振兴东北地区等老工业基地领导小组的决定》。

四、决定的结构和写作要点

决定一般由标题、主送机关、正文、落款与成文日期几个部分组成。

(一)标题

决定的标题一般是"发文机关＋事由＋文种",如《全国人民代表大会常务委员会关于加强网络信息保护的决定》《国务院关于2014年度国家科学技术奖励的决定》。

由于决定的内容是"重要事项",具有权威性,所有的发文机关在制定决定时一般都不会在标题中省略发文机关名称,因此,决定的标题一般都采用"发文机关＋事由＋文种"的形式。

(二)主送机关

决定属于下行文,一般要写明主送机关名称,但是如果该决定属于普发性公文,则不需要写主送机关。

(三)正文

由于决定的内容比较丰富,作用不一,因此,不同目的、不同内容的决定的正文构成也存在差异,一般而言,决定的正文应该包括决定的缘由、决定的事项和执行的要求或号召几个部分。

(1)决定的缘由。即为什么要制发这个决定,该部分应简要地概括决定的原因、根据、目的或意义。在决定缘由之后,通常采用"特作如下决定"等承上启下的句子。

(2)决定的事项。该部分主要阐述决定事项的具体内容、落实的措施、解决的办法等,这是决定的主要部分,要求语言准确,切忌模棱两可,含糊不清。如果该部分内容较多,可以采用列小标题或分条列项式结构。

(3)执行要求或号召。这部分主要在正文的结尾处提出执行要求,或提出号召、希望。该部分有时可以省略。

(四)发文机关署名与成文日期

决定应在文尾签署发文机关名称并加盖发文机关印章,同时写明成文日期。如果该决定是由会议研究讨论通过的,成文日期的标注方式与决议相同。

第三节 命令(令)

一、命令(令)的含义和适用范围

命令(令)是法定的领导机关或领导人对下级发布的一种具有强制性、指挥性的公文,是一种典型的下行文。

命令(令)适用于公布行政法规和规章、宣布施行重大强制性措施、批准授予和晋升衔级、嘉奖有关单位和人员。

二、命令(令)的特点

(一)权威性

命令(令)的发布权限具有严格的规定,根据我国宪法及地方各级人民代表大会和地方各级人民政府组织法的规定,只有国家主席、全国人大常委会和其委员长、国务院、国务院总理、国务院各部委、国务院各部部长、国务院各委员会主任、地方人民代表大会常务委员会、地方各级人民政府,才可以在法定权限内发布命令(令)。其他任何单位和个人均无权发布命令(令)。有的公文写作教材认为乡、镇人民政府无权使用命令,这是不妥当的。《中华人民共和国地方各级人民代表大会和地方各级人民政府组织法》第六十一条中明确规定,乡、民族乡、镇的人民政府有权发布命令。

(二)强制性

命令(令)具有很强的强制性,一经发布,受令方必须无条件服从和执行,没有丝毫可以商量、灵活运用的余地,不得随意变更和变通。违令者要受到严厉的纪律处分,情节严重者甚至受到法律的制裁。

(三)严肃性

由于命令(令)具有极高的权威性和强制性,因此,命令(令)也具有极高的严肃性。命令(令)的措辞要严肃坚定,语气要庄重果断,而且命令(令)一经发出,不得随意更改。

(四)限定性

一是内容的限定性。命令(令)的内容只限于重大事件,一般公务事项不能使用。命令(令)主要用于发布各种法律、行政法规和重要规章;采取重大强制性措施或指挥和处理重大事件;嘉奖有突出贡献的有关单位和个人等。二是发文机关的限定性。命令(令)的发令机关是有严格限制的,不是所有的机关和单位都可以使用命令(令)这个文种。

三、命令(令)的分类

从不同的角度可以把命令(令)分为不同的类型。根据命令(令)的内容和功用,可以将命令(令)主要划分成公布令、行政令、奖惩令和任免令等。

(一)公布令

公布令也称发布令或颁布令,是用于公布或颁布各种法律、行政法规和规章的命令。以国务院名义发布的《中华人民共和国国务院令》,一般都属于此类。

（二）行政令

行政令也称行政法令，是用于国家领导机关或领导人在职权范围内发布带有强制性的、必须贯彻执行的重大措施和要求的命令，如《中华人民共和国解放军驻澳门部队进驻澳门特别行政区的命令》。

（三）嘉奖令

嘉奖令是政府出面对做出突出贡献或特殊贡献的单位和个人予以褒奖时使用的命令（令），如《国务院中央军委关于追授邵荣雁同志"舍己救人好干部"荣誉称号的命令》。

（四）任免令

任免令是用于国家领导人根据有关法律和决定宣布重大人事任免事项的命令（令）。

四、命令(令)的结构和写法

命令（令）的结构和格式与通用格式不一样，发布命令（令）一般应当使用命令格式。

（一）发文机关标志

命令（令）的发文机关标志由发文机关全称加"命令"或"令"字组成，如"中华人民共和国国务院令"。

（二）令号

发文机关标志下空二行居中编排令号。

命令（令）的发文字号有两种形式，一种是由领导人名义签署的命令，一般以领导人任期为界编写流水号，前面加"第"字，从该届政府或领导人任职时开始编写，到任期届满为止，这是最常用的一种方式，如《中华人民共和国国务院令》第 28 号；另一种发文字号的编写与其他公文相同，如《国务院中央军委关于授予钱学森同志"国家杰出科学家"荣誉称号的命令》，令号就是三要素组成"国发〔1991〕51 号"。

（三）受令机关

当命令（令）仅限于发给某些特定的单位时，应当标明受令机关。如果属于普发性命令，则不需要标明受令机关。命令一般没有主送机关（受令机关）。

（四）正文

令号下空二行编排正文。命令（令）正文的结构和格式可根据命令（令）种类的不同而略有差异，具体如下：

1. 公布令的正文都比较短，一般就一两句话来说明公布的对象、依据，批准的机关或会议，生效或执行的日期，即写明经过什么机关或会议，在什么日期批准了何种文件。公布对象附在命令主体之后，另面编排，但不能视为附件，也无须标注附件说明。

2. 行政令的正文一般包括发文缘由和具体内容两个部分。发文缘由主要写明发布的原因、根据、目的,具体内容部分主要阐明具体的命令事项,要写得清楚明白,如果内容较多,可以分条列出。

3. 嘉奖令的正文一般包括三个部分,即概括奖励事实和意义、阐述奖励决定、提出希望和号召。

4. 任免令的写法比较简单,大多篇段合一,直接写明任免的依据、任免时间、任免人姓名、任免职务。语言简洁明了。

(五)签发人职务、签名章和成文日期的编排

1. 单一机关制发的公文加盖签发人签名章时,在正文(或附件说明)下空二行右空四字加盖签发人签名章,签名章左空二字标注签发人职务,以签名章为准上下居中排布。在签发人签名章下空一行右空四字编排成文日期。

2. 联合行文时,应当先编排主办机关签发人职务、签名章,其余机关签发人职务、签名章依次向下编排,与主办机关签发人职务、签名章上下对齐;每行只编排一个机关的签发人职务、签名章。在最后一个签发人签名章下空一行右空四字编排成文日期。

3. 签发人职务应当标注全称,签名章一般用红色。

4. 用阿拉伯数字将年、月、日标全,年份应标全称,月、日不编虚位(即1不编为01)。

五、注意事项

1. 公布令的制发主体必须是具有制定与发布法律、法规、规章权的国家权力机关和行政机关;发布的内容是法律、法规、规章。无法规、规章制发权的机关制定一般性规范性文件,如实施办法、规定等,不应以公布令的形式发布。一般应使用通知发布或印发。

2. 公布令、嘉奖令一般以机关首长的名义发布;行政令既可以行政机关首长的名义下达,也可以行政机关名义下达。

3. 没有经过国务院批准为较大城市的市以及所有不设区的市和县,其人大和政府没有法规、规章制定权。

4. 行政令的制发主体是权力机关、行政机关、军事机关。除非采取涉及全局的重大强制性行政措施,一般不采用行政命令。

5. 一些负有特殊使命的机构经授权也可使用行政令,如"防震指挥部""防汛指挥部"等,在特定情况下,在其职权范围内也可以发布相应的行政令。

6. 嘉奖令一般由国务院等中央机关使用。国务院等中央机关的部门、地方各级政府奖励表彰有关单位和人员应使用"决定""通报"的形式,一般不采用"命令"的形式。

7. 公布令、嘉奖令、任免令是一种公开使用的文种,一般通过媒体与公众见面。任免令一般不涉及任免理由。

8. 命令(令)的语言特点是简洁明了,措辞严肃、庄重、明确,结构严谨,逻辑严密,无懈可

击。多使用禁止性、授权性、规范性语言。内容涉及单位使用全称。一般不使用省略性用语。

第四节 公 报

一、公报的含义和适用范围

公报作为党的机关公文出现时，一般用于党的中央机关发布重要决策。公报作为行政公文使用时，主要是国家和政府用以通报外国元首或政府首脑来访时的情况以及双方达成的共识，有时也用于政府统计机关发布统计结果。《党政机关公文处理工作条例》规定：公报"适用于公布重要决定或重大事项"。

二、公报的特点

（一）重要性

公报的发布机关级别很高，或者是以中央的名义，或者是以国家的名义，或者是以政府的名义。公报所涉及的内容，应该是党内外、国内外普遍关心和瞩目的重大事件或重要决定。

（二）公开性

公报是公诸于众、普告天下的文件，无须保密。公报没有主送机关和抄送机关。涉密的事项和内容不可以用公报公布。

（三）新闻性

公报的内容都是新近发生的事件或新近作出的决定，属于人民群众关心、应知而未知的事项，要求制作和发布迅速、及时，因此具有新闻性的特点。

三、公报的分类

公报可以分为会议公报、新闻公报、联合公报和统计公报四种不同的类型。

（一）会议公报

会议公报是党的重要会议就会议情况或重要决定事项公开发布的公报，其内容必须是经会议讨论通过并决定公开发布的。如《中国共产党第十七届中央委员会第六次全体会议公报》《中国共产党中央纪律委员会第八次全体会议公报》。

（二）新闻公报

这是以新闻的形式将重大事件向党内外、国内外公布的文件。新闻公报往往通过新闻媒介公之于众，具有新闻的及时性和真实性。如《上海合作组织成员国元首理事会会议新闻公报》。

（三）联合公报

这是党派之间、党政之间、国家之间、政府之间就某些重大事项或问题经过会谈、协商取得一致意见或达成谅解后，双方联合签署发布的文件。如《中华人民共和国和哈萨克斯坦共和国联合公报》。

（四）统计公报

统计公报是用于国家和政府统计机关发布国民经济、社会发展方面情况的一种公文。如《第二次全国农业普查主要数据公报》。

四、公报的写法

公报一般情况下包括标题和正文两个部分，但是联合公报有时需要在尾部签署国家元首名字。

（一）标题

公报的标题基本都是两项式，常采用"会议名称＋文种""会议名称＋新闻公报""国名＋联合公报""统计内容＋文种"等几种形式。例如会议公报需在标题下用圆括号括入"×××时间×××会议通过"等字样。

（二）正文

公报的正文一般包括三个部分，即开头、主体和结尾。

1. 开头。会议公报的开头需写明会议基本情况，如会议的时间、地点、人物、事件等。新闻公报的开头部分概括叙述最核心、最重要的新闻事实，然后具体地写明事件的过程以及与此有关的立场、态度、做法、评价等。联合公报的开头部分介绍基本情况，包括时间、地点、人物、事件等。统计公报的开头需交代数据产生的背景和数据来源。

2. 主体。会议公报的主体部分介绍会议议定情况和主要精神。新闻公报和联合公报的主体部分写双方议定的事项，必要时可分条列项叙述。统计公报的主体部分列出相关数据。

3. 结尾。会议公报的结尾部分常常提出号召、希望和要求等。新闻公报和联合公报可补充意义、交代会议气氛或双方对会谈的肯定态度，以及受邀回访的意向等，也可以根据情况省略结尾部分。

第五节 公 告

一、公告的含义和适用范围

公告是党和国家机关用来向国内外宣布重要事项或法定事项时所使用的一种公文，属于晓谕性公文。

公告"适用于向国内外宣布重要事项或法定事项"。所谓"重要事项",一般是指国内外关注的大事,如国家权力机关的重要决策、国内外需要周知的事项、对国内外有重大影响的活动等。所谓"法定事项",主要是指国家机关包括立法、行政、司法、检察等机关按照法律程序向国内外宣布有关事件的处理情况等。

二、公告的特点

公告的特点主要体现在以下四个方面:

(一)发文机关的限定性

公告的发文机关级别很高,多为中央国家机关。省一级的领导机关除了发布法规、人民代表大会期间公布当选人员外,极少使用公告。而一般基层机关、地方主管部门以及群团组织、企事业单位等都无权发布公告。

(二)题材的重大性

公告发布的内容反映的是国内外重要事项,公告的题材一定是能在国际国内产生一定影响的重要事项,或者依法必须向社会公布的法定事项。一般事项不能用公告告知。任何单位都不应拿公告当广告或启事使用。

(三)传播方式的新闻性

公告不仅在内容上具有一定的新闻性,即新近的、群众应知而未知的事项,而且在传播方式上也具有新闻性的特征,一般通过新闻媒介公开发布。在我国,公告一般授权新华社发布。

(四)传播范围的广泛性

公告的告知范围十分广泛,不仅包括国内所有社会组织和公民个人,还包括国外的机构和人群,即国内和国外。

三、公告的分类

公告可以分为两大类,即宣布重要事项的公告和宣布法定事项的公告。

(一)宣布重要事项的公告

凡是涉及国家的政治、经济、军事、科技、教育、人事、外交、文化等方面需要告知全世界的重要事项,都使用此类公告。这类公告发布的目的只是让公众了解即可,属于知照性的公告。如《中华人民共和国商务部关于禁止从索马里进口木炭的公告》《×××国家博物馆免费开放的公告》。

(二)宣布法定事项的公告

凡是按照我国宪法和法律规定必须予以公布的重大事项都使用此类公告,这类公告的作者多为权力机关或立法机关,而且这类宣布法定事项的公告是程序性的,是按照我国《宪法》的有关规定行事。例如全国人民代表大会关于公布人大常务委员会委员长、副委员长、秘书长以及中华人民共和国主席、副主席、军事委员会主席、副主席、委员和最高人民法院院长、最高人民检察院检察长的选举结果的公告以及《中华人民共和国公务员法》规定的国家录用公务员必须发布的招考公告。

四、公告的结构和写法

公告写作的基本要求就是用简练的文字直陈其事,具体细节无须说明,因此公告的篇幅一般较短。公告由标题、发文字号、正文、发文机关与成文日期四部分组成。

（一）标题

公告的标题可以有四种写法：

第一种是"发文机关＋发文事由＋文种",如《中华人民共和国海关总署关于实行新进出境旅客申报制度的公告》《中华人民共和国国家统计局关于修订2013年国内生产总值数据的公告》。

第二种是"发文机关＋文种",如《全国人民代表大会常务委员会公告》《中华人民共和国国务院公告》。

第三种是"发文事由＋文种",如《关于发布水运工程测量定额的公告》《关于禁止旅客携带泰国"红牛"饮料入境的公告》。

第四种是只有文种"公告"一个要素构成标题。

为体现公告的严肃性,公告的标题最常用的形式是前两种。

（二）发文字号

公告一般不编号,但当某一次会议或某一专门事项需要连续发布几个公告时,则应在标题下单独编号。

（三）正文

公告的正文一般由缘由、具体事项和结语三部分组成。

"缘由"部分主要介绍发布公告的原因、根据和目的,该部分有时也可以省略。

"具体事项"部分介绍时间、地点、事件、决定、要求等有关内容,如果内容简单则可以用几句话一段写完,如果内容较多,也可以分层次、分条目写作。

"结语"部分一般于事项后另起一行,书写固定结语"特此公告"或"现予公告"字样。

（四）发文机关署名与成文日期

发文机关署名必须署发文机关的全称或规范化简称。如果发文机关名称在标题中出现,在报纸上刊登时也常省略署名。

成文日期是指公告的生效日期,应用阿拉伯数字将年、月、日标全,其中,年份应标全称,月、日不编虚位。成文日期可以标注在发文机关署名下一行,也可以标注在标题正下方,用圆括号括入。公告有文号时,日期一般放在发文机关署名下一行,公告不标注文号时,成文日期一般放在标题正下方。

五、注意事项

(1) 公告涉及的一般都是重要事项或法定事项,这就决定了公告不是一般机关可以随意使用的文种,其制发主体一般应是省级以上的中央国家机关。

(2) 公告的题材一定是能在国际国内产生一定影响的重要事项,或者依法必须向国内外公布的法定事项。一般性的决定、通知、通告、广告、启事的内容都不能用公告的形式发布,因其不具有全国性或者国际性的意义。如道路施工、自来水公司管道施工、电力公司线路施工、单位迁址、更改电话号码等事项不能使用公告。同时也应与各级人民法院使用的司法公文中的公告相区别,如法院递交诉讼文书无法送达本人或代收人时,可以发布公告间接送达。

(3) 公告要一文一事,一事一文。

(4) 公告内容一般极其简明扼要,语言凝练,语气庄重,不要过多陈述细节和过程,也不宜采用议论式的语言去描述。

(5) 公告是公布或宣布需要国内外周知的事项,一般没有需要普遍遵守的内容。

六、公报与公告的区别

公报和公告都具有内容的公开性和重要性、发布机关的权威性等特点。两者的区别,从发布机关来说,党的领导机关多用公报,政府机关多用公告;从内容来说,宣布单独事件、公布党和国家领导人的重要出访活动及人事变动,以及宣布外国领导人来华访问等多用公告,发布重要会议情况、谈判情况、统计情况等多用公报,如宣布美国总统奥巴马即将访华用公告,而公布奥巴马访华时中美谈判的结果,双方达成的协议、共识则用公报。宣布需要有关人员遵守的法定事项,用公告而不用公报。

第六节 通 告

一、通告的含义和适用范围

通告属于下行文,是党政机关、人民团体、企事业单位在公布应当遵守或周知的事项时所使用的文种。通告适用于在一定范围内公布应当遵守或者周知的事项。

二、通告的特点

（一）应用的广泛性

通告的使用单位、涉及内容以及公布的方式都是多样的。从国家领导机关到各级地方政府及企事业单位和社会团体，皆可就相关的政治、经济、文化等领域内需要社会公众周知或者遵照执行的事项通过报刊、电视、广播、网络等途径发布通告。

（二）对象的限定性

通告的受文对象十分有限，通告只适用于社会一定范围内或辖区内应当遵守或周知通告内容的社会公民和单位，该限定范围外的组织和个人不属于通告的受文对象。通告与通知不同，通知的受文对象是本单位内部或行业内部的单位和人员，通告的受文对象是社会一定范围内的人员和单位，一般是社会自然人。

（三）作用的周知性

发布通告的目的是使在一定范围内的人们或特定人群了解、知晓通告内容，因此，通告具有周知性的作用。

（四）效力的强制性（约束性）

通告内容常常涉及国家的法令、政策，因此具有较强的约束性和强制性，这类公告一经发布，所涉及范围内的社会人员和单位必须严格遵守和执行。

（五）发文内容的实务性

通告的内容往往指向社会生活中的一些具体事务，一般由专业主管部门在一定的业务范围内公布，如：公安、交通、工商、税务、城建、城管、土管、环保、文管以及水电管理等主管部门，公布在一定范围内需要普遍遵守的事务性事项时使用通告，因此，通告具有较强的实务性、行业性（专业性）特点。

三、通告的分类

根据通告的内容和法规性的强弱，可以把通告分为法规性通告和知照性通告两类。这两类通告之间的明显区别就是，法规性的通告除了具有知照性以外，还具有较强的法规性。

（一）法规性通告

法规性通告主要是由各级权力机关、行政机关以及司法机关以通告的形式发布具有约束性的法规性文件，在一定范围内要求群众遵守执行。法规性通告的内容一般是禁止做什么，强制性的措施较多。如《北京市人民政府关于2014年亚太经济合作组织会议期间对本市机动车采取临时交通管制措施的通告》《北京市人民政府关于2014年亚太经济合作组织会议期间对外省区市进京车辆采取临时交通管制措施的通告》《山东省人民政府关于查禁非法种植罂粟的通告》《山东省教育厅山东省公安厅关于维护学校秩序的通告》。

(二)知照性通告

知照性通告是以通告的形式将某项具体事务在一定范围内告知有关群众或组织,法规性程度较弱。如《北京市人民政府关于2014年亚太经济合作组织会议期间调休放假的通告》《广电总局关于2010年第二季度全国引进境外影视剧许可证情况的通告》《国家邮政局关于2012年上半年快递服务满意度调查结果的通告》。

四、通告的结构和写法

通告由标题、正文、发文机关署名和成文日期三部分组成。由于通告属于周知性的公文,所以无主送机关。

(一)标题

通告的标题主要有四种形式。

1. "发文机关+发文事由+文种"。正常情况下,通告的标题应做到三要素齐全,如《工业和信息化部发布今年第三季度电信服务情况的通告》《中华人民共和国交通运输部关于船舶在航海日挂满旗和统一鸣笛的通告》。

2. "发文机关+文种"。例如《××市工商管理局通告》《××市地方税务局通告》。

3. "发文事由+文种"。例如《关于发展改革委员会政务服务大厅试运行的通告》《关于清理北京市社区街巷长期停放废旧汽车的通告》。

4. "文种"。"文种"有时也单独构成标题。但是通常用于如停水、停电等临时性通告,一般不建议采用这种写法。

(二)正文

通告的正文一般由通告缘由、通告事项、通告要求三部分组成。

1. 缘由为发布通告的原因和目的。

2. 通告事项是正文的主体,要写明在一定范围内群众遵守或周知的事项,通告事项是面对大众的,应简洁明了,叙述清楚,通俗易懂,便于掌握。

3. 通告要求写在结尾,通常要写明执行要求,或者对群众提出号召和希望,惯用的结束语有"特此通告"等,也可省略。

(三)签署和成文时间

通告需要签署发文机关名称并加盖发文机关印章,成文日期需用阿拉伯数字将年、月、日标全,其中,年份应写全称,月、日不编虚位。

五、公告与通告的区别

(1)发布内容不同。公告用于发布重要事项和法定事项,涉及的内容多是国家大事或省市级的行政大事,或者用于履行法律规定必须遵循的程序。小的局部性事项和非法定的事项,不能采用公告的形式发布。而通告是用来发布在一定范围内需要遵守或周知的事项,涉及的事项一般属于事务类内容,没有公告的内容显得重大。

(2) 发文机关不同。公告的发文机关有严格的限定,一般限于省部级以上机关部门,基层机关部门、企事业单位、社会团体无权使用公告。通告的发文机关不受级别高低和性质的限制,任何单位都可以使用。

(3) 发布范围不同。公告的受文对象比较广泛,是国内外团体和公众,而通告的发布范围多限定在一定范围内,受文对象是特定范围内的特定人群和团体。

(4) 发布方式不同。公告和通告一般均以机关名义发布。公告一般是委托新闻媒体向国内外发布,一般不用红头文件的形式下发,也不能印成布告张贴。而通告一般以用红头文件的形式下发,也可以在媒体上刊登,或公开张贴。通告必须加盖印章,公告则不必加盖印章。

(5) 行文目的不同。公告以普遍告知为目的,一般不具有强制执行性,而通告除了具有告知功能外,还具有强制约束力,要求受文者严格遵照执行。

第七节 意 见

一、意见的含义和适用范围

意见是就某项工作提出见解和处理办法,表明看法和主张,以便对工作起到指导和建议作用的文种。意见适用于对重要问题提出见解和处理办法。意见不仅适用于党政机关,也同样适用于企事业单位等,是适用领域十分广泛的文种。

二、意见的特点

(一) 行文的多向性

意见不受行文方向的限制,可以向多个方向行文,既可以用作上行文,又可以用作下行文,还可以用作平行文,具有行文的多向性特点。如山东省财政厅可以就某一问题给山东省人民政府行上行意见;也可以就某一问题向全省财政系统的市、县财政局及有关单位行下行意见;还可以就有关问题给平级的、不相隶属的单位部门,如山东省的其他厅(局)以及其他省市的有关单位行平行意见。

(二) 使用的广泛性

使用的广泛性主要体现在两个方面:一是内容的广泛性。意见表达的内容涉及社会生活的各个方面,如党务、政治、思想教育、行政管理、经济管理以及其他社会生活的各个领域、各个行业的有关事项,均可以使用意见。二是作者的广泛性。意见的作者不受机关性质的限制,党政军群等不同性质的所有单位、组织均可以使用。同时,意见也不受机关级别高低的限制,不管级别高低,上至中共中央、国务院,下至基层党组织、基层行政机关,只要需要都有权使用。

(三) 功能的多样性

意见在其功用方面体现出多样性,作为下行文时,具有指导、指示和规范的功能,文中发文机关应表明主张,作出计划,阐明工作原则、步骤、措施、方法和要求等,以便于下级机关贯彻(遵照或参照)执行,因此,下行意见具有指导性、约束性和执行性,如《中共中央国务院关于做好2014年农业和农村工作的意见》,是中共中央国务院对农业和农村工作的指导意见,具有指导性,作为受文单位应认真贯彻执行,具有执行性。作为上行文时,具有请示的功能,文中应对有关工作和问题提出建议和看法以及请求上级机关批转等,如民政部报送国务院的《关于在全国推进城市社区建设的意见》、济南市农业委员会报送济南市人民政府的《济南市农业委员会关于发展我市观光旅游农业的意见》都具有建议的作用并请求批转。作为平行文时,文中应对某一项专门工作,向平级的或不相隶属机关进行询问或提出建议和处理意见等,供对方参考。总之,作为下行文时,意见多具有指导和指示功能,下级机关应贯彻执行;作为上行文时,意见具有请示功能,上级机关应给予答复;作为平行文时,意见仅体现参考性。

(四) 要求的原则性

意见通常不是具体的工作安排,只是从宏观上提出有关指导思想、原则、建议、要求等,要求受文单位参照意见精神结合实际情况灵活办理。如下行意见,它提的要求不像通知那样详细、具体,一般是在宏观层面的原则要求。

三、意见的分类

根据意见的不同用途,可以将其分为以下三类:

(一) 指导性意见

主要作为下行文使用,用于上级机关向下级机关就有关问题传达指示或指导工作的文种。例如《国务院关于进一步深化棉花流通体制改革的意见》《国务院关于进一步做好退耕还林还草试点工作的若干意见》,这些意见均具有很强的约束性和执行性,有关机关部门必须认真贯彻执行。

(二) 建议性意见

主要作为上行文使用,是用于下级机关向上级机关提出工作意见的文种。建议性意见分为两种,即呈报类建议意见和呈转类建议意见。两者的区别在于,呈报类建议意见仅供上级机关参考,不请求批转;但呈转类建议意见则请求上级机关批转。两者之间的区别在标题上并不显著,主要看发文内容上是否要求上级机关批转。

(三)征询性意见

主要作为平行文使用,用于向不相隶属的机关之间提供参考性意见。例如某市城建局给市环保局提出的《对某市城市环境建设的几点意见》。

四、意见的结构和写作要点

意见的结构主要由标题、主送机关、正文、发文机关署名与成文日期四部分组成。

(一)标题

意见的标题有两种写法:

(1)完整性标题:发文机关+事由+文种。如《国务院办公厅关于加强和规范各地政府驻京办事机构管理的意见》;

(2)省略性标题:事由+文种,省略发文机关,如《关于进一步做好农村统一灭鼠工作的意见》。

(二)主送机关

上行意见,即建议性意见,必须有主送机关,并且上行意见的主送机关一般只有一个;平行意见,即征询性意见一般也应当有主送机关;下行文的意见,即指导性意见可以根据需要或标注主送机关,或省略主送机关。

(三)正文

意见的正文一般由开头(发文缘由)、主体(意见内容)和结尾组成。

开头部分要阐明行文的原因、目的、依据、背景等,一般要求语言简明扼要、概括力强。在这部分的最后,通常使用一些承转句,如"现就……问题提出如下意见""为了……特提出以下意见"等。

主体部分说明意见的内容,包括指导思想、目标任务、实施要求、措施办法和建议事项、见解或看法等。在结构安排上,通常采用分条列项的方法。内容要求全面系统、层次清楚、条理分明。

结尾部分,不同的意见类型使用的结语各不相同。上行意见一般使用固定结语:"以上意见如无不妥,请批转""以上意见如无不妥,请批转各地各有关部门执行"等;平行意见的结语一般是:"以上意见仅供参考"等;下行意见的结语一般是强调工作或提出希望和要求。下行意见有时也可以省略结语,上行意见和平行意见一般不能省略结尾。

(四)发文机关署名和成文日期

在正文右下角写明发文机关,并标明成文日期。

五、注意事项

(1)在公文文种中,意见是一个比较年轻的文种。意见以前不是正式文种时,下行意见需要用通知印发。1996年5月《中国共产党机关公文处理工作条例》和2000年8月《国家行政机关公文处理办法》先后把意见列为正式文种。意见被列为正式文种后,成为具有独立行文资格的文种,就不需要再用通知印发。

(2) 在规定的15个正式文种中,意见是唯一一个可以直接上行文、下行文、平行文的文种,不管向哪个方向行文,意见都可以独立行文。

(3) 意见可用于上行文、下行文和平行文。作为上行文,应按请示性公文的程序和要求办理。作为下行文,文中对贯彻执行有明确要求的,下级机关应遵照执行;无明确要求的,下级机关可参照执行。作为平行文,提出的意见供对方参考。

(4) 意见作为上行文时,所提意见如涉及其他部门职权范围内的事项,主办部门应当主动与有关部门协商,取得一致意见后方可行文;如有分歧,主办部门的主要负责人应当出面协调,仍不能取得一致时,主办部门可以列明各方理据,提出建设性意见,并与有关部门会签后报请上级机关决定。上级机关应当对下级机关报送的意见作出处理或给予答复。

六、意见与其他几个文种的联系与区别

(一) 意见与请示、报告

作为上行文的意见,主要是下级机关向上级机关提出工作建议,或供上级机关参考,或请求上级机关批转。以前"意见"没被列为正式公文文种时,下级机关给上级机关或业务主管部门提出的建议性意见,或者用"请示",或者用"报告",做法非常不统一。自党政机关把"意见"列为正式文种,并对其运用范围和职能做了明确规定,同时取消了"报告"和"请示"中下级机关给上级机关提建设性意见的功能后,凡是给上级机关提建议性意见,不管是供上级机关参考还是请求上级机关批转,就只能统一使用"意见",不能再用"报告"和"请示"。

从行文方向上,请示、报告只能上行文,意见则可以上下平三个方向;从内容上,请示的请求性较强,有些请示主要就是交代请示的理由和请示的事项,而意见则主观能动性较强,它可以针对具体事项、问题提出具体的看法或主导意见,留有让上级选择的余地。

(二) 意见与函

作为平行文的"意见",主要供对方参考,即有关部门就自己职权范围内的有关事项提请有关平级机关或不相隶属机关注意,但从内容上又不属于"商洽工作、询问和答复问题、请求批准和答复审批事项",故不宜使用"函";按行文关系又不能以指挥或命令的口气行文,因而适合用"意见"。

(三) 意见与通知

作为下行文的"意见",在目的和适用范围上与"通知"比较接近,都是用来要求下级机关办理和需要执行的事项,目的都是解决问题。但是"意见"针对的是对重要问题提出见解和处理办法,具有宏观性和原则性;而"通知"体现的是具体性和执行性。

（四）意见与决定

决定是对重要事项或重大行动作出决策和安排，态度明确，针对性强；而作为下行文的意见，则是对重要问题提出见解、处理办法和建议，具有原则性。决定具有鲜明的领导性和规定性，下级机关必须遵照执行；而意见，对贯彻执行有明确要求的，下级机关必须执行，如果没有明确要求，下级机关可以根据实际情况参照执行。

第八节　通　　知

一、通知的定义和适用范围

通知是适用于发布、传达要求下级机关执行和有关单位周知或者执行的事项以及批转、转发公文时使用的公文文种。通知多用于下行文，或者平行文，但不能用于上行文。

二、通知的特点

（一）功能的多样性

功能的多样性主要是指通知不受内容的制约，应用广泛，使用频率高。凡是传达上级的指示、布置工作，发布要求下级机关必须执行或者周知的事项，转发上级或不相隶属机关的公文，知照一般事项等都可以使用通知。通知是使用频率最高的公文文种。

（二）作者的广泛性

作者的广泛性，主要是指通知不受发文机关性质和级别高低的限制，不管是党政机关、企事业单位，还是社会团体等，也不管是高级别的中央机关还是低级别的基层单位均可使用。

（三）内容的单一性

通知的内容单一，要求主题集中，一文一事，或一事一文，不允许把两件以上的事情放在一个通知中。

（四）一定的指导性

用通知发布规章、传达指示、布置工作、转发文件，都体现了通知的指导功能。其内容既要提出"干什么"，即明确具体任务，让人一目了然，又要规定"怎么办"，即提出相应要求，以便让人照此办理。

（五）严格的执行性

通知一般用于下行文，上级机关的通知一般对工作目标、任务、措施、步骤等作出明确说明和具体要求，下级机关应当严格遵照上级机关的通知要求认真贯彻执行，不得有误，因而通知具有执行性的特点。这就要求写作通知时要做到重点突出，措施具体，便于执行。

（六）较强的时效性

通知具有较强的时效性，上级机关对下级机关或相关机关有需要执行或办理的事项等，应当及时制发通知。收文机关在收到上级机关或相关机关的通知后必须在规定时间内执行或办理，不得拖延。

三、通知的分类

（一）指示性通知

指示性通知又称布置工作的通知，主要用于上级机关就某项具体工作对下级机关提出指示与要求，具体包括：传达上级机关的决定或指示；布置需要执行与办理的一般性工作或具体事项；上级主管业务部门向下级主管业务部门对口指导业务事项；布置具体工作等。例如《中共中央关于认真学习贯彻党的十八大精神的通知》《国务院关于进一步加强企业安全生产工作的通知》《国务院关于进一步精简会议和文件的通知》。

（二）转发性通知

这类通知主要用于批转下级机关的公文，转发上级机关或者不相隶属机关的公文，发布、印发本机关、本部门、本行业有关规章制度、条例、办法、规定、计划、规划、纲要、安排、宣传提纲、实施方案、领导人讲话材料、有关会议的纪要等。例如《国务院批转发展改革委关于2013年深化经济体制改革重点工作意见的通知》《国务院办公厅转发教育部等部门关于加强学校体育工作若干意见的通知》《国务院关于印发国家级自然保护区调整管理规定的通知》。转发类通知的目的在于赋予被批转、转发、印发的公文在更大的范围内产生效用，扩大公文的有效范围并使之具体化。该类公文主要包括批转（下级机关的公文）、转发（上级机关、平级机关和不相隶属机关的公文）、印发（本机关、本行业的公文）三种通知。

（三）事务性通知

事务性通知是用于处理日常工作中的具体事务或者办理临时性事务的文种。节假日放假、安全保卫、防暑降温、作息时间变更、防洪救灾、安排值班等均可使用该类通知。例如《国务院办公厅关于2015年部分节假日安排的通知》。

（四）周知性通知

周知性通知又称交流信息的通知或知晓性通知，是用于将某一应知的活动或事项传达到有关单位或机关的文种，主要起告知、通晓的作用，不需要直接执行或办理。成立或撤销机构、启用或废止公章、变更组织名称或刊物名称、变更单位地址、召开会议、出版发行刊物等均可以使用该类通知。例如《山东省人民政府关于山东省林业局机构调整的通知》《山东省物价局关于提高成品油价格的通知》。

（五）会议通知

会议通知是用于上级对下级、组织对成员或平行单位间召集会议所使用的文种。例如

《山东大学当代社会主义研究所2014年学术年会会议通知》《山东省人民政府办公厅关于召开全省民委工作会议的通知》《山东省人民政府办公厅关于举办政府系统公文处理业务培训班的通知》。会议通知的繁简程度,应视会议内容与规模决定。一份完整的会议通知应包含以下几项内容:会议的正式名称;召开会议的目的、指导思想;会议的主要内容或主要议程(若是培训班应说明主要课程);参会人员的规格、条件、名额(包括是否可以自带交通工具、可否带工作人员、司机等);会议详细地点、地址;报到的时间和地点、开会的时间、离会的时间;出席会议的准备工作,如要求携带的文件、资料、证件、经费以及其他物品等;会议承办单位的联系人、联系方式、电话号码、是否需要提前报入会人员名单;报到的具体方式,是否需要接送站、交通工具的安排、往返车船票的预订等;其他需要交代清楚的事项。会议通知发出后,还应追踪了解落实情况,如是否接到通知、届时能否到会等,以使会议按计划顺利召开。

(六)任免通知

任免通知是用于宣布有关人员的职务任免情况。例如《山东省人民政府关于任免唐波等工作人员职务的通知》。任免通知具有有关单位执行和多数受文机关周知的两重性质。

四、通知的结构和写作要点

通知由标题、主送机关、正文、发文机关署名和成文日期四部分组成。

(一)标题

通知的标题一般有两种形式:

(1)发文机关+事由+文种,如《国务院办公厅关于2014年部分节假日安排的通知》。

(2)事由+文种,如《关于进一步加强企业安全生产工作的通知》。

需要特别注意以下两点:

第一,属于批转、转发、印发类的通知,其标题的"事由"部分,一般是被批转、转发、印发的公文的原标题。其结构为:发文机关+批转/转发/印发+原公文标题+通知。例如《国务院批转发展改革委等部门关于抑制部分行业产能过剩和重复建设引导产业健康发展若干意见的通知》《国务院办公厅关于转发教育部中小学公共安全教育指导纲要的通知》《国务院办公厅关于印发加快海关特殊监管区域整合优化方案的通知》。

第二,关于书名号(《》)的使用问题。如果被批转、转发、印发的公文属于规范性公文(即法律法规类公文),则需要用书名号将原标题括起;否则,就可直接写出原标题,一般不加任何标点符号,特殊情况下需要强调原标题的,也可以在原标题上加引号。

(二)主送机关

在标题下、正文前,表明主送机关的名称。通知属于下行文,一般应有主送机关。

(三)正文

通知的正文一般由开头、主体、结尾三部分组成。开头一般写"为什么写这个通知",即通知的缘由,可采用"根据式""目的式""背景式"或"复合式"开头。主体部分具体写通知的事项,可采用并列式、递进式、先总后分式等。结尾部分一般是提要求、提希望、发号召,结尾部分也可省略。

(四) 落款和成文日期

在正文右下角写明发文机关,并标明成文日期。

五、注意事项

(1) 批转类通知通常是职能部门给上级党委、政府行上行意见等,上级党委、政府以本党委、政府的名义予以批转。批转后下级机关的意见即具有上级机关的效力。即批转公文的通知连同被批转的公文,反映了批转机关的意志与权威,对受文单位发挥了重要的领导与指导作用。

(2) 下级机关要求上级机关批转的公文,其内容一般应是不属于本机关职权范围的事项,或以本机关名义下发无法实施的事项。不应当把属于该机关职权范围内的事项用请求上级机关批转的方式来提高规格。凡属于本机关职权范围内的事项,不应该要求上级机关批转。

(3) 党委、政府对所属部门申请转发的公文一般采用"批转"的形式转发。但现实中最常见的形式是党委、政府的办公厅(室)代党委、政府转发部门的意见等。这一类通知往往是意见的内容涉及面较小,在全局工作中位置不很突出而又必须经党委、政府的批准、认可,因而采取变通办法,以党委、政府办公厅(室)的名义代党委、政府转发,行文中须加"经××党委(政府)同意"字样。

(4) 撰写通知,要做到主题集中,一文一事;重点突出,措施具体;讲求时效,及时快捷。

第九节 通 报

一、通报的定义和适用范围

通报是适用于表彰先进、批评错误、传达重要精神和告知重要情况的公文文种。它不受发文机关级别高低和性质的限制。党、政、军、群所有机关部门均可使用。

二、通报的特点

(一) 真实性

通报建立在已经客观存在的事实基础上,通报的内容是对当前现实工作中人或事的客观反映。不管是通报的情况信息还是通报的人或事,其内容都必须是真实的,即真人、真事、真实情况。

(二)典型性

不是任何人和事都可以作为通报的对象来写。通报的事实或者人物对象要求具有典型性、普遍性、代表性,能够反映和揭示事物的本质规律,这样才能使人们受到启迪、得到教益,通报的教育引导作用才能有效发挥。

(三)引导性

无论是表彰性通报、批评性通报,还是情况通报,其目的都是为了通过典型的人和事,让有关单位和人们学习先进经验,总结失败教训或者了解全局工作进展情况,注意易出现的问题等。

(四)周知性

通报一般是发文机关把现实工作生活中的典型事例或带有倾向性的重要问题,告知发文范围内的所有人,让大家知晓了解。无论是表彰先进、批评错误还是传达事项,通报的告知对象主要不是当事人和领导,而是一定范围内的广大群众。

(五)广泛性

通报的作者不受机关性质和级别高低的限制。从发文机关的性质看,不管是党政机关、社会团体,还是企事业单位皆可使用;从发文机关的级别高低看,不管是级别高的单位部门,还是低级别的单位部门均可以使用通报。

(六)时效性

为了发挥通报的教育引导作用,通报还要求是当前发生的事情,这样才能给人现实感、新鲜感。因此通报的制发与传递必须及时、迅速、快捷。

三、通报的分类

(一)表彰性通报

表彰性通报是为了表扬先进人物或集体、介绍先进事迹、推广典型经验而使用的文种,例如《山东省人民政府关于表彰全省矿业秩序治理整顿工作先进单位的通报》。

(二)批评性通报

批评性通报是为了对工作中出现的重大事故、重大失误、错误倾向、不良风气等作出批评和宣布处分而使用的文种,例如《国务院办公厅关于一些单位违反规定组织泰国"人妖"来华演出的通报》。

(三)情况通报

情况通报又称传达性通报,即传达重要精神和交流情况的通报,主要是对某些特殊社会动态、人的思想状况、一定时期内相关工作进展状况以及重要信息,进行交流沟通,以引起广泛关注;或者用于传达领导机关的意图,以统一认识和行动,共同完成任务。例如《山东省人民政府关于南水北调治污工作进展情况的通报》。

（四）事故通报

事故通报又称事故情况通报，属于情况通报中的一种类型。它主要用于通报重大事故，对事故的过程、因果进行概括评析，重点是分析原因，讲清危害，使更多的人周知情况，吸取教训，引以为戒，防止事故的再次发生。

四、通报的结构和写作要点

（一）标题

通报的标题有两种写法：

(1) 发文机关＋事由＋文种，如《山东省人民政府关于表彰全省先进民营企业的通报》。

(2) 事由＋文种，如《关于表彰2013年度全省政府系统优秀调研成果的通报》。

（二）主送机关

向下级或有关机关、部门制发的通报，应当标注主送机关，如国务院或国务院办公厅制发的通报一般均标注"各省、自治区、直辖市人民政府，国务院各部委、各直属机构："；向社会一定范围内制发的普发性通报，一般不标注主送机关。

（三）正文

通报的正文由事实、决定、要求三个部分组成。

(1) 事实部分：表扬性通报写先进事迹；批评性通报写错误事实。表扬性通报，要把先进典型的主要事迹、意义等进行介绍。批评性通报，则要写出错误倾向、行为的发展过程、性质、危害、结论等。传达重要情况与重要精神的通报，要写清具体内容、性质及发展态势等。

(2) 决定部分：表扬性通报写出给予精神或物质奖励的决定；批评性通报写出处分决定。

(3) 要求部分：提出希望和要求，发出号召。

（四）发文机关署名和成文日期

在正文右下角写明发文机关，并标明成文日期。

五、通报与命令、决定、公告、通告、通知等文种的比较

（一）关于嘉奖、表彰先进的文种

命令、决定、通报都属于嘉奖、表彰类公文，但它们之间具有差异性。"命令（令）"的被嘉奖的单位与人员必须是在全国或在一个大的区域内具有重大影响的先进典型，一般都需授予荣誉称号。"决定"的奖励事项事迹应是比较突出的，在全国或某一地区、某一系统内具有较大影响，但不一定授予荣誉称号。而"通报"所表扬的先进则属于一般性的典型事项。

（二）关于批评错误的文种

需要使用"决定"惩戒有关单位和人员的，其错误或过失都是比较严重的，具有一定的普

遍意义和教育作用,而用"通报"批评错误,其错误或事故,虽然也有一定影响,但毕竟是有一定限度的,所以发通报,主要目的是要引起警惕。如《关于给予××外国语学院张三等五位同学警告处分的通报》就是这类"通报"。决定告知的对象一般是当事人,目的是使当事人清楚违反了哪条规定。而通报的告知对象是一定范围内的群众和单位,目的是警示和教育更多的人。决定一般不张贴,通报可以张贴。

(三) 关于周知事项的公文

"公告"主要是向国内外宣布重要事项或者法定事项,而且偏重于向国内外宣布,范围非常广泛,所宣布的事项,一是重要,二是法定。

"通告"主要是用于在一定范围内公布应当遵守或者周知的事项,其中"周知"的对象是社会上的各有关方面,事项本身也是比较重要的,在全国或某地区或某一系统内具有一定的普遍意义。

"通知"是上级机关告知下级机关和人员,带有一定的指令性,周知的事项是具体的,是不可不知的,如干部任免的通知等。

"通报"是对重要精神或者情况以及正反面的典型进行通报,重在传达和告知,以使有关单位和群众知晓,一般不具有指令性。如国务院办公厅所发的《关于江苏省吴江市红星玻璃钢厂擅自制作和出售国徽的通报》,这既是一件批评通报,也含有重申国家规定的周知事项。

第十节 报 告

一、报告的定义和适用范围

报告是适用于下级机关向上级机关汇报工作、反映情况以及回复上级机关询问或要求的公文文种,它是一种陈述性的上行文。报告适用范围广泛,按上级部署或工作计划,每完成一项重要工作,一般都要向上级机关写报告,用以汇报工作的基本情况、取得的成绩、经验教训、存在的问题、今后的工作设想等,以使上级机关掌握有关情况。同时报告还可以用来答复上级机关的询问事项,以及给上级机关报送文件材料等。

作为党政机关公文的报告,和一些专业部门从事业务工作时所使用的、标题中带有"报告"二字的行业文书是不同的概念。如审计报告、评估报告、立案报告、可行性研究报告、市场调查报告、经济活动分析报告、财务决算报告、银行稽查报告等,这些文书不属于党政机关公文的范畴,要注意区分。

二、报告的特点

(一) 汇报性

报告是下级向上级机关或业务主管部门汇报工作,反映情况,答复上级机关的询问事项时使用的文种,不管是汇报工作、反映情况,还是答复上级机关的询问,其内容都具有汇报性的特点。

(二)陈述性

因为报告是向上级概括地叙述工作的进程与有关动态,讲述做了什么工作,或工作是怎样做的,有什么情况、经验和体会,存在什么问题,今后有什么打算等等,所以行文上一般都使用叙述的方法陈述其事。

(三)单向性

一方面,报告是下级机关向上级机关行文,不需要受文机关的批复,属于单向行文。另一方面,报告只能是下级机关向上级机关,或业务上的被指导部门向指导部门汇报工作、反映情况、答复询问时使用。平行机关之间、不相隶属机关之间行文不能使用报告。也就是说,报告只能用于上行文,不能用于平行文和下行文。

(四)事后性

报告都是在某项工作结束或或者取得一定进展之后,向上级机关作出汇报,是事后或事中行文,不事前行文。即使是答复上级机关询问的报告,也是给上级机关汇报已经结束的或正在进行的工作情况,因此报告具有事后性的特点。

(五)沟通性

报告属于陈述性的上行公文,它是下级机关向上级机关反映情况和反馈信息,加强上下级机关之间纵向联系的一种重要形式。上级机关通过下级机关的报告,及时了解下级机关的工作情况,以便制定正确的方针政策,实施科学的领导。

(六)广泛性

主要是指作者的广泛性,作者不受机关性质的限制,党政军群等不同性质的所有单位和组织均可以使用报告。同时,报告也不受机关级别高低的限制,上至中共中央、国务院,下至基层党组织、基层行政机关,只要需要都有权使用。

三、报告的分类

报告从不同的角度可以分为不同的类型,从报告的内容可以分为工作报告、情况报告、答复报告、报送报告。

(一)工作报告

工作报告主要用于总结工作经验,汇报工作进展状况。工作报告又可分为综合性工作报告和专题性工作报告。例如《山东省人民政府2014年工作报告》属于综合性工作报告,《山东省经济委员会2014年经贸工作情况和2015年工作安排的报告》则属于专题性工作报告。

（二）情况报告

情况报告主要用于向上级机关反映工作中出现的新情况新问题，以及工作中遇到的重大问题、突发事件、特殊情况、意外事故、个别问题的处理情况。例如《国家发展计划委员会关于农村中小学教育收费专项检查情况的报告》《××牧场关于牲畜冻伤冻死情况的报告》《河北省政府关于无极医药市场治理整顿情况的报告》。

（三）答复报告

答复报告一般是针对上级机关明确要求上报的某一方面的情况、答复某一问题办理的结果、被征询对某项准备出台的政策措施的意见和态度而写的报告。如《××省人民政府办公厅关于我省清理整顿统一着装工作情况的报告》。答复报告主要是用于答复上级询问的报告，因此属于被动行文，具有很强的针对性。

（四）报送报告

这种报告主要在向上级送文件、物品时使用。报送报告十分简略，只需说明报送的名称、数量、质量、目的即可，如可写成"现将×××报上，请指正（请查收）"。

四、报告的结构和写作要点

报告的基本结构由标题、主送机关、正文、发文机关署名和成文日期四个部分。

（一）标题

标题可有两种写法：一是"发文机关＋事由＋文种"，如《××县林业局关于2014年春季植树造林工作的报告》；二是"事由＋文种"，如《财政预算执行情况和财政预算（草案）的报告》。

综合工作报告的标题可以省略介词结构"关于……的"，例如《山东省人民政府2014年工作报告》。

（二）主送机关

报告属于上行文，主送机关一般只有一个，受双重领导机关的可以采用主送一个机关，根据需要抄送另一个机关的原则。如果是同时给两个领导机关汇报工作，也可以把两个机关都列上。报告应报送自己的直接上级机关，一般情况下不要越级报告。

（三）正文

报告的正文一般包括：报告缘由、报告主体、结束语。

报告缘由要说明报告的原因、目的、根据、意义，最后用过渡句"现将有关情况报告（或汇报）如下"承启下文。答复报告的开头应当先引述来文的标题、发文字号，然后过渡到下文。

报告主体即报告事项，将工作的主要情况、措施与结果、成绩及存在的问题等表述出来，写作时应注意逻辑清晰，层次分明。

报告的结语一般比较简单，多采用"特此报告""以上报告请审阅"等模式化语言。

(四) 发文机关署名与成文日期

在正文右下角写明发文机关,并标明成文日期。

五、报告的注意事项

(1) 报告是典型的上行文,因此报告必须有主送机关。报告原则上应只报一个直接上级机关或主管部门,必要时可抄送有关上级机关或业务部门,报告一般不能多头主送。

(2) 除特殊情况外,报告原则上不直报领导者个人。

(3) 数个机关联合行文汇报工作,原则上应报上级主办机关,其他受文单位应采用抄送的形式。

(4) 报告中不能夹带请示事项。

第十一节 请 示

一、请示的定义和适用范围

请示是发文机关向上级机关请求指示和批准事项时所使用的文种。请示的适用范围,一般是下级机关对有关方针、政策以及上级机关发布的文件有疑问而需要上级机关加以解释和说明;或下级机关由于遇到工作中的新问题、新情况,不知如何处理而需上级机关给予指示;或下级机关准备做某件事,或制订的方案、规划、规定,需要请示上级机关批准后才能实施;或下级机关遇到无权决定或无力解决的问题时,需要上级机关给予明确的指示或帮助。

二、请示的特点

(一) 请求性

请示是下级机关向上级机关请求指示和批准事项时所使用的文种。只要是本单位职权、能力范围内无权或无法解决的问题,都应制发请示,请求上级机关给予指示、批准或帮助。因此,请示具有请求性的特点。

(二) 单一性

请示的单一性主要体现在三个方面:一是行文方向单一,又称行文的单向性,请示只有下级机关向上级机关或业务被指导机关向指导机关请求指示、批准时才能使用,平行机关或不相隶属机关之间行文不能使用。二是主送机关单一,请示原则上只能主送一个上级机关,不能多头主送。三是内容单一,请示应当一文一事,一事一文,不可以把两件及两件以上的事项放在一份请示中。

(三) 期复性

请示是下级机关希望在一定时间内得到上级机关答复或指示的文种,具有强制要求回复的性质。因此，请示发出后，接受请示的机关对相关事项无论是否同意，都必须给予答复。有无期复性是请示和报告的重要区别之一。

（四）事前性

请示应当遵循事前行文的原则，先请示，后实施，不允许"先斩后奏"。事前行文不仅是对上级的尊重，更是上级机关对重大事项的把关，以避免出现重大失误。

（五）广泛性

请示的作者不受机关性质和级别高低的限制，从发文机关的性质看，不管是党政机关、社会团体，还是企事业单位皆可使用。从发文机关的级别高低看，不管是级别高的单位部门，还是低级别的单位部门均可以使用。

（六）时效性

请示的事项一般对下级机关来说属于比较重大或紧急的事项，因此行文必须注意时效性，以免错过了时机。这也要求上级机关应当及时答复下级机关的请示。

三、请示的分类

（一）请求指示类的请示

该类请示是下级机关在工作中遇到无权、无力解决的事项或者相关信息状况不明时，向上级机关说明情况并请求答复或提出明确处理意见时所使用的文种。该类文种一般多涉及政策或者认识等方面的问题。如：《××省物价局关于对××省人民政府2010年发布的两个〈通告〉的有关问题的请示》《××省高级法院关于交通肇事是否给予被害人家属抚恤问题的请示》。

（二）请求批准类的请示

该类请示是下级机关因有关事项须向上级机关请求批准时使用的请示类型。该类请示一般多涉及政策制定、人事、财务、机构设置等事项。如依据管理权限或有关规定，下级机关制定的规划、规定、方案等，需要上级机关的批准才能发布施行；下级机关准备做某件事情（如重大项目立项、大型外事活动、机构设置与变革、重要人事任免等），需要请示上级并得到上级的批准后才能实施。例如《山东省人民政府关于将泰安列为国家历史文化名城的请示》。

（三）请求帮助类的请示

这类请示多是下级机关在具体工作中遇到人、财、物方面的困难，自己因权限和能力所限无法解决，提出方案请求上级帮助解决时使用的文种类型。如请求审批某个项目并拨付资金和物资，工作中遇到困难需要上级在人、财、物等方面给予帮助等等。例如《××省人民政府关于帮助解决××半岛严重干旱缺水问题的请示》。

四、请示的结构和写作要点

请示的结构大致由标题、主送机关、正文、发文机关和成文日期四个部分组成。

(一)标题

请求的标题有两种写法:一是:发文机关+事由+文种,例如《广东省政府关于深圳湾口岸有关事项的请示》;二是:事由+文种,例如《关于申报齐齐哈尔市为国家历史文化名城的请示》。

(二)主送机关

请示是上行文,原则上只能有一个主送机关。受双重领导的机关,则根据职责和请示事项,将主要负责答复的机关列为主送机关,根据需要将另一个列为抄送机关。主送机关的标注要使用全称或规范化简称。不能使用同类型机关的统称。

(三)正文

请示的正文由以下三部分组成:

(1)请示原因。即"为什么请示",简要说明发文缘由、请示事项的性质、状况、成因等。

(2)请示事项。即"请示什么",这是请示正文的主体部分,需要直截了当,明确地写出要求上级给予指示、批准的事项或问题。

(3)结语。一般以"当否,请批复""妥否,请批复""当否,请指示""妥否,请指示"等固定形式结语。

(四)发文机关署名和成文时间

在正文右下角写明发文机关名称和成文日期。

五、请示写作的注意事项

(1)坚持一文一事,切忌一文多事。

(2)坚持单头请示,切忌多头请示。原则上主送一个上级机关,根据需要同时抄送相关的上级机关和同级机关,不抄送下级机关。

(3)有明确规定属于两个或两个以上机关联合共同审批的事项,请示应主送为主的机关,通常用"××并××"的形式。

(4)除特殊情况请示原则上不直接主送领导者个人,更不应向有关领导多头主送,如采用"王××、张××、李××:"的形式是不可以的。

(5)坚持逐级请示,切忌越级请示。一般情况下不得越级请示,因特殊情况确实需要越级请示时,应当抄送被越过的机关。

(6)不横向请示。平级单位或不相隶属机关之间请求批准事项时应使用"函",不能使用"请示"。

(7) 确有必要才请示。请示的事项必须是本机关权限和能力之外的事项,本单位职权、能力范围内的事情不必请示上级。

(8) 请示的理由应充分合理。请示的事由部分必须有理有据,通过摆事实讲原因,以突出解决问题的必要性、重要性和迫切性,这样请示事项才能获得上级批准。

(9) 请示中发文机关的意见应明确具体,不能含含糊糊,模棱两可。

(10) 语言简洁得体。请示的语言要简洁,避免冗长啰嗦。同时还要谦敬得体,避免使用命令语气。

六、请示与报告的区别

(1) 行文时机不同。请示必须在事前,而报告一般是事后或者事中。
(2) 行文性质不同。请示具有请求性质,而报告具有汇报性。
(3) 行文目的不同。请示要求上级明确答复,报告则是为上级了解情况,不需批复。
(4) 行文语气不同。请示是祈请性语气,报告是陈述性语气。

第十二节 批 复

一、批复的定义和适用范围

批复是上级机关用于答复下级机关有关请示事项的公文,是一种针对性很强的下行文。批复适用于答复下级机关的请示事项。

二、批复的特点

(一) 行文的被动性

批复是依据请示被动而为的。先有请示后有批复,没有请示就没有批复。

(二) 功能的指示性

批复是典型的下行文,目的是指导下级机关的工作,批复的内容体现的是上级机关对下级机关的请示作出的批准或指示的具体意见,对下级机关具有极强的约束力和指示性,是下级机关工作的依据。

(三) 内容的针对性

批复是依据下级机关的请示内容而发出的,请示什么,就批复什么,不涉及与请示内容无关的内容。请示的发文机关就是批复的主送机关。

(四) 答复的明确性

批复是专门答复下级机关的请示事项的,因此,批复的观点和态度必须十分明确。批复应针对下级机关的请示事项表明同意与否的态度。如果同意,必要时还可以给予一定的指示;如果不同意,则要简要说明理由,并作出应该如何处理的指示,使下级机关有所遵循。批复切忌观点不明,态度含糊,模棱两可,使下级机关无所适从。

(五)执行的依据性

批复是上级机关根据有关政策规定和实际情况,对请示的下级机关作出指示和批准事项,对下级机关具有约束力。因此,批复就是下级机关开展工作和执行批复事项的依据。

三、批复的种类

按照内容和性质的不同,批复可以划分为三类:

(一)同意性批复

同意性批复是指上级机关对下级机关所请求的事项给予肯定态度的批复,又可以分为两种情况:一是批准下级机关所请求的事项;二是不仅同意下级机关的请求,而且对所请示的事项给予具体的指导性意见。例如《国务院关于同意将山东省青州市列为国家历史文化名城的批复》,不仅同意把青州市列为国家历史文化名城,而且就相关问题作了指示。

(二)否定性批复

否定性批复是指上级机关对下级机关所请示的事情给予否定态度的批复。一般而言,否定性批复不仅要明确表明其否定态度,而且需要就否定的原因给予下级机关以简明扼要的合理解释。如《司法部关于不同意牡丹江市总工会成立律师事务所的批复》,就是首先明确表态不同意,然后简明扼要地说明了不同意的原因。

(三)解答性批复

解答性批复是上级机关针对下级机关对于法律法规、政策、措施等事项的询问作出解答的批复。例如《中华人民共和国最高人民法院关于一方当事人在国内居住另一方当事人在国外居住的涉外民事案件的上诉期应如何确定的批复》,就是最高人民法院就北京市高级人民法院请示的相关问题,进行的解答和说明。

四、批复的写法

批复一般由标题、主送机关、正文、发文机关和成文日期四个部分组成。

(一)标题

批复的标题与其他文种的标题的写法略有不同,具体来说有三种写法:

(1)发文机关+事由+文种。例如《国务院关于组建中国铁路总公司有关问题的批复》、《国务院关于唐山市城市总体规划的批复》。

(2) 发文机关＋表态词＋事由＋文种。例如《国务院关于同意成立保障性安居工程协调小组的批复》。"同意"字样就是表达肯定性的表态词。

(3) 事由＋文种。例如《关于山东省撤销昌邑县设立昌邑市的批复》。

(二) 主送机关

批复的主送机关只能是报送请示的发文机关的名称。批复不能越级行文或多级行文。

(三) 正文

(1) 批复引语。一般应写明来文的日期、标题、发文字号，必要时还要简述来文的请示事项。如"你校2015年6月28日《关于在××校区建设实验动物中心教学科研楼的请示》(×发〔2015〕26号)收悉"。

(2) 批复事项。针对来文的请求事项，一般用"经研究，现批复如下"来引出批复意见。要写出意见的全部，表明是"同意"还是"不同意"，如果是"部分同意"，还要写明同意哪些部分，不同意哪些部分，并说明原因。

批复的内容简短，文字精练。同意性批复，一般不说明同意的理由，若提要求、作指示，语言也要简洁明确。不同意的批复，一般要简明扼要地阐述一下不同意的原因。有的否定性批复，也可以直接表明不同意的态度，但不阐述理由。

(3) 批复结语。批复一般可以省略结束语。有时也可用"特此批复""此复"作结。

(四) 发文机关署名和成文日期

在正文右下角写明发文机关名称和成文日期。

五、批复的注意事项

(1) 内容单一，一事一批复。批复的内容必须是"一文一事"，"一事一文"。一份批复针对一份请示，不能一份批复对应多份请示。有时是一个下级机关有数份请示，有时是数个下级机关分别上报同一件事项，经研究后，应该分别行文批复，而不应一文对数文。

(2) 态度鲜明，表达准确。对于所请示的事项是否同意，下级机关如何处理，批复应当观点鲜明，不能模棱两可，并且表达准确，避免下级机关产生歧义。

(3) 有请必复。对下级机关的请示，上级机关不管是否同意，都必须正式行文给予答复。用电话通知答复下级机关请示的做法，或不了了之的做法都是不规范的，既不符合行文规则，也不便于文书档案的整理归档。

(4) 讲求时效性。下级机关的请示一般都是针对重大事项或紧急情况而发的，上级机关同意与否都必须及时批复，讲究时效性。

(5) 批复的制发主体一般是请示的主送机关，特殊情况下，也有经上级机关批准，职能部门代上级机关行文批复的。

六、批复与决定、通知、批转性通知的区别

(一) 批复与决定的区别

批复和决定同样作为下行文使用,同样对于下级机关具有极强的约束性,但二者还是有着显著的区别,不能混淆使用。

(1) 针对程度不同。批复比决定更具针对性,决定是针对重大事项或者重大行动的安排,具有较强的指令性,其内容一般比较全面、系统;而批复主要针对下级机关所请示的事项,其提出的指导意见更具针对性,更加具体、单一。

(2) 行文主动性不同。决定是主动行文,而批复是被动行文。

(3) 发送范围不同。决定的发送范围比较广泛;而批复的发送范围一般只针对请示机关。

(二) 批复与通知的区别

批复和通知都是下行文,对下级机关都具有约束性,并要求下级机关执行。二者的区别主要表现在:

(1) 通知是上级机关主动制发的,批复则是被动制发的。

(2) 批复是针对请示的,内容和受文单位都具有很强的针对性。通知一般不针对具体的文件,它一般是针对现实中的具体问题和具体情况行文。

(3) 从内容看,批复的内容相对具有原则性和宏观性。而通知的内容比批复的内容更加具体详细。

(4) 批复是下级机关主动请求上级机关给予指示批准,并积极贯彻执行。通知是被动接受上级机关的指示要求,被迫贯彻执行。

(三) 批复与批转性通知的区别

二者都是下行文,但又有本质的不同。

(1) 从针对的对象看,"批复"是针对"请示"的;批转性通知一般是针对下级机关的"意见""规定"等需要批转的公文的。

(2) 从主送机关看,批复一般只有一个主送机关,并且批复的主送机关只能是请示的发文机关;批转性通知的主送机关则非常多,如国务院用"通知"批转某某部的"意见",其主送机关一般是"各省、自治区、直辖市人民政府、国务院各部委、各直属机构"。

(3) 从文件结构看,"批复"是上级对下级请示事项的回复,发文时不再附"请示"原文,只标明来文字号和标题即可,而"批转性通知"则要将来文一并转下去。

(4) 从内容看,"批复"具有专向性,即一事一批,简洁明确。批复中有时也可提出一些要求,但一般对非请示单位不产生直接影响。而批转性通知的批语,则具有广泛的指导意义,不单是对被批转文件的答复,而且也是对所有受文单位的指示。

第十三节 议 案

一、议案的定义和适用范围

议案是由各级人民政府按照法定程序,向同级人民代表大会或人民代表大会常务委员会提请审议事项时所使用的公文文种。党群机关一般不使用该文种。

二、议案的特点

(一) 行文关系的限定性

议案是由各级人民政府按照法定程序,向同级人民代表大会或人民代表大会常务委员会提请审议事项时所使用的公文文种,因此议案的行文关系是限定的,议案的制发主体,即发文机关只能是各级人民政府,党群机关一般不使用。议案的主送机关只能是同级的人民代表大会或人民代表大会常务委员会,不能是其他的机关或部门。

(二) 办理程序的法定性

议案的提出、审议、通过和生效,都有依据法律规定的明确程序,都必须按照法定的程序进行,否则就会失去议案的应有效力。

(三) 内容的单一性

议案内容单一,应当一文一事,一事一文,不可以把两件及两件以上的事项放在一份议案中。

(四) 事项的权限性

宪法和人民代表大会组织法规定,议案中的事项必须在人民代表大会及其常务委员会职权范围之内,超出人民代表大会及其常务委员会职权范围的事项,不会被受理。

(五) 结果的期复性

议案一经同级人民代表大会或常务委员会受理,不管是否通过,必须给予明确答复。

(六) 行文的时限性

议案只能在每次人民代表大会会议期间或在规定的时间内向大会提交,以供大会审议,不按规定时间提交的议案,则无法按法定程序处理。

三、议案的分类

议案从结构上划分有两种:一是直接提交人大审议的议案,如《国务院关于提请审议兴建长江三峡工程的议案》。二是报送审议的议案。由两部分组成,审议报送文和审议件。如《国务院关于提请审议〈中华人民共和国个人所得税法修正案(草案)〉的议案》,《中华人民共和国个人所得税法修正案(草案)》就是审议件。

根据议案用途的不同可以将议案划分为四种类型:

(一)立法议案

立法类议案主要有两种:一是政府机构制定了某项重要的条例、规定、办法后提请人大审议通过的议案,如《国务院关于提请审议〈中华人民共和国个人所得税法修正案(草案)〉的议案》;二是建议、请求人大或相关部门制定某项法规的议案,如《××省人民政府关于尽快制定我省普及九年制义务教育实施条例的议案》。

(二)重大事项议案

关于城乡发展规划、重大工程上马、财政预决算、重要机构增减合并以及政治、经济、文化、教育、卫生等各领域的重大事项,需要提请人民代表大会或其常务委员会审议批准时使用的议案。如《国务院关于提请审议兴建长江三峡工程的议案》《国务院关于提请审议国务院机构改革方案的议案》。

(三)任免议案

指国务院或地方各级人民政府向同级的人民代表大会或其常务委员会提请任免相应级别国家公职人员职务的议案,如《国务院关于提请审议××同志职务任免的议案》《山东省人民政府关于提请审议××同志职务任免的议案》。

(四)外交议案

我国政府与其他国家和地区签署有关国际条约,或准备加入某国际公约、条约时,应当由国务院写出议案,提请全国人民代表大会或其常务委员会审议批准。

四、议案的结构和写作要点

议案主要由标题、主送机关、正文、落款和成文时间四部分组成。

(一)标题

议案的标题一般应采用发文机关名称、事由、文种三要素齐全的写法。如《国务院关于提请审议〈中华人民共和国个人所得税法修正案(草案)〉的议案》。

议案的标题中一般应有"提请审议"的字样。

(二)主送机关

议案的主送机关只能是同级的人民代表大会或其常务委员会,不能有其他并列机关。要采用全称或规范化简称,不得随意简化。

(三)正文

议案的正文由案由、案据、方案和结语四部分构成。

(1)案由。又称案据,阐述提出议案的原因、根据和目的,交代议案的重要性、必要性、合理性和迫切性等,要简洁明了。

(2)方案。即提请审议的事项,说明提请大会解决什么问题,以及解决问题的途径、方法。应写得明确、具体,一目了然。如果是提请审议某个法规,应说明法规的名称,并把法规附在后面;如果是任免性议案,要把被任免人的姓名和拟担任或拟免去的职务写清楚;如果是提请审议重大事项的议案,要把决策的内容一一列出,供大会审阅。

(3)结语。结语部分主要采用一些模式化语言,如"以上议案,请审议""请审议""本议案业经某级政府××会议讨论通过,现提请审议"等。

(四)发文机关署名和成文时间

议案行文时一般以发文机关主要负责人的名义,如总理、省长、市长、县长等以示负责。有的也以发文机关的名义。成文时间要使用阿拉伯数字,将年、月、日标全。

五、议案的注意事项

(1)议案的制发主体是各级人民政府,各级人代会或其他会议上各位代表提交的提案,不在议案范围之内。

(2)议案的发文字号一般使用常规发文字号,与其他公文不同的是,议案用"函"或"议"代替"发"字,如国务院的议案用"国函〔2015〕26号",上海市的议案用"沪议〔2015〕28号"。

六、议案和提案的区别

(1)适用范围不同。议案适用于人民代表大会,而提案主要适用于各级政协会议、企事业单位的职工代表大会等会议。

(2)性质不同。议案是有关国家权力机关行使法定职权的一种形式,议案一经审议通过就具有法律效力。而提案不具法律约束力。

(3)内容不同。议案的内容属于人民代表大会及其常务委员会职权范围内的事项,而提案的内容更为宽泛,如政协提案,既可以针对人大方面的工作,也可以针对政府机构或者政党机关方面的工作。

(4)提出时间不同。议案必须在人民代表大会或常务委员会会议期间提出,而提案的时间限制并不严格,可以在会议中集中提出,也可以在会后提出。

第十四节 函

一、函的定义和适用范围

函是不相隶属机关之间就工作中某一具体事项进行商洽、协调、沟通的一种公文。

《党政机关公文处理工作条例》规定："函适用于不相隶属机关之间商洽工作、咨询和答复问题、请求批准和答复审批事项。"

理解函的定义时,关键要把握住"隶属机关"和"不相隶属机关"这两个概念。"隶属机关"是指在行政或组织关系上具有领导与被领导的关系,业务关系上具有指导与被指导的关系的机关。如国务院和各省政府,财政部和各省财政厅。"不相隶属机关"是指在行政或组织关系上没有领导与被领导关系,业务关系上没有指导与被指导关系的机关。"不相隶属机关"一般包括两种情况:一是同一个系统内部的平级机关是不相隶属机关,如山东省人民政府和江苏省人民政府都是国务院的下一级政府。二是不同系统之间的机关都是不相隶属机关,无须考虑双方的级别高低。如山东省财政厅和辽宁省大连市教育局。

凡在不相隶属机关之间,级别高的一方不能向级别低的一方发出指挥、指导性公文(个别晓谕性通知、平行意见除外),级别低的一方也不需向级别高的一方呈送请示和报告,双方之间如果有事项需要协商或请求批准,都应使用函这种平行文体。

函是15个通用公文中唯一的平行文,一般用于不相隶属机关之间,但现实中有时也会用于有隶属关系的上下级之间,如上级机关向下级机关询问有关情况,一般用通知,有时也可用函,但下级机关应当用报告答复。上级机关向下级机关催办有关事项,如要求下级机关呈报有关报表或材料时,一般用通知,也可用函,下级同样应以报告回复。

二、函的特点

(一)适用范围的广泛性

函属于典型的平行文,从行文关系看,不管机关级别高低,也不管是什么性质,只要是不相隶属的机关之间都可以使用;从内容来看,不相隶属机关之间商洽工作、询问和答复问题、请求批准和答复审批事项、催办事情、报送材料等均可使用函,因此,函的应用范围十分广泛。

(二)内容的单一性

从函的内容看,函必须一文一事、一事一函,不能出现一函多事或多事一函的情况。

(三)主体的平等性

这种平等性主要体现在两个方面:一是函主要适用于一个系统内部平级的组织之间;二是即使两个机关在行政级别上有高有低,但是它们在业务上没有指导与被指导的关系,行政上没有领导与被领导的关系,双方主体是平等的。

(四)行文的往复性

函一般是针对某一具体事项进行商洽、协调、沟通,往往有问有答,有来有往,形成具有很强指向性的且密切相关的两份及以上的来往函件。

（五）效用的权威性

函是正式公文的一种，它代表的是发文机关的意志和主张，传达的是发文机关的意图和决策，对受文者的行为有强制性影响，因此，函具有法定效用和权威性。如请求审批事项和批准的请批函，对方无论同意与否都必须要给予答复。

三、函的分类

（一）按性质划分

（1）公函。公函是指正式的或者官方的书信，是党政机关、人民团体、企事业单位间商洽和联系工作时使用的一种文体。

（2）便函。便函则用于日常事务性工作的处理。便函不属于正式的公文，没有公文写作的格式要求，甚至不用标题和发文字号，只需在文尾注明发文机关名称和成文日期加盖公章即可。

（二）按内容和用途划分

（1）商洽函，是指发文机关为商洽和解决问题而使用的函。例如《中国科学院×××研究所关于建立全面协作关系的函》。

（2）询问函，是指发文机关向主送机关询问有关情况的函。如《×××市工商行政管理局关于贯彻〈×××办法〉有关问题的函》。

（3）请批函，是指发文机关向没有上下级关系的有关主管部门请求批准的函。如《×××省人民政府办公厅关于请求拨款维修省政府机关办公室的函》。

（4）答复函，是指被动行文的机关用以答复询问函或者请批函的复函。例如《国务院办公厅关于同意调整国家人口和计划生育委员会兼职委员的函》。

（5）邀请函，是发文机关（邀请方）主动要求收函机关（受邀方）来参加某项活动的函。

（6）知照函，是指不相隶属机关之间相互告知事项时使用的函。如《×××省人民政府办公厅关于×××省人民政府驻福州办事处更名的函》。

（7）慰问函，是指发函方为表示对因遭受重大灾难而蒙受巨大损失方的关注和慰问而按照公务礼仪发出的函。

（三）按行文关系划分

按照行文关系可以将函划分为发函（又称问函）和复函（回函）。发函是主动制发的函件，复函是被动回复对方来函的函件。

四、函的结构和写作要点

函一般由标题、发文字号、主送机关、正文、落款和成文时间构成。

（一）标题

函的标题主要有两种形式：

一是：发文机关＋发文事由＋文种。如《山东省人民政府关于申请特大抗旱经费的函》。

二是：发文事由＋文种。如《关于商洽委托代培涉外秘密人员的函》。

注意，如果是复函，其标题通常在"函"前加上"复"字。

（二）发文字号

公函一般都有发文字号，由"机关代字＋函＋发文时间＋序号"；便函则常常省略发文字号。

（三）主送机关

函的主送机关可以是一个也可以是多个，可以用全称或规范化简称，也可以用统称。

（四）正文

1. 发函的写法

首先，写明发函的缘由，主要包括发文的原因、理由、背景、根据、目的等。其次，写清楚发函事项，明确表达去函的意图。最后，发函的结尾一般是对对方的希望和要求。通常以"特此函请""请函复"等结束，如不需要对方回复的函也可以省略结尾。

2. 复函的写法

首先，写明发函的缘由，即在开头写明是对什么来文的答复。通常的做法是引述来文的标题和文号。如果此次复函是奉上级机关之命对下级机关的请示等文种的回复，那么需要在开头写"经×××（上级机关）批准，现函复如下"之类的字句。

其次，写清楚复函的内容，对于来函的事项明确作答。如果是回复询问函，则需给予明确的答复；若是回复商洽函、请批函、应当明确表态并说明意见。

最后，用"特此函复""特此函告"作为复函结尾语。

（五）发文机关署名和成文日期

不论是发函还是复函，都必须标明发文机关和成文日期，并加盖公章。

五、注意事项

（1）函不受作者职权范围和级别高低的限制，也不受内容繁简程度的制约，灵活简便，内容单一，应用广泛，使用频率高。

（2）撰写公文时要做到行文郑重，结构完整，文字简洁，用语谦和，讲究礼节，语气委婉得体。

（3）针对平行机关或不相隶属机关的"征询某事项的函"，答复时既可以用意见，也可以用函。如针对《水利部关于征询〈南水北调东线第一期工程计划任务书〉（草案）意见的函》，省政府在答复时可以用函，也可以用意见作为文种。

(4) 注意区分请示与请批函、批复与答复函的区别。

请示和请批函的区别在于：请示是适用于下级机关向有隶属关系的上级机关请求批准相关事宜，而请批函适用于不相隶属的机关之间请求批准相关事宜。

批复与答复函的主要区别在于：批复适用于上级机关回复有隶属关系的下级机关的请示，而答复函适用于回复不相隶属的机关的请批函。

因此，同一件审批事项，如果是向上级机关行文，则用请示，如果是向平级机关或不相隶属机关行文则用函。答复同一件事项，如果是向下级机关行文，则用批复，如果是向平级机关或不相隶属机关行文则用复函。

第十五节　纪　　要

一、纪要的定义和适用范围

纪要是对会议的目的、要求、主要精神以及决定的事项加以概括，以上传下达、统一认识的公文。纪要适用于记载会议主要情况和议定事项。

二、纪要的特点

（一）纪实性

纪要必须真实反映会议的内容和议定事项，纪要的撰写者不能更改会议议定的事项，不能更改会议上达成的共识和形成的决定，更不能对会议内容进行评论。总之，纪要必须真实反映会议的基本情况，说明会议议定的事项和形成的决定。纪要的纪实性特点，使得它具有凭证作用和资料文献价值。特别是一些重要会议的纪要，多年后还会作为人们确认那段历史的依据。

（二）概括性

纪要是对会议主要情况和议定事项的记载和概括，不能把会议的所有内容都原样记录下来，它要有所选择、有所舍弃，对会议的主要情况和议定事项进行综合、概括，并对有些问题和内容进行专门强调。在一个会议上，与会人员的话题往往观点多样、内容宽泛、水平参差不齐，把这些内容全部写进纪要，事无巨细一律照录，记流水账，是不符合纪要写作要求的。因此，纪要需要在会议后期或会议结束之后通过概括整理才能写出，而不像会议记录那样随会议的进行自然而然地产生。

（三）指导性

纪要中所记载与传达的会议议定事项，代表着主持单位和与会单位的共同意志与法定的权威性，对于有关的与会单位或下属单位具有约束力，如认为必要，有权要求有关单位遵守和执行,因此多数纪要具有指导工作的作用。

（四）灵活性

纪要的行文方向灵活,可以作为上行文呈报,向上级机关汇报会议精神和情况;也可以作为下行文用以向下级机关传达精神,使下级机关知晓或执行;还可以作为平行文抄送给平行和不相隶属的机关,让其了解会议精神和情况。上行的纪要一般用报告呈送。

三、纪要的分类

根据不同的划分标准,会议纪要可以有多种不同的分类。

按照会议类型可以划分为两类:

（1）日常例会纪要。即日常党政办公会议的纪要,例如省政府常务会议纪要、省长办公会议纪要、局长办公会议纪要等。

（2）专题性会议纪要。即专门为研究某项工作或解决某个问题而召开的会议的纪要。例如"国务院《关于研究今年农产品收购资金问题会议纪要》""青岛市人民政府《关于浮山生态建设专题会议纪要》"。

按照会议的任务可以划分为四大类:

（1）指示性会议纪要,又称传达性会议纪要,主要是传达会议精神、通报有关情况,指示有关单位或人员贯彻执行有关事项。

（2）决策性会议纪要,主要是记载会议形成的决策以及所议定的有关事项,要求有关单位或人员贯彻执行。

（3）研讨性会议纪要,主要是通报会议研究、交流、讨论的大致情况,梳理出不同的意见和见解。

（4）协调性会议纪要,主要用于记载双边或者多边会议达成的协议情况,以便作为会后各方执行公务和履行职责的依据,对协调各方工作具有约束力。

四、纪要的结构和写作要点

纪要一般由标题、正文两部分组成。

（一）标题

一是"会议名称+文种",例如《全国城市规划工作会议纪要》。这是纪要最常用的标题形式。

二是使用正副标题结构,正标题概括会议的主要内容或精神,副标题点出会议的名称和文种。例如《以×××精神为动力,大力开展×××工作——×××工作会议纪要》。

（二）正文

纪要的正文部分应当由会议概况、会议精神、会议议定事项或结尾等组成。

(1) 会议概况。采用概括式或分项式将会议的时间、地点、人员、议程、主题等基本情况作介绍。

(2) 会议精神。根据会议记录,分析、概括、提炼会议研究的问题、讨论意见、会议决定等内容,提炼出会议精神。

(3) 会议议定事项。概括性地记录会议的议定事项,记录会议决议。

(4) 结尾。纪要的结尾有两种:一是提出贯彻会议精神、搞好相关工作的说明、要求、希望和号召,一般是大型会议使用;二是对于比较简洁、短篇幅的会议纪要,结语可以省略。

五、纪要的注意事项

(1) 注意使用范围的限定性。并不是所有会议都需要制发纪要。会议研究确定的事项、会议精神需要有关方面遵守执行的,都可以形成纪要。一般来说例行会议、工作会议、协调会议多把会议决定事项写成纪要行文,以要求有关单位知晓或贯彻执行。而一般基层单位的普通会议,尤其是没有形成决策或做出决定,会议内容也不需要其他单位知晓或执行的会议,只要做好会议记录即可,不需形成纪要。

(2) 纪要的性质取决于会议的内容性质与印发纪要的目的要求,因此,纪要具有知照、规定、协议、指导等多种性质,有汇报和交流会议信息、介绍经验、指导工作及约束执行的作用。

(3) 要以实事求是的态度真实准确地反映会议的各项内容。对与会者的发言与议定事项可归纳概括提炼或作出必要的删节,但绝不可按主观意图,对会议内容进行评论或随意添加内容,更不能进行歪曲或篡改。

(4) 从格式上看,纪要的成文日期一般在发文机关标志之下。纪要除以机关名义印发的外,一般不落款、不鉴印。

六、纪要与会议记录、决议的区别

(一) 纪要与会议记录的区别

(1) 性质不同。纪要属于法定公文文种,可以直接对外正式行文,会议记录不属于正式公文文种,不是红头文件,属于内部资料,一般不对外行文。

(2) 功用不同。纪要有记载会议情况、传达会议精神和议定事项的功能,具有一定的指导性、约束性;而会议记录只是记载会议情况,具有资料性、凭证性。

(3) 适用范围不同。纪要可以对外发出,而会议记录只在本机关内部作备查凭证使用。

(4) 侧重内容不同。纪要侧重对会议精神、议定事项的归纳和概括,而会议记录侧重于对会议内容与经过进行比较全面、详细的记载。

(5) 表达方式不同。会议记录是对发言者"所发之言"的再现,尽可能保持原汁原味;纪要采用记叙为主、说明为辅的形式,运用严谨、准确、简明的公文语言,记载和反映会议的主要精神和议定事项。

（6）写作格式不同。会议记录没有固定的写作格式，一般由写作单位自定；纪要有规范的格式要求。

（二）纪要与决议的区别

纪要和决议都能反映会议的议定事项，但是二者又有不同。从内容看，决议的内容必须是会议讨论通过的重大决策事项，会议通过的一般事项不能用决议。从会议的性质看，并不是所有会议都可以形成决议，原则上讲只有经过法定程序选举或经过一定的组织原则按照一定程序形成的重要会议、委员会会议（即法定会议）才能形成决议。工作会议、专题会议、座谈会、研讨会或其他临时性会议决定的一般事项不能使用决议行文，而应该使用纪要。纪要属于总结记录性文件，一个会议只需要一个纪要即可，不需要表决通过，由会议主持机关相关负责人审定即可制发。

练 习 题

一、单项选择题

1. 下列选项中适用于会议讨论通过的重大决策事项的文种是（　　）。
   A. 决议　　　　　　B. 决定　　　　　　C. 纪要　　　　　　D. 公报

2. 对重要事项作出决策和部署时应使用的文种是（　　）。
   A. 决议　　　　　　B. 决定　　　　　　C. 命令（令）　　　　D. 通知

3. 变更或者撤销下级机关不适当的决定事项时应使用的文种是（　　）。
   A. 决议　　　　　　B. 决定　　　　　　C. 命令（令）　　　　D. 通知

4. 公布行政法规和规章时应使用的文种是（　　）。
   A. 决议　　　　　　B. 决定　　　　　　C. 命令（令）　　　　D. 通知

5. 宣布施行重大强制性措施时应使用（　　）。
   A. 决议　　　　　　B. 决定　　　　　　C. 命令（令）　　　　D. 通知

6. 批准授予和晋升衔级、嘉奖有关单位和人员时应使用（　　）。
   A. 决议　　　　　　B. 决定　　　　　　C. 命令（令）　　　　D. 通知

7. 公报（　　）。
   A. 适用于向国内外宣布重要事项或法定事项
   B. 适用于对重要事项作出决策和部署
   C. 适用于公布重要决定或重大事项
   D. 适用于宣布施行重大强制性措施

8. 适用于向国内外宣布重要事项或法定事项的文种是（　　）。
   A. 决议　　　　　　B. 通告　　　　　　C. 公报　　　　　　D. 公告

9. 向国内外告知某国领导人来华访问的消息时应使用( )。
   A. 决议　　　　　　B. 通告　　　　　　C. 公报　　　　　　D. 公告

10. 以下关于通告说法正确的是( )。
    A. 通告适用于向国内外公布重要事项或法定事项
    B. 通告适用于在一定范围内公布应当遵守或者周知的事项
    C. 通告适用于向社会告知应当遵守的重要事项
    D. 通告适用于对重要事项作出决策和部署

11. 对重要问题提出见解和处理办法时应使用的文种是( )。
    A. 报告　　　　　　B. 通告　　　　　　C. 意见　　　　　　D. 请示

12. 发布、传达要求下级机关周知的事项时应使用( )。
    A. 决定　　　　　　B. 通告　　　　　　C. 意见　　　　　　D. 通知

13. 发布、传达要求有关单位周知的事项时应使用( )。
    A. 决定　　　　　　B. 通告　　　　　　C. 意见　　　　　　D. 通知

14. 发布、传达要求下级机关执行的事项时应使用( )。
    A. 决定　　　　　　B. 通告　　　　　　C. 意见　　　　　　D. 通知

15. 发布、传达要求有关单位执行的事项时应使用( )。
    A. 决定　　　　　　B. 通告　　　　　　C. 意见　　　　　　D. 通知

16. 批转、转发公文时应使用( )。
    A. 决定　　　　　　B. 通告　　　　　　C. 意见　　　　　　D. 通知

17. 以下公文标题不正确的是( )。
    A. 《中共中央关于认真学习贯彻党的十八大精神的通知》
    B. 《××县农业局关于表彰农业种植大户的通知》
    C. 《××县人民政府关于进一步精简会议和文件的通知》
    D. 《国务院批转发展改革委关于2013年深化经济体制改革重点工作意见的通知》

18. 《××县人民政府关于召开全县农业生产工作会议的通告》,该标题( )。
    A. 错误使用文种,应使用公告　　　　　　B. 错误使用文种,应使用决定
    C. 错误使用文种,应使用意见　　　　　　D. 错误使用文种,应使用通知

19. 表彰先进、批评错误、传达重要精神和告知重要情况时应使用( )。
    A. 通知　　　　　　B. 通告　　　　　　C. 通报　　　　　　D. 公报

20. 以下关于通报说法错误的是( )。
    A. 通报的内容是对当前现实中人或事的客观反映,其内容必须是真实的
    B. 通报的告知对象主要是一定范围内的广大群众,因此具有执行性特点
    C. 通报的内容要求具有典型性、普遍性和代表性
    D. 通报的作者不受机关性质和级别高低的限制

21. 有关部门准备把近期几起企业生产事故情况告知一定范围内的单位和群众,以引起重视,应

使用的文种是( )。
A. 通知　　　　　B. 通告　　　　　C. 通报　　　　　D. 公报

22. 某大学要处理几名考试作弊的学生,应使用( )。
A. 通知　　　　　B. 决定　　　　　C. 通报　　　　　D. 通告

23. 下级机关向上级机关汇报工作时应使用( )。
A. 请示　　　　　B. 报告　　　　　C. 意见　　　　　D. 通报

24. 下级机关向上级机关请求指示时应使用的文种是( )。
A. 请示　　　　　B. 报告　　　　　C. 意见　　　　　D. 通报

25. 下级机关向上级机关请求批准事项时应使用的文种是( )。
A. 报告　　　　　B. 请示　　　　　C. 意见　　　　　D. 通报

26. 下级机关向上级机关请求帮助解决困难时应使用的文种是( )。
A. 通报　　　　　B. 报告　　　　　C. 通知　　　　　D. 请示

27. 答复下级机关的请示事项时应使用( )。
A. 通告　　　　　B. 通知　　　　　C. 批复　　　　　D. 意见

28. 以下关于批复说法错误的是( )。
A. 批复一般是被动行文,有时也可主动行文
B. 批复应依据下级机关的请示内容行文,具有针对性
C. 批复对下级机关具有极强的约束力和指示性,是下级机关工作的依据
D. 批复的主送机关就是请示的发文机关

29. 以下关于批复说法不正确的是( )。
A. 批复是下级机关开展工作和执行批复事项的依据,具有依据性
B. 批复是下行文,和下行通知的功能相同,批复可以代替通知行文
C. 批复的观点和态度必须明确,不能态度含混,模棱两可
D. 批复对下级机关具有约束力

30. 有时数个下级机关分别上报请示同一件事项,上级机关答复的方法是( )。
A. 分别打电话答复　　　　　　　B. 用通知集体答复
C. 应该分别行文批复　　　　　　D. 一件批复答复数文

31. 各级人民政府按照法定程序向同级人民代表大会或人民代表大会常务委员会提请审议事项时应使用( )。
A. 请示　　　　　B. 报告　　　　　C. 意见　　　　　D. 议案

32. 不相隶属机关之间商洽工作时应使用( )。
A. 请示　　　　　B. 意见　　　　　C. 议案　　　　　D. 函

33. 不相隶属机关之间咨询和答复问题时应使用( )。
A. 请示　　　　　B. 意见　　　　　C. 议案　　　　　D. 函

34. 不相隶属机关之间请求批准和答复审批事项时应使用( )。

A. 请示　　　　　　B. 意见　　　　　　C. 议案　　　　　　D. 函

35. 以下关于函说法不正确的是( )。

A. 函是15个通用公文中唯一的平行文

B. 函一般用于不相隶属机关之间行文

C. 函是平行文，一般不具有法定效用和权威性

D. 函的发文机关不受性质和级别的限制，任何单位均可使用

36. 以下关于函说法正确的是( )。

A. 函一般用于行政机关，党的机关很少使用

B. 函一般用于平级机关之间，级别不同的机关之间不能使用函行文

C. 函是平行文，对受文方没有约束性

D. 函必须一文一事

37. ×××县农业局给本县财政局的《关于请求拨专款维修农业局机关办公楼的请示》，该标题的错误是( )。

A. 错误使用文种，应使用函　　　　　　B. 错误使用文种，应使用通报

C. 错误使用文种，应使用报告　　　　　D. 错误使用文种，应使用通知

38. 记载会议主要情况和议定事项时应使用( )。

A. 决议　　　　　　B. 纪要　　　　　　C. 会议记录　　　　D. 会议报告

39. 以下关于纪要说法错误的是( )。

A. 纪要必需真实反映会议的内容和议定事项

B. 纪要的结尾一般是对会议内容进行评论，并发出号召

C. 纪要是对会议主要情况和议定事项的记载和概括

D. 纪要具有凭证作用和资料文献价值

40. 以下关于纪要说法不正确的是( )。

A. 纪要应当把会议的所有内容都原样记录下来，以保证内容真实性

B. 纪要一般对有关与会单位或下属单位具有约束力

C. 纪要的行文方向灵活，可上行可下行可平行

D. 上行的纪要可用报告呈送

41. 下列纪要标题不正确的是( )。

A. 《×××关于研究今年农产品收购资金问题会议纪要》

B. 《××市人民政府关于浮山生态建设专题会议纪要》

C. 《××乡政府纪要》

D. 《全国城市规划工作会议纪要》

二、多项选择题

1. 决议的特点有( )。

A. 权威性　　　　　B. 程序性　　　　　C. 指导性　　　　　D. 长期性

2. 以下关于决议说法正确的是（　　）。

A. 决议是正式公布经法定会议讨论通过的重大决策事项时使用的文种

B. 决议形成于法定的会议，一般事务性会议通过的事项不使用决议

C. 决议必须经过会议讨论通过后才能生效

D. 决议已经通过生效，就会在一定时期内相对稳定，内容不会有较大变动

3. 以下关于决议说法正确的是（　　）。

A. 决议的标题一般由三要素组成，即会议名称＋事由＋文种

B. 决议成文日期一般标注在标题下方用圆括号括入

C. 决议是普发性公文，无主送机关、无落款、无印章

D. 决议可见报、可张贴

4. 以下属于决定特点的是（　　）。

A. 指导性　　　　　B. 单一性　　　　　C. 权威性　　　　　D. 规定性

5. 以下关于命令（令）说法不正确的是（　　）。

A. 命令（令）的内容只限于重大事件，一般公务事项不能使用

B. 命令（令）的发文机关广泛，不受级别和性质的限制

C. 命令（令）具有很强的强制性，一经发布，受令方必须无条件服从和执行

D. 命令（令）具有很强的知照性，一经发布，受令方必须认真学习和了解命令内容

6. 以下关于公文说法正确的是（　　）。

A. 决定的标题一般都采用"发文机关＋事由＋文种"的形式

B. 决议和决定的成文日期按规定应标注在标题之下，用圆括号括起

C. 发布命令（令）一般应使用命令格式

D. 命令（令）发文机关标志中的发文机关应使用全称或规范化简称，不能使用简称

7. 以下关于命令（令）说法正确的是（　　）。

A. 公布令的制发主体必须是具有制定、发布法律、法规、规章权的国家权力机关和行政机关

B. 公布令、嘉奖令一般以机关首长的名义发布

C. 行政令即可以行政机关首长名义下达，也可以行政机关名义下达

D. 行政令的制发主体是权力机关、行政机关、军事机关，一些负有特殊使命的机构经授权也可使用行政令

8. 以下关于公报说法正确的是（　　）。

A. 公报的发布机关级别较高，一般要求县级以上人民政府才可以发布公报

B. 公报的内容，应是重大事件或重要决定

C. 公报内容不需保密

D. 发布重大事件或重要决定，党的中央机关用公告，政府用公报

9. 以下关于公告说法正确的是（　　）。

A. 公告的发文机关级别高,多为中央国家机关,省级机关也极少使用

B. 公告发布的内容反映的是重要事项或法定事项,一般事项不能用公告

C. 公告的告知范围十分广泛,包括国内和国外

D. 在国内,公告可以当广告或启事使用

10. 以下属于通告特点的是( )。

A. 通告的发文机关、内容以及公布方式都具有多样性和广泛性

B. 通告的对象具有限定性,一般是辖区内的居民

C. 通告具有周知作用

D. 通告具有较强的约束性和强制性

11. 以下符合通告标题写作要求的是( )。

A.《北京市人民政府关于2014年亚太经济合作组织会议期间对本市机动车采取临时交通管制措施的通告》

B.《××市人民政府办公室关于2015年国庆节放假的通告》

C.《山东省人民政府关于查禁非法种植罂粟的通告》

D.《山东省教育厅山东省公安厅关于维护学校秩序的通告》

12. 公告与通告的不同主要表现在( )。

A. 内容的重要程度不同　　　　　　B. 对发文机关的限制不同

C. 发布范围不同　　　　　　　　　D. 行文目的不同

13. 以下关于意见说法正确的是( )。

A. 意见行文方向灵活,可上行,可下行,可平行

B. 意见的发文机关不受级别性质的限制,任何单位都可使用

C. 意见一般没有约束和执行功能,只起参考作用

D. 意见都使用"以上意见如无不妥,请批转"作结尾语

14. 以下意见标题中正确的是( )。

A.《中共中央国务院关于做好2014年农业和农村工作的意见》

B.《关于在全国推进城市社区建设的意见》

C.《济南市农业委员会关于发展我市观光旅游农业的意见》

D.《国务院关于进一步做好退耕还林还草试点工作的若干意见》

15. 以下关于通知说法正确的是( )。

A. 通知不受内容的制约,应用广泛,使用频率高

B. 通知不受发文机关性质和级别的限制,任何单位均可使用

C. 通知的内容单一,行文简便,要求主题集中,一文一事

D. 通知一般用于下行文,有时也可用于平行文和上行文

16. 以下公文标题文种使用正确的是( )。

A.《×××关于表扬全国"两基"工作先进地区的通报》

B.《××省人民政府关于南水北调治污工作进展情况的通报》

C.《×××办公室关于近期四起重特大道路交通事故情况的通报》

D.《×××办公室关于进一步做好道路交通安全工作的通报》

17. 下列通报标题正确的是（   ）。

A.《×××办公室通报》

B.《××大学关于一些单位违反规定乱发钱物的通报》

C.《通报》

D.《关于表彰2013年度全省政府系统优秀调研成果的通报》

18. 报告是适用于（   ）。

A. 下级机关向上级机关汇报工作
B. 下级机关向上级机关反映情况
C. 回复上级机关的询问
D. 请求上级机关批准事项

19. 以下关于报告说法正确的是（   ）。

A. 报告适用于向上级机关汇报工作，反映情况，答复上级机关的询问，具有汇报性的特点

B. 报告行文方向单一，只能用于上行文

C. 上级部门应对下级机关的报告给予答复

D. 报告具有事后性特点

20. 以下公文标题文种使用正确的是（   ）。

A.《××委员会关于农村中小学教育收费专项检查情况的报告》

B.《××牧场牲畜冻伤冻死情况的报告》

C.《××省政府关于无极医药市场治理整顿情况的报告》

D.《××省人民政府办公厅关于我省清理整顿统一着装工作情况的报告》

21. 下列公文标题不正确的是（   ）。

A.《××镇政府报告》

B.《关于近期三起重大火灾情况的报告》

C.《××县政府关于全县文化市场治理整顿情况的报告》

D.《情况报告》

22. 以下关于报告说法错误的是（   ）。

A. 报告行文方向比较灵活

B. 数个机关联合行文汇报工作，原则上应报上级主办机关，其他受文单位应采用抄送的形式

C. 述职报告、调查报告都是报告的基本类型

D. 报告中一般不能夹带请示事项，紧急情况下可以夹带

23. 以下情况应当使用请示的是（   ）。

A. 对有关方针、政策及上级文件有疑问需要上级机关加以解释和说明

B. 遇到工作中的新问题、新情况，不知如何处理

C. 制订的方案、规划需上级机关批准后才能实施

D. 遇到无权决定或无力解决的问题时

24. 以下关于请示说法正确的是（　　）。

A. 请示的内容应是本单位职权、能力范围内无权或无法解决的问题

B. 请示行文方向单一，只能用于上行文

C. 请示内容单一，只能一文一事

D. 请示的主送机关单一，原则上只能主送一个上级机关

25. 以下关于请示说法正确的是（　　）。

A. 请示具有请求性的特点

B. 请示具有强制要求回复的性质

C. 请示应当遵循事前行文的原则

D. 请示的作者不受机关性质和级别高低的限制

26. 以下请示标题正确的是（　　）。

A.《××省高级法院关于交通肇事是否给予被害人家属抚恤问题的请示》

B.《山东省人民政府关于将泰安列为国家历史文化名城的请示》

C.《××省人民政府关于帮助解决××半岛严重干旱缺水问题的请示》

D.《山东省人民政府关于撤销昌邑县设立昌邑市的请示》

27. 以下请示标题正确的是（　　）。

A.《关于在全县机关部门实施岗位津贴制度的请示》

B.《山东大学关于建设青岛校区的请示》

C.《××乡人民政府请示》

D.《工作请示》

28. 以下关于请示说法正确的是（　　）。

A. 请示一般以"当否，请批复"等固定用语结尾

B. 请示应单头请示，切忌多头请示

C. 除特殊情况，请示原则上不直接主送领导者个人

D. 应当逐级请示，一般不得越级请示

29. 以下关于请示说法正确的是（　　）。

A. 一般情况下不得越级请示

B. 因特殊情况确实需要越级请示时，应当抄送被越过的机关

C. 原则上主送一个上级机关，根据需要同时抄送相关上级机关和同级机关，不抄送下级机关

D. 不向平级单位或不相隶属机关请示

30. 请示与报告的区别表现在（　　）。

A. 行文时机不同　　　B. 性质不同　　　C. 行文目的不同　　　D. 行文语气不同

31. 以下批复标题正确的是（　　）。

A.《国务院关于组建中国铁路总公司有关问题的批复》

B.《国务院关于××市城市总体规划的批复》

C.《××××关于同意成立保障性安居工程协调小组的批复》

D.《关于山东省撤销昌邑县设立昌邑市的批复》

32. 以下批复标题正确的是(　　)。

A.《××市政府关于同意设立经济体制改革领导小组的批复》

B.《批复》

C.《关于同意××学院购买班车的批复》

D.《××县政府批复》

33. 以下关于批复说法正确的是(　　)。

A. 批复内容单一,必须是"一文一事"

B. 一份批复针对一份请示,不能一份批复对应多分请示

C. 批复应态度鲜明,表达准确,不能模棱两可

D. 上级机关应做到"有请必复"

34. 以下关于议案说法正确的是(　　)。

A. 议案的发文机关是各级人民政府,党群机关一般不使用议案

B. 议案的主送机关只能是同级的人民代表大会或人民代表大会常务委员会

C. 议案必须按法定的程序提交和办理

D. 议案内容单一,应当一文一事

35. 议案的类型有(　　)。

A. 立法议案　　　　B. 重大事项议案　　　　C. 任免议案　　　　D. 外交议案

36. 下列议案标题正确的是(　　)。

A.《国务院关于提请审议兴建长江三峡工程的议案》

B.《国务院关于提请审议同志职务任免的议案》

C.《××省人民政府关于提请审议〈××省城市规划条例(草案)〉的议案》

D.《国务院关于提请审议国务院机构改革方案的议案》

37. 议案和提案的区别主要表现在(　　)。

A. 适用范围不同　　　　B. 性质不同　　　　C. 内容不同　　　　D. 提出时间不同

38. 以下关于公文行文关系说法正确的是(　　)。

A. 批复适用于上级机关回复有隶属关系的下级机关的请示

B. 答复函适用于回复不相隶属机关的请批函

C. 同一件审批事项,如果是向上级机关行文,则用请示,如果是向平级机关或不相隶属机关行文,则用函

D. 答复同一件事项,如果是向下级机关行文,则用批复,如果是向平级机关或不相隶属机关行文,则用复函

39. 以下关于函说法不正确的是(　　)。

A. 函不受内容繁简轻重的严格限制,灵活简便,内容单一

B. 函是正式公文文种,具有法定效用,对受文者的行为具有强制性影响

C. 请批函应当一文一事,答复函可以一文多事

D. 函一般没有发文字号

40. 纪要与会议记录的区别主要表现在(　　)。

A. 性质不同　　　　B. 功用不同　　　　C. 适用范围不同　　　　D. 侧重内容不同

三、判断题(正确填 A,错误填 B)

1. 公告的制发主体一般应是省级以上的高级领导机关或授权的专门机关。(　　)
2. 公告涉及的一般都是重要事项或法定事项。(　　)
3. 向国内外宣布重要事项或法定事项时应使用公告。(　　)
4. 凡是按照我国宪法和法律规定必须予以公布的重大事项均可使用公告告知。(　　)
5. 国家录用公务员应当发布招考公告。(　　)
6. 公告要求一文一事,一事一文。(　　)
7. 道路施工、自来水公司管道施工、电力公司线路施工等事项应使用通告告知。(　　)
8. 通告具有较强的实务性、行业性特点。(　　)
9. 通告一般用于专业部门发布需要社会公众周知或遵守的事项,各级政府一般不用。(　　)
10. 省级以下的机关部门一般不使用公告。(　　)
11. 党政机关、社会团体、企事业单位等都可以使用意见。(　　)
12. 意见一般都可以省略主送机关。(　　)
13. 意见是15个常用公文中唯一一个可以向多个方向直接独立行文的文种。(　　)
14. 作为平行文的意见,主要"供对方参考"。(　　)
15. 在现实工作中,通知是使用频率最高的公文文种。(　　)
16. 只有通知具有批转和转发公文的功能,其他文种没有。(　　)
17. 任免基层单位工作人员时应使用通知。(　　)
18. 主送机关是通知的基本构成要素,一般不能省略。(　　)
19. 批转公文的通知连同被批转的公文,反映了批转机关的意志与权威。(　　)
20. 下级机关要求上级机关批转的公文,其内容一般应是不属于本机关职权范围或以本机关名义无法实施的事项。(　　)
21. 公文内容属发文机关职权范围内的,不应该要求上级机关批转。(　　)
22. 通知中所提措施应具体详细,具有可操作性。(　　)
23. 表彰先进批评错误时用通报,传达重要精神和交流情况时应分别使用通知和报告。(　　)
24. 公文报告种类繁多,立案报告、财务预决算报告等都是公文报告的类型。(　　)
25. 报告是陈述性上行文。(　　)
26. 报告一般用于上行文,有时也可用于平行文,但不能用于下行文。(　　)

27. 报告不受机关级别高低和性质的限制,任何单位都有权使用。(　　)
28. 答复报告属于被动行文,具有很强的针对性。(　　)
29. 向上级机关汇报突发事件的处理情况时应使用通报。(　　)
30. 报告是典型的上行文,因此报告必须有主送机关。(　　)
31. 报告一般不能多头主送。(　　)
32. 除特殊情况外,报告原则上不直报领导者个人。(　　)
33. 请示应有主送机关,但主送机关不明确时,则可以省略。(　　)
34. 只要是本单位职权、能力范围内无权或无法解决的问题,都应请示上级。(　　)
35. 一般情况下不得越级请示。(　　)
36. 批复是上级机关用于答复下级机关请示事项的下行文。(　　)
37. 对请示,上级机关不管同意与否,都必须正式行文给予答复。(　　)
38. 议案一经同级人民代表大会或常务委员会的受理,不管是否通过,必须给予明确答复。(　　)
39. 议案的结语采用一些模式化语言,如"以上议案,请审议"等。(　　)
40. 纪要的内容代表着主持单位和与会单位的共同意志与法定权威性。(　　)

第五章　几种常用公文的写作

　　公文写作的种类繁多,但从历年的考试以及每个文种自身的特点来看,只有部分文种可作为现场考试的主要文种,如通知、请示、批复、意见、通报、通告、讲话稿、倡议书、建议书、感谢信和公开信等,因此在复习过程中可以有针对性地强化对几种主要公文写作的掌握与练习。

　　本章的内容主要包括常见于考试中的几种常用公文文种写作,即通知、请示、批复、意见、通报、通告的写作。关于这些文种的写作要求,在前面第四章15个常用公文中已有表达,本章只对这几个文种中不同类型公文的写作要求及特点进行讲解,并附有范文,从而使考生全面掌握几种主要公文的写作模式。

第一节　通知的写作

一、指示性通知的撰写

　　这类通知正文内容一般比较多,篇幅较长。

　　正文开头部分写通知缘由。包括制发通知的原因、根据、目的、意义等,要写得简洁明白,切忌冗长。开头部分的最后,常用"现将(或现就)有关事项(或有关问题)通知如下""现通知如下"等承启用语,连接主体部分。

　　通知的主体部分。在写通知事项时通常采用标序列述的表达方式,如范文一《国务院办公厅关于切实做好春季防火工作的紧急通知》,逻辑顺序由大到小、由点及面,脉络十分清楚。从"充分认识防火工作面临的严峻形势"的大局入手,延伸到防火工作所需要的运输、监管和预警等工作,最后安排"值班时间"等细节问题;由防火工作一点,到形成一个运输管理、区域监管、预警应急和宣传教育一个全面的"防护网"。

这个通知因为在通知事项中写明了执行要求,言尽文止,所以没有再单独写一个结尾部分。

范文:指示性通知

国务院办公厅关于切实做好春季防火工作的紧急通知

各省、自治区、直辖市人民政府,国务院有关部门:

近期,云南、四川、贵州、浙江、江西、湖南、广东、广西等地发生多起建筑物和森林火灾,造成重大人员伤亡和财产损失。根据国务院领导同志指示精神,为切实做好春季防火工作,现就有关事项通知如下:

一、**充分认识防火工作面临的严峻形势**。入冬以来,我国部分省(区、市)降水偏少,风干物燥,火险等级明显偏高,加之春节临近,运输和燃放烟花爆竹使火灾风险进一步加大,防火形势尤为严峻。各地区各有关部门对此要高度重视,强化安全意识,加强组织领导和协调配合,严格落实责任,做好建筑物和森林火灾防控各项工作,确保人民群众度过一个安全、祥和的春节。

二、**加强烟花爆竹运输和燃放管理**。要加强对道路运输烟花爆竹的监督检查,加强对烟花爆竹承运人、运输车辆及驾驶员、押运员的监管,依法严肃查处违法违规运输行为。切实加强对烟花爆竹经营储存、销售场所、燃放场所的监督管理,严禁超量储存和在许可证载明场所以外储存烟花爆竹,严禁礼花弹等专业燃放类产品及超标产品进入零售环节,严禁在规定燃放区域外燃放烟花爆竹。

三、**强化重点区域安全监管**。对人员密集场所和"城中村"、"棚户区"、古建筑群、木质房屋等重点部位,要加强隐患排查和消防监管,强化各项人防、物防、技防措施。严格野外火源管理,对林区内上坟烧纸、燃放孔明灯和烟花爆竹等野外用火,要加强引导,严格监管;对林缘、林区内生产用火,要从严审批,坚决制止随意用火行为。

四、**加强监测预警和应急准备**。加强森林火情监测,充分运用卫星遥感、飞机巡护、高山瞭望监控和地面巡逻等手段,加大监测力度,落实不同等级条件下的预警响应措施,做到科学设防。完善和落实应急预案,提前做好队伍、物资等应急保障工作。公安消防、森林消防、武警森林部队要坚守岗位,靠前驻防并时刻待命,一旦发生火情,集中优势兵力,速战速决,确保"打早、打小、打了";要及时疏散群众,科学施救,避免人员伤亡,确保重要目标安全。

五、**加强防火宣传教育**。各地区各有关部门要充分利用广播、电视、报纸、网络、微博等媒体和宣传栏、警示牌等媒介,因地制宜开展各种宣传活动,做到防火知识进村入户,深入人心,家喻户晓。要引导群众自觉抵制假冒伪劣烟花爆竹产品,安全燃放烟花爆竹,安全使用取暖设施。普及火灾自救互救知识,提高群众安全意识和防范能力。

六、**认真做好节日期间值班工作**。各地区各部门要严格落实岗位责任制,严格执行24

小时专人值班和领导在岗带班制度,严明工作纪律,确保节日期间各项工作正常运转。严格执行信息报告制度,畅通信息报送渠道,遇有火情或重要紧急情况要立即请示报告,并及时采取措施妥善应对。

国务院办公厅
2014年1月29日

二、周知性通知的撰写

周知性通知是需要下级机关或者有关单位周知某些事项的通知。通知正文的开头,首先写明通知原因或根据,什么机关作出什么决定,接着用"现将……通知如下"或"现通知如下"等承启语连接下文,然后列述通知事项。周知性通知只需要受文机关、单位晓知,不要求具体办理,所以一般不需要在文尾提出贯彻执行要求。

范文:周知性通知

国务院办公厅关于2014年部分节假日安排的通知

各省、自治区、直辖市人民政府,国务院各部委、各直属机构:

经国务院批准,现将2014年元旦、春节、清明节、劳动节、端午节、中秋节和国庆节放假调休日期的具体安排通知如下。

一、元旦:1月1日放假1天。

二、春节:1月31日至2月6日放假调休,共7天。1月26日(星期日)、2月8日(星期六)上班。

三、清明节:4月5日放假,4月7日(星期一)补休。

四、劳动节:5月1日至3日放假调休,共3天。5月4日(星期日)上班。

五、端午节:6月2日放假,与周末连休。

六、中秋节:9月8日放假,与周末连休。

七、国庆节:10月1日至7日放假调休,共7天。9月28日(星期日)、10月11日(星期六)上班。

节假日期间,各地区、各部门要妥善安排好值班和安全、保卫等工作,遇有重大突发事件,要按规定及时报告并妥善处置,确保人民群众祥和平安度过节日假期。

国务院办公厅
2013年12月11日

三、批转、转发、发布性通知的撰写

这类须知要把被批转、转发、发布的文件下达所属下级机关、单位贯彻执行。通知正文一般都写得比较简短,交代清楚批转、转发、发布什么文件,经哪一级领导机关批准(同意),并对下级机关、单位提出贯彻实施要求就可以了。如有必要,也可以在交代清楚以上三点之外,稍加展开。如范文三第二自然段,进一步强调打击违法犯罪具有"关系到维护人民群众特别是未成年人的合法权益,关系到维护国家法制权威,关系到社会稳定和社会主义和谐社会建设,关系到国家的形象和声誉"的意义。发布性通知正文的写法与批转、转发性通知基本相同。

批转、转发、发布性通知正文的结尾部分,要提出相应的执行要求。

范文:转发性通知

国务院办公厅关于转发劳动保障部等部门
开展整治非法用工打击违法犯罪专项行动方案的通知

各省、自治区、直辖市人民政府,国务院各部委、各直属机构:

最近,在山西省部分地区发生了无合法证照的小砖窑非法用工和黑恶势力拐骗农民工、限制人身自由、强迫劳动、使用童工、故意伤害甚至致人死命等严重违法犯罪行为,严重侵害了劳动者合法权益,造成了极为恶劣的社会影响。为切实维护广大农民工和未成年人的合法权益,劳动保障部、公安部、监察部、民政部、国土资源部、卫生部、工商总局、安全监管总局和全国总工会制订了《关于开展整治非法用工打击违法犯罪专项行动方案》,集中力量于2007年7月至8月,以乡村小砖窑、小煤矿、小矿山、小作坊为重点,在全国范围内组织开展为期2个月的整治非法用工、打击违法犯罪专项行动。

整治非法用工、打击违法犯罪,关系到维护人民群众特别是未成年人的合法权益,关系到维护国家法制权威,关系到社会稳定和社会主义和谐社会建设,关系到国家的形象和声誉。各地区、各部门要充分认识开展专项行动的重要意义,把专项行动作为实践"三个代表"重要思想、落实科学发展观的具体体现,以对人民群众高度负责的政治责任感,精心组织,认真搞好专项行动,依法惩处违法犯罪分子,维护公民的基本权利和社会公平正义。

现将劳动保障部会同有关部门制订的《关于开展整治非法用工打击违法犯罪专项行动方案》转发给你们,请认真贯彻执行,确保取得实效。

国务院办公厅
2007年6月26日

四、事项性通知的撰写

事项性通知正文一般分为缘由、事项两部分。

缘由，说明依据、目的和意义。如范文四指出以更好解决职工基本住房需求为目的。

事项，把布置的工作或需要周知的内容分条列项地阐述清楚。一般包括讲清目的、要求、措施、办法等。主要的、重要的事项写在前面，做到重轻有序。

有的事项性通知还有结语，常用"特此通知""请遵照（研究、参照）执行"等。

✚ | 范文：事项性通知

北京住房公积金管理中心关于实行
住房公积金个人贷款差别化政策的通知

各单位：

为落实《国务院办公厅关于继续做好房地产市场调控工作的通知》（国办发〔2013〕17号）精神和《北京市人民政府办公厅贯彻落实〈国务院办公厅关于继续做好房地产市场调控工作的通知〉精神进一步做好本市房地产市场调控工作的通知》（京政办发〔2013〕17号）要求，更好解决职工基本住房需求，根据北京住房公积金管理委员会第十三次全体会议决议，现就实行住房公积金个人贷款（以下简称贷款）差别化政策有关问题通知如下：

一、进一步强化借款申请人资格审核

在继续按照规定调查借款申请人家庭住房登记记录和个人住房贷款记录的基础上，进一步审核借款申请人的住房公积金购房提取情况。通过北京市住房和城乡建设委员会房屋交易权属信息查询系统、中国人民银行征信系统和北京住房公积金管理系统及其他尽责调查，查询借款申请人无住房记录、无个人住房贷款记录、无住房公积金购房提取记录的，为首套自住住房。

……

七、执行时间

自2013年4月8日起，借款申请人所购住房通过北京市住房和城乡建设委员会房地产交易系统完成网上签约的，其贷款业务按照本通知规定执行。

北京住房公积金管理中心
2013年4月7日

五、任免通知的撰写

任免通知的正文要求简洁平实，首先写任免根据，或者是上级机关的决定，或者是某会议决定;然后写任免事项。任免事项如果人数较多,要分别列出某某人员为什么机关(或单位)什么职务,免去某某人员什么机关(或单位)什么职务。任免通知一般没有结束语,任免事项写完,全文结束。任免通知一般只写任免的根据和决定事项,不写任免的缘由、考察程序等。

范文：任免性通知

杭州市人民政府关于×××等同志职务任免的通知

市政府决定：

×××任杭州高新技术产业开发区管理委员会主任。

免去：

×××的杭州高新技术产业开发区管理委员会主任职务。

杭州市人民政府
2015年1月20日

六、会议通知的撰写

会议通知一般包括会议召开缘由、会议有关事项和结尾三个部分。

会议通知首先要写明召开会议的缘由(如根据、原因、意义等)和开会时间、开会地点、会议名称。在开头部分的末尾,用"现将有关事项通知如下"等承启语连接下文。

会议有关事项包括会议期限、参加会议人员、会前准备、携带什么材料、何时何地报到、是否有人接站等项内容。为了眉目清楚,陈述方便,会议通知宜采用标序分项列述方法。

结尾采用"特此通知"等惯用语作结,也可根据情况省略结尾。

范文：会议通知

水利部办公厅关于召开2015年水利规划计划工作座谈会的通知

部有关司局,部直属有关单位,各省、自治区、直辖市水利(水务)厅(局),各计划单列市水利(水务)局,新疆生产建设兵团水利局：

为深入贯彻落实中央治水兴水决策部署和全国水利厅局长会议精神,研究做好新形势下水利规划计划工作,经研究,定于2015年1月下旬召开全国水利规划计划工作座谈会,现将有关事项通知如下：

一、会议主要内容

1. 总结2014年水利规划计划工作,部署2015年水利规划计划重点工作任务。

2. 座谈讨论水利规划计划重点工作(主要议题见附件1)。

二、参会人员

各流域机构规划计划分管负责同志及规划计划局(处)长；各省(自治区、直辖市)水利(水务)厅(局)、各计划单列市水利(水务)局、新疆生产建设兵团水利局规划计划处长。邀请部财务司、建设与管理司、农村水利司、水利水电规划设计总院、发展研究中心、建设管理与质量安全中心负责同志；10个重点发言省份水利(水务)厅(局)(名单见附件2)负责同志；基层水利能力建设联系点(15个市县，名单见附件3)水利(水务)局主要负责同志参加。

三、会议时间和地点

时间：2015年1月23—24日，1月22日报到。

地点：湖南省长沙市湖南宾馆(地址：长沙市营盘东路193号；总机电话：0731-84404250/84404350)。

四、有关要求

1. 认真准备发言材料。会议采取全体参会代表共同座谈的方式召开，请结合座谈研讨议题，做好发言准备，发言要主题鲜明、言简意赅、突出特色，不必面面俱到。请重点发言单位于2015年1月16日前将发言材料电子版发送至水利部规划计划司，发言时间控制在8分钟以内。

2. 严格遵守会议有关规定。贯彻执行中央八项规定和水利部党组实施办法，勤俭务实高效办好会议，会议不安排参观考察。请各单位严格控制参会人员，一律不要超员。

3. 请各单位于2015年1月16日前将会议回执(见附件4)传真至水利部规划计划司和湖南省水利厅(同时发送电子邮件)。请基层水利能力建设联系点15个市县所在地的省级水利规划计划部门通知相关人员参会，统一填写会议回执。

五、联系人及联系方式

水利部规划计划司　高　龙　电话：010-63202778

传真：010-63202787

邮箱：ghjhs@mwr.gov.cn

湖南省水利厅　杨铭威　电话：0731-85483700

传真：0731-85555380

邮箱：26925362@qq.com

附件：1. 座谈会研讨主要议题

2. 重点发言单位和发言主题

3. 基层水利能力建设联系点名单

4. 全国水利规划计划工作座谈会回执

水利部办公厅

2015年1月13日

第二节　请示的写作

一、请求指示类请示的撰写

请求指示类请示一般由缘由、请示指示事项、结尾构成。

请求指示类请示的缘由要充分体现本机关的疑问,重点说明本机关遇到了什么新情况、新问题,相关的法律政策是如何规定的,两者之间有何差异。如在范文的请示中,国务院颁发的《会计人员职权条例》中规定总会计师的行政职务和技术职称合一,而某财政厅遇到了多个总会计师职责权限不清楚、划分财务会计事项无明确依据等问题,需要向上级请示。

此类请示在事项中要明确提出请示什么。缘由部分已写明遇到了什么无法可依、无文所据的新问题,故事项部分只需发问以求示,即需要上级机关解释什么、答复什么或指示什么。范文中提出的请示为可否将行政职务与技术职称分开,十分明确。

结尾部分一般写"以上请求当否,请指示"或"当否,请指示"等。

范文:请求指示类请示

关于《会计人员职权条例》中"总会计师"既是行政职务又是技术职称的请示

财政部:

国务院××××年国发〔××××〕××号通知颁发的《会计人员职权条例》规定,会计人员技术职称分为总会计师、会计师、助理会计师、会计员四种;其中"总会计师"既是行政职务,又作为技术职称。在执行中,工厂总会计师按《条例》规定,负责全厂的财务会计事宜;可是每个工厂,尤其大工厂,授予总会计师职称的人有四五人,究竟由哪一位负责全厂的财务会计事宜,执行总会计师的职责与权限呢?我们认为宜将行政职务与技术职称分开。总会计师为行政职务,不再作为技术职称,比照最近国务院颁发的《工程技术干部技术职称暂行规定》将《条例》第五章规定的会计人员职称的"总会计师"改为"高级会计师"。

妥否,请指示。

××省财政厅(盖章)
××××年×月×日

二、请求批准类请示的撰写

请求批准类请示一般由缘由、请示批准事项、结尾构成。

缘由要体现请示的必要性,必须重点写明根据什么、为了什么、干了什么、干得如何。下面的范文中，南平市旅游局根据旅游业"十一五"发展状况修订完成了《南平市旅游养生产业"十二五"发展专项规划》，并对该规划的内容作了简要介绍，包括南平市旅游业发展的目标、状况、空间布局，提出了"旅游产品创新与开发"等多个规划项目，材料准备全面，适合南平市旅游业发展。

此类请示在请示事项中要明确提出请求批（核、裁）准什么。应重点写明本机关的具体意见、措施和方案，便于上级机关掌握情况，权衡利弊，决定肯否。范文中，南平市旅游局向上级机关明确表达了对请求事项的意见，认为此专项规划"目标明确、定位准确、切合实际、可操作性强，对我市'十二五'期间的旅游业发展具有很强的指导作用"，请求政府批准实施该规划。

结尾一般写"妥否，请批复""妥否，请批示""当否，请审批"等。

范文：请求批准类请示

南平市旅游局关于请求批准实施《南平市旅游养生产业"十二五"发展专项规划》的请示

南平市人民政府：

由我局委托北京大地风景旅游景观规划院（甲级旅游规划资质）编制的《南平市旅游养生产业"十二五"发展专项规划》（以下简称"专项规划"），经初稿校正、征求意见、修改完善等规划编制程序，已于 2010 年年底正式定稿。专项规划共分八个章节，第一章对旅游业"十一五"发展状况进行了全面的总结，对"十二五"旅游业面临的机遇进行全面的分析；第二章指明"十二五"我市旅游业的指导思想、发展目标和发展战略；第三章全面阐述了"十二五"我市旅游业发展的空间布局；第四、五、六、七章对"十二五"我市"旅游产品创新与开发"、"旅游产品体系发展"、"旅游市场开发与品牌建设"、"旅游人力资源开发"进行了全面规划，策划了 100 个大中型旅游开发项目；第八章提出了实现规划的保障体系与对策措施。总的来看，该专项规划目标明确、定位准确、切合实际、可操作性强，对我市"十二五"期间的旅游业发展具有很强的指导作用，恳请市政府早日批准实施。

当否，请批示。

南平市旅游局
2011 年 6 月 23 日

三、请求解决类请示的撰写

请求解决类请示一般由缘由、请示解决事项、结尾构成。

请求解决类请示的缘由要重点体现本机关的难处。只有诉明、说透本级的诸难，才可能得到上级机关的理解和支持。故须用简洁的文字阐明事项的始末、问题的症结和解决的途径,只有把存在的各种矛盾、隐忧都写得一清二楚,才便于解决。范文中,该县政府详细阐述了水库淹没、葡萄减产问题的始末,详述了水库征地款未到位和葡萄减产导致的村民情绪十分不稳定等状况,尽管村委会已作出了向上级汇报、积极协调等诸多努力,但这些问题显然超出了县政府和村委会的处理能力范围,需要上级政府的帮助与解决。

此类请示要明确提出求什么。即要求上级机关支持、帮助、解决的具体事项。要站在全局的高度,充分考虑需要和可能,力求合理适度。范文中的请示措施采用了标号分段的方法,请政府从三个方面出手解决水库淹没问题,条理清晰,简洁明确。

结尾一般写"妥否,请批示""妥否,请批复"。

请求解决困难的请示缘由多些,请示事项少些。因为这类请示涉及的事项必须借助上级的力量来办理,理由说得不充足是很难取得上级同意的。

范文:请求解决类请示

关于尽快解决××水库征地款及××村被淹葡萄问题的请示

市政府:

为配合市重点工程白云水库建设,我县××村委按要求完成了××村委范围内拟淹没地征地、拆迁等前期工作,并与市水利局签订了征地协议(附件1),在市水利局未按协议约定的时间支付征地款后,我县及时向市政府汇报了征地款未到位将导致的后果(附件2)请求市政府协调解决,同时函告市水利局要求其书面形式承诺征地款到账时间(附件3),但至今没有答复,其后我县多次和市水利局、市水务集团协调均没有结果。现征地款已逾期半年仍未到账,当时未列入补偿范围的小葡萄均已长大挂果,市水务集团自2008年6月起又擅自提前蓄水淹没了湖陂部分葡萄、花生等作物,同时因市水务集团明确要求村民在拟淹没范围内停止一切耕作(附件4),村民也不敢对葡萄田进行管理,今年湖陂葡萄肯定大面积减产,村民损失巨大。

随着葡萄成熟期的临近,被淹葡萄田损失的增加,尤其是××村民得知市水务集团以白云水库名义贷款的2.5亿元资金已到位却仍不支付征地款后,村民的情绪非常激动,已多次到管委会集团上访,经该村委积极做工作暂未越级上访,该村委及时与市水利局、市水务集团协调,要求其立即全额支付征地补偿款,不能将××水库贷款挪作他用,但市水务集团表示目前只能支付部分征地款及象征性赔偿部分村民损失,致使村民意见非常大,此事极易引发群体性事件。目前正值全国两会期间,为兑现政府承诺,切实解决××村民实际困难,及时化解不稳定因素,现就解决上述问题请示如下:

1. 恳请市政府责成相关职能部门立即阻止市水务集团的提前蓄水行为;

2. 恳请市政府责成相关职能部门立即到××村委现场核实因提前蓄水所造成的损失并落实赔偿到位;

3. 恳请市政府责令市水利局在一周内书面承诺征地款到账时间并落实各项赔偿到位,如果无法落实,则应明确该村委与市水利局2008年7月25日签订的《白云水库淹没征地协议》作废,由湖陂村民自行耕作。

妥否,请批示!

附件:1.××水库淹没地征地协议书
    2.《关于尽快解决××水库淹没征地补偿款的请示》(×政发〔2008〕27号)
    3.《关于切实履行××水库征地协议的函》(×政函〔2008〕13号)
    4.××水库用水计划

××县政府
2009年3月13日

第三节　批复的写作

一、同意性批复的撰写

在同意性批复中,除了表明同意态度之外,还可以提出一些指导性的要求,如范文中首先同意将泰州市列为国家历史文化名城,然后提出泰州市应"正确处理城市建设与保护历史文化遗产的关系",江苏省和住房城乡建设部、国家文物局应共同加强对该市规划工作的监督指导等要求。

范文:同意类批复

国务院关于同意将江苏省泰州市列为国家历史文化名城的批复

江苏省人民政府:

你省《关于申报泰州市为国家历史文化名城的请示》(苏政发〔2009〕110号)收悉。现批复如下:

一、同意将泰州市列为国家历史文化名城。泰州市历史悠久,遗存丰富,街区特色鲜明,文化底蕴丰厚,古城传统格局和风貌保存完整,城市历史地位突出。

二、你省及泰州市人民政府要根据本批复精神,按照《历史文化名城名镇名村保护条例》的要求,正确处理城市建设与保护历史文化遗产的关系,深入研究发掘历史文化遗产的内涵与价值,明确保护的原则和重点。编制好历史文化名城保护规划,并纳入城市总体规划,划定历史文化街区、文物保护单位、历史建筑的保护范围及建设控制地带,制定严格的保护措施。在历史文化名城保护规划的指导下,编制好重要保护地段的详细规划。在规划和建设中,要重视保护古城风貌,注重古城环境整治和历史建筑修缮,不得进行任何与历史文化名城环境和风貌不相协调的建设活动。

三、你省和住房城乡建设部、国家文物局要加强对泰州市国家历史文化名城规划、保护工作的指导、监督和检查。

国务院
2013年2月10日

二、否定性批复的撰写

在否定性批复中,如对请示事项不予批准,应当在不同意的意见前面或后面简要说明理由,如范文中,县人民政府首先根据调查数据得出该县拟盖房户所需砖瓦的数量"现有砖瓦厂完全可以满足",不予同意该请求以避免出现供过于求等问题。

范文:否定性批复

××县人民政府关于××乡人民政府兴建砖瓦厂的批复

××乡人民政府:

你乡2006年4月10日《关于兴建砖瓦厂的请示》(×乡发〔2006〕16号)收悉。经研究,现答复如下:进入21世纪以来,农村盖房使用砖瓦量确实明显增加,因此各乡纷纷兴建了砖瓦厂。据调查,我县已经有60%的农户盖了新房;约20010的农户近年内不拟盖新房,砖瓦需求量相对趋于缓和。

其余拟盖房户所需砖瓦的数量,我县现有砖瓦厂完全可以满足。

因此,凡申报新建砖瓦厂的请示一律不予同意,以免供过于求,出现新的问题。

特此批复。

××县人民政府(印)
2006年4月20日

三、解答性批复的撰写

范文:解答性批复

市政府关于留学人员工作有关问题处理意见的批复

市人事局:

你局《关于留学人员工作有关问题处理意见的请示》(×人专〔2008〕309号)收悉。经市

政府研究,现就有关事项批复如下:

一、关于《××市留学回国人员工作证》发放范围问题。扩大《××市留学回国人员工作证》的发放范围,即由日前持中国护照的留学人员扩大到合法取得外国国籍并在××市创业或从事科技、教育、管理的高层次留学人员。留学人员凭《××市留学回国人员工作证》申请创业资助,并在购买商品房、子女入学、入住酒店等方面享受与市民相同待遇。

二、关于出入境管理问题。为取得外国国籍并在××市创业或从事科技、教育、管理的高层次留学人员提供出入境便利:对需多次临时出入境人员,可根据实际需要给予2—5年多次入境有效的"F"签证;对需在×常住人员,可办理2—5年有效的外国人居留许可。办理上述手续时,高层次留学人员须提供一类授权单位的公函等有关资料。

三、关于住房问题。(略)

四、关于子女就学问题。(略)

五、关于家属落户问题。(略)

六、关于重点扶持政策问题。(略)

××市人民政府
××××年××月××日

第四节　意见的写作

一、指导性意见的撰写

指导性意见一般属于下行文,即上级机关在某项工作上给予下级机关以宏观的指导性建议。

与决定、通知等文种相比,指导性意见是上级机关对下级机关就某方面的工作或一项工作提出的宏观政策性建议,不是具体的规定,而决定、通知则是上级机关对下级机关就某项工作作出的具体规定和要求,所以指导性意见的语言,要比决定、通知等文种的语言平和、舒缓一些;而指导性意见是下行文,与建设性意见和征询性意见相比,在语气上要严肃、决断一些。

范文:指导性意见

国家发展改革委关于认真做好2014年春运工作的意见

各省、自治区、直辖市及计划单列市人民政府、国务院有关部门、直属机构:

经商有关部门,2014年春运从1月16日开始至2月24日结束,共计40天。为深入贯彻落实党的十八大、十八届三中全会精神和中央经济工作会议部署,全力做好2014年春运各项工作,努力满足广大人民群众的出行需要,保障国民经济平稳运行,现提出以下意见:

一、认真分析研判2014年春运形势的新特点

(一)节前务工流、学生流、探亲流相互叠加,运输矛盾更为突出。2014年春节相对较早,大中专院校在元月中旬陆续放假,与务工、探亲客流高峰形成叠加,运输矛盾十分突出,铁路客运仍难以满足高峰期需要。春运期间,煤炭、粮食、化肥等重点物资运输需求较为旺盛,客货兼顾难度较大。

(二)客运量继续保持增长。初步预计,春运期间全国旅客发送量将达36.23亿人次,比上年春运实际完成增长5.9%,其中铁路2.61亿人次,增长8.6%;道路32.77亿人次,增长5.8%;水运4300万人次,增长1.1%;民航4200万人次,增长10%。各地区、各运输部门要提前做好客流调查,分析流量、流向,为科学制订春运方案打好基础。

二、切实加强对春运工作的组织领导(略)

三、科学调配春运运力(略)

四、着力强化春运安全监管(略)

国家发展改革委
2013年12月26日

二、建议性意见的撰写

建议性意见的语言更要注意按照最终的行文目的来确定语气。它在最初制发时虽属于上行文,但最终目的是经上级批转或转发后由有关单位贯彻执行,所以宜用下行文的语气行文,有既平和又严肃、决断的色彩,而不能采用一般报请性公文的语气。如果建议的目的是为了供上级决策时参考而不要求原文转发,则宜用报请性公文的语气行文。

范文:建议性意见

××市农业委员会关于发展我市观光旅游农业的意见

××市人民政府:

随着我市农业产业结构调整步伐的加快和人民生活水平的不断提高,发展观光旅游农业已成为农村经济新的增长点。为科学有效地开发利用农业资源,促进农村经济发展,现就发展我市观光旅游农业的有关问题,提出如下意见。

一、指导思想、任务目标与原则(略)

二、区域布局与重点项目(略)

三、几项政策措施

（一）观光旅游农业享受农业税收的有关政策。利用"四荒"资源兴建的项目，执行"四荒"开发的相关政策。

（二）加大对观光旅游农业建设项目的投入。观光旅游农业是农业发展和农民增收的新增长点。市、县（市）区要作为扶持的重点，分别列出专项资金，用于项目基础设施的扶持投入或贷款贴息，各级计委、农业、林业、水利、交通、供电、电信等部门，要根据职责分工，对市里规划建设的重点项目给予积极支持。

（三）搞好观光旅游农业的服务设施建设。景区建设是观光旅游农业的基础，必须高起点、高品位规划，高标准、高质量建设，并与农田水利、农村小城镇、旅游景区、农业科技园区以及农业结构调整有机结合起来。根据项目进展情况，适时开辟农业观光旅游专线，为市民出游提供方便。加强导游人员的业务培训，搞好餐饮、娱乐和住宿等服务业的配套项目建设，并尽快开发观光农业产品、生态旅游商品，不断丰富观光旅游农业的内涵。

以上意见如无不当，请批转各县（市）、区及市政府各部门执行。

××市农业委员会（印章）

2001年1月6日

三、征询性意见的撰写

征询性意见因主要是就某一事项提出本机关的意见，供受文单位即平行机关或不相隶属机关参考，因此，应尽可能做到尊重对方，多采用询问和商榷语气。

第五节 通报的写作

一、表彰性通报的撰写

表彰性通报的正文大致由四部分组成。首先，概括事实。其次，对事件进行认定，分析事件的性质和意义并进行评价。再次，对相关人员进行表彰，交代清楚给予何种表彰或何种奖励。最后，提出希望，发出号召。范文中正文开头部分采用总括的手法，概括全省金融改革创新所取得的成效，以此作为行文的缘由；接下去援引相关的依据作出表彰决定，并提出了明确具体的希望和要求。从总体上看，全文结构层次清晰，逻辑缜密，首先概述事实和意义，继而作出表彰，然后提出希望要求，环环相扣。

范文：表彰性通报

关于表彰和奖励2008年我省金融改革创新突出贡献单位的通报

各地级以上市人民政府，各县（市、区）人民政府，省政府各部门、各直属机构：

2008年，在省委、省政府的正确领导下，各地、各有关部门和金融机构深入贯彻落实科学发展观，积极防范化解金融风险，努力改革创新，为我省金融产业发展和金融强省建设作出了突出贡献。根据《中共广东省委广东省人民政府关于加快发展金融产业建设金融强省的若干意见》（粤发〔2007〕115号），省人民政府决定，授予国家开发银行广东省分行等25个单位"金融创新奖"，授予深圳市等3个地级以上市人民政府和广州市萝岗区等12个县（市、区）人民政府"金融稳定奖"，并予以通报表彰。

希望受表彰单位再接再厉，继续深化改革、推进创新，为建设金融强省作出新的贡献。各地、各有关单位要认真学习受表彰单位的经验和做法，进一步深入贯彻落实科学发展观，努力维护地方金融稳定，优化金融发展环境，加快推动金融产业发展，促进我省经济社会又好又快发展。

附件：2008年广东省金融创新奖和金融稳定奖获奖单位

广东省人民政府
2009年2月1日

二、批评性通报的撰写

批评性通报首先也是陈述错误事实，交代事件的时间、地点、经过和结果；其次，分析事例发生的原因并总结经验教训，明确错误性质及其严重危害；再次，公布处理决定，对相关人员进行批评或者作出处分；最后，提出希望和要求。范文中，开头部分先概括交代了事件的基本情况，主体部分对事件的原因和处理情况进行阐述。文中对事故原因的分析既深入又具体，切中了问题的要害，这是批评性通报写作的重点和关键所在。文中最后提出具体要求，具有很强的针对性和指导性。

范文：批评性通报

关于查处中国劳动技能教育学会违规举办培训发证活动的通报

各省、自治区、直辖市劳动和社会保障厅（局），国务院有关部门（行业组织、集团公司）劳动保障工作机构：

2007年12月17日，我部接到群众举报，反映中国劳动技能教育学会在青岛市举办高级心理咨询师职业资格培训并颁发国家职业资格证书活动。对此，我部请山东省劳动保障厅协助调查处理。山东省劳动保障厅立即委托青岛市劳动保障局协助调查。青岛市劳动保障局高度重视,由青岛市职业技能鉴定中心和劳动保障监察支队组成调查组,依照劳动监察执法程序进行了调查。经查,此次培训和发证活动由中国劳动技能教育学会与北京世诺天韵文化交流有限公司合作在青岛大学国际学术交流中心违规举办,在青岛市的培训和考试由北京世诺天韵文化交流有限公司组织。该培训班在青岛市共招收高级心理咨询师学员149人,违规收取培训费63万多元(还有部分学员培训费直接电汇到北京世诺天韵文化交流有限公司账户未计算在内),并对学员承诺春节前颁发国家劳动保障部职业资格证书。

中国劳动技能教育学会和北京世诺天韵文化交流有限公司未经劳动保障部门批准,擅自举办职业培训并承诺颁发国家职业资格证书的行为,严重影响了国家职业资格证书制度的严肃性和权威性。为此,根据国家和山东省职业培训和职业技能鉴定有关规定,青岛市劳动保障局依法作出如下处理决定:责成北京世诺天韵文化交流有限公司全额退还149名学员的培训费用,同时对北京世诺天韵文化交流有限公司的违法违规行为处以5万元罚款。山东省劳动保障厅在全省范围内对中国劳动技能教育学会和北京世诺天韵文化交流有限公司违规举办高级心理咨询师职业资格培训发证活动进行了通报。

希望各地、各行业部门要高度重视,借鉴山东省劳动保障部门的经验做法,进一步加强职业培训和职业技能鉴定质量管理,规范各类培训机构办学活动,对职业技能鉴定违规行为,要发现一起,严肃查处一起,切实维护国家职业资格证书的严肃性和权威性。

劳动和社会保障部
2008年2月2日

三、传达性通报的撰写

传达性通报首先说明通报缘由,即简要说明为何要对这一情况发出通报。如果是对某一具体情况进行通报,应该先扼要介绍这一情况,说明其性质及严重性,表明通报的目的;如果对普遍存在的问题进行通报,也需要在开头先说明通报的原因。其次,告知通报传达的情况,陈述通报事项取得的成绩或存在的问题以及产生的影响。最后,根据需要提出下一步工作要求。范文中在开头说明了通报目的是为"防范各类事故发生",然后详细列举了全国各地发生的事故状况,最后提出几条工作要求。文章框架明确,条例清晰。

范文:传达性通报

国务院安委会办公室关于近期几起事故情况的通报

各省、自治区、直辖市及新疆生产建设兵团安全生产委员会,国务院安委会有关成员单位,有关中央企业:

近期,全国接连发生多起建筑施工、火灾和化工企业爆炸事故,给人民群众生命财产造成重大损失。对此,党中央、国务院高度重视,温家宝总理、马凯国务委员作出重要批示,要

求有关方面加强交通安全、施工安全、防火防爆等工作,有效防范各类事故发生。现将有关情况通报如下:

2012年12月25日14时40分左右,中铁隧道集团二处有限公司承建的山西中南部铁路通道ZNTJ-6标南吕梁山隧道1号斜井发生爆炸事故,造成8人死亡。事故发生后该企业瞒报,12月30日经群众举报后核实,性质十分恶劣。

2012年12月28日22时左右,安徽八一化工股份有限公司氯苯车间主体装置西侧降膜吸收区域发生火灾,造成重建的年产6万吨氯苯生产装置部分设施受损,虽无人员伤亡,但因厂区邻近人口密集区,引起社会高度关注。

2012年12月31日21时左右,上海市浦东金桥地区由上海建工二建集团有限公司承建的轨道交通12号线金桥停车场在地面检修库房施工过程中浇筑平台发生坍塌,造成5人死亡。

2013年1月1日3时左右,浙江省杭州市萧山区瓜沥镇空港新城永成机械有限公司发生火灾,过火面积6000余平方米。在灭火救援过程中,3名消防官兵牺牲。

针对上述几起事故暴露出的问题,为进一步加强建筑、消防、交通等行业领域安全生产工作,有效防范和坚决遏制各类事故发生,现提出以下要求:

一、进一步强化安全生产责任制落实。各地区、各有关部门和单位要按照《中共中央办公厅 国务院办公厅关于做好2013年元旦、春节期间有关工作的通知》和《国务院安委会办公室关于做好冬季和2013年元旦春节期间安全生产工作的通知》(安委办明电〔2012〕29号)要求,认真组织开展安全大检查,严格执行各项安全生产制度,严格落实安全生产责任制。要深化建筑施工、交通运输、化工等行业领域安全监管"一岗双责"制度,尤其要落实企业安全生产主体责任,落实法定代表人负责制,并把责任层层落实到每个环节、每个岗位、每个员工。

二、进一步强化施工现场安全管理。各地区、各有关部门和单位要督促工程建设各方认真开展施工现场安全隐患排查治理,督促现场作业人员严格执行操作规程,落实安全防护措施。要加强对建设工程施工现场的监督检查,强化日常安全监管,严肃查处"三违"行为;要加大对事故易发频发的重点部位和环节的监管力度,发现使用不合格产品或未经检测检验的设施设备的,要坚决责令清出工地或停止使用;对危险工序、工段,要督促施工单位严格执行专项施工方案,加强现场监控和技术指导。

三、进一步强化消防安全专项整治。各地区、各有关部门和单位要结合"打非治违"专项行动中发现的消防安全突出问题,在春节前后集中开展消防安全专项整治,继续把易发生群死群伤火灾事故的"三合一"、"多合一"场所和人员密集场所、高层建筑、地下空间、建设项目、城中村、城乡接合部以及小旅馆、小餐馆、小商店、小网吧等场所作为重点整治对象,严厉打击各类消防安全非法违法行为。化工、危险化学品企业要严格执行领导和工程技术人员值班值守制度,严格动火、进入受限空间等安全作业许可,加强试生产、开停车安全管理和泄漏安全管理,加强现场巡检和重要参数监控,突出做好冬季防冻防凝工作,严防爆炸、火灾和中毒窒息等各类事故发生。

四、严肃查处事故,严厉打击瞒报事故行为。各地区、各有关部门要按照"四不放过"和"科学严谨、依法依规、实事求是、注重实效"的原则,严肃事故调查处理,加快结案进度,并将查处结果及时向社会公布。要进一步加大对瞒报事故行为的查处、打击和惩治力度,从严从重处罚瞒报事故的单位和人员,以儆效尤。

此外,进入冬季以来,受雨雪冰冻天气影响,道路交通不安全因素较多,各地区、各有关部门和各类交通运输企业要认真落实2012年12月31日公安部、交通运输部、国家安全监管总局联合召开的道路交通安全工作视频会议精神,切实抓好道路交通安全工作,有效防范和坚决遏制各类交通事故尤其是重特大事故的发生。

国务院安全生产委员会办公室
2013年1月2日

第六节　通告的写作

一、法规性通告的撰写

法规性通告在缘由中通常用"为了……根据……特通告如下"的句式,写明发通告的目的、依据和原因,并引出下文。在通告事项中,一般是将具体规定、要求一一列出,告知人们应该遵守什么、注意什么、该怎么做,否则将受到什么制约。如范文中,前三条阐述了餐厨废弃物应该如何统一收运处置的具体措施,后三条说明违反通告者依据《山东省餐厨废弃物管理办法》等相关规定予以查处,并明确了负责单位及实施时间。逻辑明确,解释全面。

范文:法规性通告

济南市人民政府关于全面实施餐厨废弃物统一收运处置的通告

为规范餐厨废弃物管理,维护城乡环境卫生,保障食品安全,促进资源循环利用,根据《山东省餐厨废弃物管理办法》(省政府令第274号)等有关规定,确定在我市各区范围内全面实施餐厨废弃物统一收集、运输和处置。现将有关事项通告如下:

一、餐厨废弃物由依法取得餐厨废弃物收运、处置经营许可并签订经营协议的企业,采取定点、定时方式收运,按照有关作业标准进行处置。未签订经营协议的单位和个人不得从事餐厨废弃物收运、处置活动。

二、餐厨废弃物产生单位应当与取得相关经营许可的餐厨废弃物收运企业签订餐厨废弃物收运协议，负责将餐厨废弃物放入专用收集容器，并保持容器整洁完好；按规定安装油水分离器或建设隔油池等污染防治设施，不得将餐厨废弃物排入排水管道、河道、公共场所等处，不得与其他垃圾混合收集，或交由未取得餐厨废弃物收运经营许可的单位（个人）收运。

三、餐厨废弃物收运单位应当按照作业标准和收运协议收运餐厨废弃物，并将餐厨废弃物运输到指定处置场所。餐厨废弃物处置单位应当按照相关技术标准和特许经营协议依法处置餐厨废弃物，并自觉接受有关部门监管。

四、对违反本通告规定的单位（个人），依据《山东省餐厨废弃物管理办法》等相关规定予以查处。鼓励单位和个人向环境卫生主管部门据实举报违反餐厨废弃物管理规定的行为（投诉举报电话：16039）。

五、各区政府、济南高新区管委会为辖区餐厨废弃物管理第一责任主体，并建立健全工作协调机制。环境卫生主管部门负责本行政区域内餐厨废弃物监管，有关部门按照各自职责做好餐厨废弃物管理相关工作。

六、本通告自公布之日起施行，有效期5年。

济南市人民政府
2014年3月27日

二、知照性通告的撰写

知照性通告的开头一般介绍背景情况，写明发通告的目的，以引出下文。在通告事项中，一般是将有关需要公众了解的事项公布于众，以便大家了解。

✚ 范文：知照性通告

济南市人民政府关于公布济南市2008年度享受经济适用住房和廉租住房政策有关标准的通告

各县（市）、区人民政府，市政府各部门：

根据《济南市经济适用住房管理办法》（市政府令第227号）和《济南市城市低收入家庭廉租住房管理办法》（市政府令第226号），现将济南市2008年度享受经济适用住房和廉租住房政策的有关标准公布如下：

一、享受购买经济适用住房政策的有关标准

（一）家庭低收入标准：家庭成员人均年可支配收入低于14404元（含）。

（二）家庭住房困难标准：家庭人均住房建筑面积低于17平方米（含）。

（三）经济适用住房保障面积标准：每户建筑面积不高于65平方米。

二、享受廉租住房保障政策的有关标准

（一）家庭低收入标准：家庭成员人均年可支配收入低于14404元（含）。

（二）家庭住房困难标准：家庭人均住房使用面积低于10平方米（含）。

（三）租金补贴保障面积标准：家庭人均使用面积14平方米。

（四）租金补贴发放标准：享受最低生活保障的家庭每人每月每平方米使用面积为13元；不享受最低生活保障，且家庭人均年可支配收入低于7670元（含）的，每人每月每平方米使用面积为11元；家庭人均年可支配收入在7670元（不含）至10000元（含）之间的，每人每月每平方米使用面积为10元；家庭人均年可支配收入在10000元（不含）至14404元（含）之间的，每人每月每平方米使用面积为9元。

济南市人民政府

2008年4月30日

练 习 题

一、通知的写作练习题

1. 为落实省政府关于农村社会维稳工作的指示，××县人民政府决定于2013年6月15日发文召开各人民政府一把手参加会议，部署维稳工作。请你代拟公文。

2. 某市农业局给市政府起草了一份《关于加快发展旅游农业的意见》，市政府准备批转到全市各单位，请你以市政府的名义起草一篇公文。

3. 重新组织下面材料，写一份格式规范的指示性通知，要求条理清楚，主次分明。

从今年5月1日起，××市规划局对开发建设单位实行开发建设项目公示制度。这是按照市人大对建设项目要求实行公示制的要求，为了进一步强化城乡规划工作，规范开发建设行为，增加规划审批的透明度，便于社会监督而实施的。具体内容有五项：

• 公示板内容，由市规划局建审处统一填写，在建设工程验收时，由市规划局土地监察大队检查验收，日常的监督检查工作以区县（市）规划土地监察科（队）为主。

• 为了统一公示板规格，公示板由××市勘察测绘研究院统一制作。公示板由建设单位负责保护，如丢失、损坏，由建设单位出资重新制作。

• 凡在某市城市规划区内新建、扩建、改建的工程项目，必须在施工现场显要位置设立《建设工程规划许可证》附图公示板。公示板的内容包括：开发建设单位和施工单位的名称、规划审批的建筑面积、栋数、楼层层数、间距、审批机关和举报电话等。

• 公示板设立期限为，从定县安放之日起至该建设工程项目竣工规划验收合格止。

• 该文的成文时间为2012年3月16日。

4. 近来,我省发生多起涉及校车的交通事故,据调查,造成事故的原因多是车辆严重超载、司机操作不当、车速过快等。请以某县政府的名义写一篇关于加强中小学、幼儿园校车安全的紧急通知,要求格式正确,字数不少于300字。

二、请示的写作练习题

1. 请根据下列材料,以城管监察大队的名义给上级写公文。请按照"请示应当一文一事"的原则行文,有关要素可以自拟。

×× 区工商局城管监察大队"十一"前召开办公会议,议定需要报请局里批准解决以下问题:一是要在国庆节前开展市场综合大检查,因时间紧迫、人手缺乏,需临时借调20名工作人员,请局领导在一周内将所需人员配置到位。二是城管大队参加各类成人高教的职工较多,希望局里拨给他们一些学习补助经费,以资鼓励。

2. 以下面提供的材料为依托,按照"请示"的写作要求,以广东省人民政府的名义,向国务院起草一份内容先后有序、结构合理的"请示"。

丹霞山风景名胜区位于广东省韶关市仁化、曲江两县境内,面积186平方千米,分丹霞山、韶石山、大石山三个景区。距韶关市区最近处10千米,最远处50千米,柏油公路直达主峰景区,观光旅游的交通十分方便。

根据国务院《风景名胜区管理条例》,我们对丹霞山风景名胜区进行了资源调查、评价,编制了总体规划。现申请把丹霞山风景名胜区列为国家重点名胜区,请审批。

据地质考证,6500万年前丹霞山所在地是一个大湖泊,由于造山运动,形成红岩峭壁和嶙峋洞穴,构成奇异自然风景。在全世界同类地形中,以丹霞山最为典型,"丹霞地貌"已成为国际地质学名词。现丹霞山景区已开发接待游人的范围为12平方千米,主要景点有87处,山、瀑、江、湖兼备,绿化良好,兼之摩崖石刻、寺庵、亭台楼阁点缀其间,自然人文景观丰富。靠丹霞山南侧的韶石山景区,傍地浈水,是历史上舜帝南巡奏乐之处,内有"三十六石"的奇景;丹霞山两侧的大石山景区,类似丹霞山的奇山异峰,有丹寨幽洞、岩柱等自然景观。在丹霞山风景名胜区附近,有"金鸡岭""九龙十八滩""古佛岩""南华寺""马坝人遗址"等风景及名胜古迹,总面积约4万平方千米。目前,粤北地区以丹霞山风景名胜区为中心形成了我省一条重要的旅游线。

3. 请根据以下材料,以村委会的名义给乡政府写一份请示。应符合请示的写作要求,缘由应全面详细,提出要求应具体明确,结尾语气要恰当,有关要素和内容可适当自拟。

清水村的学校校舍年代久远,破烂不堪,有的已成危房,再加上入学儿童增加等等原因,校舍不够用,决定另选校址新建一座校舍。目前校址已选定,村里通过村民募捐等形式已聚集了部分资金,缺口部分打算向乡政府申请拨款20万元。

三、批复的写作练习题

1. 山东省在20××年×月×日向国务院提出了《关于报请审批济南市城市总体规划的请示》(鲁

政发〔20××〕××号),请你以国务院的名义向山东省人民政府起草一份同意该请示的批复。

2. 某省人民政府于20××年×月×日向中华人民共和国民政部提出了《关于将××市更名为××市的请示》(×政发〔20××〕××号),民政部认为该市名称以不变更为宜,请你以中华人民共和国民政部的名义为该省人民政府起草一份否决他们请示的批复。

3. ××省防火指挥部于2002年×月×日给省人民政府写了《关于表彰×××原始林区扑火有功单位和个人的请示》(×防指发〔2002〕59号),请示的主要内容是,拟请省人民政府同意对在×××北部林区扑救雷击火灾工作中做出突出贡献的先进集体和个人给予表彰奖励;并同意他们请示中拟写的表彰范围、分配名额和奖励方式。省政府收到此请示后,经研究,于2002年9月6日给该防火指挥部回文,同意他们的请示。请以省政府的名义起草该批复。

四、意见的写作练习题

1. 阅读下面材料,请以某市人民政府的名义,撰写一则关于进一步加强农产品质量安全工作的意见。

  农产品的质量安全是天大的事,直接关系到人民群众的身体健康、生命安全。一直以来,党和政府都高度重视农产品质量安全。总体上讲,我国的农产品质量安全是可靠的,消费安全是有保障的。从近几年农业部对全国蔬菜、畜禽、水产质量安全的抽检合格率来看,基本稳定在96%以上,而且这个程度还在不断改善,呈不断上升态势。当然,我们也清醒地看到,确实在个别地区、个别品种,还有个别的时段,违法违规案件时有发生。尤其是要看到受我国农业生产方式等多种因素的影响,农产品质量问题还时有发生,我们还有许多工作需要下决心不断地去努力改进。

  对农产品质量安全问题,政府监管部门的态度是坚决的,哪怕有1%的问题我们将采取100%的努力,坚决采取"零容忍"的态度。大家注意到,这些年农产品质量安全事件在不断减少,特别是通过开展一些强有力的专项整治,通过加强质量安全机构能力的建设,像瘦肉精事件、三聚氰胺等非法添加剂的问题,得到比较好的控制。尤其要看到,农产品生产者的质量意识、消费者的安全意识和我国农产品的标准化建设都在稳步提升。

2. ××镇是一个环境优美、历史悠久的文化古镇,请以××乡镇政府的名义,向县政府起早一份关于××镇发展旅游业的意见。有关内容可自拟。

3. 请根据《国务院关于城市优先发展公共交通的指导意见》(国发〔2012〕64号)等有关文件精神,以市政府的名义,拟写一份××市关于优先发展公共交通的实施意见。

五、通报的写作练习题

1. 阅读下面的材料,以佳木斯市教育局的名义写一篇表彰"最美教师"的公文。

  5月8日,在电视新闻中获悉佳木斯十九中学29岁的张丽莉老师勇救学生的事迹令我深受感动。一辆客车在等待师生上车时,因驾驶员误碰操纵杆致使车辆失控撞向学生,危急之下,教师张丽莉将学生推向一旁,自己却被碾到车下,导致双腿高位截瘫……这个不平凡的瞬间感动了国人,她目前的病情更牵动着人心。张丽莉老师奋不顾身、舍己救人的行为,值得我们全社会来学习。我认为,"最美教师"的义举正是对爱岗敬业、忠于职守的崇高品质和心系学生、爱生如子的高尚师德的最好诠释,在她身上体现了平凡中的非凡,普通中的崇高,为广大教师树立了榜样。

张丽莉的英雄壮举经媒体报道后,在全社会产生强烈反响。中央和省委、省政府领导高度关注,中共中央政治局委员、国务委员刘延东专门致电省委书记吉炳轩,对张丽莉及其家人致以诚挚的慰问,对张丽莉舍己救人的壮举表示崇高的敬意;吉炳轩赞扬张丽莉的英勇行为表现了一名人民教师慈母般的大爱情怀,展现了纯洁无私的大美形象,体现了中华民族高尚的道德情操。

张丽莉老师奋不顾身、舍己救人的行为,值得我们全社会来学习。我们要向"最美教师"学习:一、学习她临危不惧、舍己救人的高尚情操。张丽莉同志面对生死考验,把生的希望留给别人,毫不犹豫,奋不顾身救助学生。她用高尚的道德情操弘扬了中华民族的传统美德,用英雄的壮举诠释了人民教师的光荣称号,是当代优秀青年的杰出代表。二、学习她爱岗敬业、教书育人的崇高职业精神。张丽莉同志参加工作以来,用她的全部热情和勤奋进取铺设了无悔的从教之路。她承担两个班的教学任务,尽职尽责,兢兢业业。她把每个孩子的健康成长放在心上,一视同仁。她用自己的行动诠释着为师者对职业的热爱。三、学习她关爱学生、无私奉献的高尚师德。

2. 请以下面提供的材料为依据,以汉江市环保局的名义撰写一份通报,要求结构合理,要将错误事实、错误性质、处分决定、善后办法等方面写清楚。有关内容可自拟。

汉江市环保局拟将对因化学物品在运输过程中泄漏的汉江市汉江化工厂给予最高5万元的高额罚单。

汉江市汉江化工厂物资处将装有废白油(一种润滑油的油桶)交予一废品收购私营业主处理(当事人无危险化学品经营许可证)。对方运输车辆经过大山区建设一路时,25只大油桶从车上掉下来,造成约200公斤白油外泄,内含有50%易燃、易爆、对人体皮肤有剧毒作用活化剂——三乙基铝。接警后大山区环保局应急小分队立即赶赴现场,由于处理及时没有造成人员伤亡。

大山区环保局依法对该厂下达了《行政处罚预先告知书》和《行政处罚听证告知书》,最终罚款额将在举行听证会后决定。

3. 阅读以下材料,请以甘孜州政府的名义,撰写一则关于地震灾情的通报,要求陈述具体,并明确提出工作要求。

2014年11月22日,四川省甘孜藏族自治州康定县发生6.3级地震。截至11月24日9时,康定"11·22"重大地震造成5人死亡55人受伤,其中危重伤3人,重伤3人,轻伤49人。甘孜州康定、道孚、丹巴、九龙、泸定、雅江6县55个乡镇受灾严重,房屋倒塌23户。

虽遭受6.3级地震,但由于地震中心地广人稀,并没有造成严重人员伤亡。除23户房屋倒塌外,大部分的农房只是出现了裂痕,灾区的道路、饮水、通信、电力等基础设施在地震当晚都全部恢复。四川省卫计委及华西医大专家已经抵达灾区,指导伤员救治工作,灾后防疫也全面启动。

六、通告的写作练习题

1. ××市街道两边的公用电话亭设立以来,常遭人为的严重破坏,请以市电信局、公安局的名义,拟一个通告,禁止这种破坏现象。

2. 春运"回乡路"安全隐患多,阅读以下材料,请以 A 市交通局的名义,拟一个通告,杜绝此类安全隐患。

  为了春运市场隐患情况,记者决定真实地体验一把回乡路,并随机选择了以 A 市作为起点,B 市作为终点站的一趟长途客车。

  在发车前,乘务员检查了乘客安全带的情况,随后在出站口一名汽车站的工作人员也上车进行了检查,按照发车流程,车辆正常驶出了站点,可是就在客车还没有驶出 A 市时,意外地在路边停车了。一名妇女在站外登上了客车,并且表示要支付车费。随后车主从这名妇女手中接过了五十元钱,但是记者注意到,他并没有给对方车票,那么,这样的情况允许吗?

  A 市长途汽车总站南区的工作人员告诉记者,按照法律规定,在未预设站点的情况下,车辆不允许站外上下客,而且就算在 A 市内上客,在快到高速的时候为了乘客安全,还会有工作人员进行核查。

  果不其然,在高速路口,长途客车停靠在两名汽车站工作人员身边,可是让人意外的是,两名工作人员却并没有上车检查。随后,车辆抵达了 B 市,在即将驶入市区时,一个交警的安全检查站又将客车拦下,但工作人员并没有上车检查,而是让车主下车办理了一些手续,这也就意味着,那名半路上车的妇女,在整趟旅程没有经过任何的安检,在抵达 B 市市区后,长途客车开始走走停停,让乘客陆续下车。

3. 阅读下列材料,请以济南市公安局的名义,起草一则关于维护济南市趵突泉花灯会交通秩序的通告,相关措施可自行补充。

  马上就要到元宵节了,济南市民在阖家团圆吃元宵、看趵突泉灯会的同时,又面临着开车怎么走才不会堵在路上的问题。据了解,3月4—7日(农历正月十四至十七)将成为花灯会高峰期,预计日均游客将达3—5万人次,当前已进入春运节后返程高峰时段,学生流、务工流、自驾流返程叠加,交通流量大幅增长。

  交警支队指挥中心副主任康书平表示,交警支队将按照市局部署要求,对"第36届趵突迎春花灯会"周边区域适时采取交通管控、分流等措施,具体为:

  (1) 交通封闭区:对趵突泉南路(五三桥路口南至泺源大街路段)、趵突泉南门周边(趵南岗至饮虎池路口)实行弹性封闭,禁止各种无关机动车辆进入封闭区。

  (2) 交通管控区:范围是泉城路以南、泺源大街以北,南门大街以西,饮虎池路口以东。确保交通畅通有序,取缔违法停车。

  (3) 交通分流区:范围是明湖路以南,历山路以西,文化西路以北,顺河街以东。确保交通畅通有序,根据流量变化情况适时分流进入封闭区的机动车。

第六章 讲话类公文

第一节 讲 话 稿

一、讲话稿的含义

讲话稿也称为发言稿,是为讲话者在各种会议、团体集会、仪式庆典等场合发表讲话而准备的发言文稿。讲话稿种类繁多,包括在各种会议的开幕词、闭幕词、会议发言和报告,以及在各种事务性活动中使用的欢迎词、欢送词、演讲词、祝酒词等。

二、讲话稿的特点

(一)内容的针对性

讲话稿的内容一定要做到有的放矢、切合实际、贴近主题,切忌空话、套话、大话、假话、打官腔。

(二)情感的鼓动性

在通常情况下,讲话稿常采用富有鼓动性的语言去引起听众的内心共鸣,让听众信服,心甘情愿地听从他的安排和调动。在批评错误时,要有理有据、论证严密,让人无懈可击、心服口服。

(三)起草的集智性

为了提高行政效率,减轻领导的工作压力,领导讲话稿经常由秘书代笔,然后经领导审核决定是否采用。对于一些极为重要的讲话稿,有的机关还专设起草小组,集体撰稿。

(四)语言的通俗性

讲话稿要尽量少用书面语言,多突出口语色彩。其中可以适当地运用一些成语、典故、俗语等以增强语言效果。

（五）讲话的目的性

讲话稿是讲话者在不同的场合背景下所做的发言,因此其讲话具有一定的目的性。

三、讲话稿的写作

讲话稿由标题、称谓、正文和落款等部分组成。

（一）标题

1. 公文式标题。一是由"机关名称＋事由＋文种"构成,如《××县 2014 年度工作报告——在×××会议上》；二是由"事由＋文种"构成,如《政府工作报告》《关于修改党章的报告》；三是由"会议名称＋事由＋文种"构成,有时候也可以在标题前加上报告人的姓名,如《中国人民政治协商会议××省第十四届常务委员会工作报告》。

2. 新闻式标题。新闻式标题又分为单标题和双标题两种形式。

（1）单标题。有提示中心内容和主旨的标题,如《目前的形势和我们的任务》；有直接点明会议名称的标题,如《在庆祝中国共产党成立 80 周年大会上的讲话》等。

（2）双标题。正题揭示讲话稿的主题,副题点明讲话场合、性质、时间、讲话人等。如《进一步学习和弘扬雷锋精神——在雷锋诞生 70 周年纪念大会上的讲话》。

3. 文种式标题。直接以文种为标题,如《开幕词》《欢迎词》《祝酒词》等。

（二）称谓

讲话是要面对听众的,所以要根据不同的对象选用不同的称谓。如"同志们""朋友们""各位代表""女士们""先生们"等。

（三）正文

正文包括开头、主体和结尾三部分。

1. 开头。也称"导语""开场白"。开头应该先把关键点提出来,以引起听众的兴趣,能够把握好开头就很容易将听众的注意力吸引过来,这是讲话成功的关键。

2. 主体。主体部分是讲话稿的核心内容,要紧接开头的话题按照时间顺序、内容逻辑关系或内容轻重缓急程度加以论述和论证,做到层次分明,重点突出。

3. 结尾。讲话稿常用的结尾方式有：概括式,即概括要点,强调或揭示主题,对全文进行回顾和总结；希望式,即向听众提出一些希望和要求；憧憬式,即展望未来,指出美好前景,鼓舞斗志；哲理式,即饱含哲理,发人深省；抒情式,即表示感情、祝愿,求得情感上的共鸣；宣布式,即宣布会议的某个决定、某一事项的开始或结束。

（四）落款

讲话稿应有署名和日期。

范文:纪念世界环境日讲话

在世界环境日电视会议上的讲话

×××

20××年×月×日

市民们、朋友们:

今天是第30个世界环境日,联合国把今年环境日的主题确定为"使地球充满生机",这充分反映了国际社会和世界人民共创美好地球家园、实现人与自然和谐共处的良好愿望。

1972年6月,联合国在瑞典斯德哥尔摩召开第一次人类环境会议,确定每年的6月5日为世界环境日,联合国环境规划署每年都选择一个重要城市举办世界环境日国际纪念活动,被选定的城市必须在经济发展与环境保护方面都取得突出成绩。在城市规划、建设和管理方面达到较高水平,在公众参与环境保护方面有鲜明的特色。今年的世界环境日对××具有特殊的意义,可以说是双喜临门:一是联合国环境规划署决定2002年度世界环境日国际纪念活动在我们这座城市举办。二是××市被联合国环境规划署评为环境保护"全球500佳",在6月4日的颁奖典礼上被授予称号。这既是对我市环境保护工作的肯定、鼓励,更是鞭策和促进。这次世界环境日纪念活动和全市获得环境保护"全球500佳"称号,将推动我市更加重视和积极搞好环境保护各方面的工作。

××经济特区建立以来,历届市委、市政府和全市人民积极探索新兴城市的可持续发展之路。在经济社会高速发展、城市规模迅速扩大的同时,高度重视并自觉搞好环境保护,致力于建设生态良好、环境优美的现代化城市,保持了良好的生态环境水平。联合国环境规划署认为,我市的成功经验为众多的发展中国家在工业化、城市化、现代化进程中如何实现经济发展与环境保护的双赢,提高城市规划、建设和管理水平,提供了一个可供借鉴的模式。正是基于这一原因,在征得我国政府同意后,联合国环境规划署确定将××作为举办2002年世界环境日国际纪念活动的城市,并将我市评为环境保护"全球500佳"。据了解,迄今全世界共有七个城市获此殊荣,这是世界环境保护领域的最高荣誉。借此机会,我代表××市委、市政府,向我市环保工作者,向积极参与我市环境建设的广大企事业单位和市民群众,向关心和支持我市环保事业的海内外各界朋友表示衷心的感谢!

我市环境建设虽然取得了可喜的成就,但也应清楚地看到,我市生态环境状况和城市面貌与广大市民群众的期望相比,与率先基本实现现代化、建设中国特色社会主义示范地区的要求相比,还有一定差距,还存在不少薄弱环节和突出问题,需要我们付出更大的努力,需要全市各界的更多支持和市民的积极参与。市委、市政府将一如既往地坚持可持续发展战略,以国际先进水平为标杆,继续搞好城市规划建设管理和环境保护。希望各级领导干部进一步增强环境保护和可持续发展意识,不断提高环境与发展综合决策和管理水平;希望广大企业积极履行环保责任和义务,在加快自身发展的同时为保护环境作出贡献;希望广大市民群众从我做起、从身边的小事做起,更加积极地投入到我市环境保护和建设事业中来。

同志们、朋友们,让我们携起手来,共同努力,把××建设成为生态良好、环境优美、最适合人类居住的城市,使我们的家园更加美丽!让地球充满生机!谢谢大家。

第二节 开 幕 词

一、开幕词的含义

开幕词属于会议讲话的一种,是党政机关、社会团体、企事业单位在大型会议或活动开始时由主持人或有关领导所作的开宗明义的讲话。

二、开幕词的特点

（一）宣告性

开幕词是宣告会议和活动开始的序曲和标志,具有宣告性的特征。

（二）简明性

开幕词最重要的作用就是开宗明义,宣告会议或活动正式开始,因此,开幕词需简洁明了、短小精悍,最忌长篇累牍、言不及义。

（三）口语化

开幕词需直接讲给现场的观众听,因此开幕词要通俗明快,避免使用晦涩难懂的词语。

（四）引导性

开幕词一般要阐明会议的宗旨、任务、目的和意义等,对于整个会议的成功召开起着引导作用。

三、开幕词的写法

开幕词一般由标题、称呼、正文和结束语等几部分组成。

（一）标题

标题的写法分为两种:一种是"会议或活动全称＋文种",如《华中科技大学公共管理学院第××届团代会的开幕词》,标题下面用括号注明致辞的具体日期,日期下方为致辞人的职务和姓名;第二种是"致辞人＋会议或活动全称＋文种",如《李克强总理在全国教师代表大会上的开幕词》。

（二）称呼

称呼即对与会者或参与者的称谓,如"各位领导,各位来宾""先生们、女士们""同志们、朋友们"等。

（三）正文

开头一般简要说明会议或活动的情况,如名称、规模、性质、参加对象等。主体部分一般是指出会议或活动的宗旨,介绍其主要日程、安排,强调其意义、价值和影响,也可以对参加者提出希望和要求。

（四）结束语

一般对会议或活动作出预见性的评价,以"祝愿大会获得圆满成功"作结。结束语要简单,点到即可。

开幕词模式一：代表大会的开幕词模式

第××次代表大会第××次会议开幕词

（××年××月×日）

各位代表：

××代表大会第××次会议现在开幕了。

上届××代表大会是在××召开的。从那时以来……

第××届××代表大会在其任期内,为××做了大量的卓有成效的工作。……（肯定上一届工作）

本届代表大会是××,这一届任期是××年至××年,在这×年间,将要……

我们这次会议的主要任务是：审议工作报告,审查和批准……选举和决定新的一届××领导人员,组成新的一届××领导机构。完成这次会议的各项任务,对于……具有重要意义。（阐明本届的任务与意义）

各位代表,让我们同心同德,团结一致,圆满完成党和人民托付给我们的任务。（提出希望）

预祝会议圆满成功！（祝愿）

开幕词模式二：一般活动开幕词模式

××开幕词

××：（称呼）

首先,请允许我代表××对各位来宾表示衷心的感谢！（对来宾表示感谢）

我们开展这次活动,目的在于……（说明活动目的）

我们为这次活动做了充分准备。……（推荐各种活动,引起来宾参与活动的兴趣）

希望各位朋友……（提出希望）谢谢各位！

范文：开幕词

在"中国国际××展览会"开幕式上的讲话

×××

××年×月×日

女士们、先生们：

早上好！由新加坡××有限公司主办，中国××协会与我分会所属的上海市国际贸易信息和展览公司承办的"中国国际××展览会"今天在这里开幕了。我谨代表中国国际贸易促进委员会上海分会、中国国际商会上海分会表示热烈祝贺！向前来上海参展的西班牙、比利时以及我国各省的中外厂商表示热烈的欢迎！

本届展览会将集中展示具有国际水准的各类××产品及生产设备，为来自全国各地的科技人员提供一次不出国的技术考察机会；同时，也为海内外同行共同切磋技艺提供了条件。

朋友们、同志们，上海是中国最重要的工业基地之一，也是经济、金融、贸易、科技和信息中心。上海作为长江流域乃至全国对外开放的重要窗口，将实行全方位的开放。我国政府已将浦东的开发开放列为中国今后10年的发展重点，上海南浦大桥的正式通车将标志着浦东新区的开发已经进入实质性的启动阶段。上海将进一步改善投资环境，扩大与各国各地区的合作领域。我真诚地欢迎各位展商到上海的开发区和浦东新区参观，寻求贸易和投资机会，寻找合作伙伴。作为上海市的对外商会——中国国际贸易促进会上海市分会将为各位朋友提供卓有成效的服务。

最后，预祝"中国××展览会"圆满成功！谢谢大家！

第三节　闭　幕　词

一、闭幕词的含义

闭幕词也属于会议讲话的一种，是党政机关、社会团体、企事业单位在一些大型会议、活动结束时由会议主持人或主要领导人所作的总结性讲话，旨在概括和评价会议或活动的过程和结果、价值和影响。闭幕词是会议或活动圆满结束的标志，闭幕词的主要功能是对大会进行总结，提出新任务，激励与会者贯彻落实会议精神。

二、闭幕词的特征

（一）总结性

闭幕词是在会议或活动的闭幕式上使用的文种，要对会议内容、精神、进程等进行简要的总结，并作出恰当的评价。

（二）概括性

闭幕词应对会议或活动的进展情况、完成的议题、取得的成果、提出的会议精神、会议的意义等进行高度概括。所以，闭幕词的篇幅一般都短小精悍，语言简洁凝练。

（三）号召性

为了激励参加会议或活动的全体成员实现会议或活动提出的各项任务而奋斗，增强与会人员贯彻会议精神的决心和信心，闭幕词的行文应充满热情，语言要坚定有力，富有号召性和鼓动性。

闭幕词和开幕词一样具有简明性、口语化和宣告性三个共同的特点，其种类和开幕词相同。

三、闭幕词的写法

闭幕词由标题、称呼、正文和结束语四部分组成。

（一）标题

标题的写法分为两种：一种是"会议或活动全称＋文种"，如《第×届校运动会闭幕词》，标题下面用括号注明致辞的具体日期，日期下方为致词人的职务和姓名；第二种是"致词人＋会议或活动全称＋文种"，如《××市长在中小学生秋季运动会的闭幕词》，标题下面需在括号内写上具体日期，但不必署名。

（二）称呼

称呼即对与会者或参与者的称谓，如"各位领导，各位来宾""女士们、先生们"等。

（三）正文

正文需概述大会议程的进行情况，回顾大会完成了哪些任务，通过了哪些文件；对会议的主要内容，特别是对会议通过的重要决议以及会议的基本精神进行概括总结，说明在思想认识方面取得了什么成果、解决了哪些问题、达到了什么目的等。

（四）结束语

一般指出本次大会对今后工作的深远影响，提出贯彻落实大会精神的希望、要求和措施，指出今后工作的方向，鼓励与会者坚定信心，为完成大会规定的任务而不懈努力奋斗。对所有参与者表示感谢，宣告会议或活动正式结束。

四、开幕词与闭幕词的区别

（1）两者运用时间不同。开幕词是在大型会议或活动开始时由主持人或有关领导所做的开宗明义的讲话，它犹如会议的序曲。闭幕词是在大型会议、活动结束时由会议主持人或主要领导人所作的总结性质的讲话。一个发生在活动开始时，一个发生在活动结束时。

（2）两者作用不同。开幕词重在为会议顺利进行打下基础，定下基调，对会议有指导、定向和引导作用;闭幕词重在对会议进行总结概述,并提出希望、展望未来,起号召、鼓励作用。

闭幕词模式

第××次代表大会第×次会议闭幕词

(××年××月××日)

代表们、同志们:

××代表大会第×次会议,在××的亲切关怀和直接领导下,经过全体代表的共同努力,现在已经圆满地完成了各项任务。(开头)

这次代表大会,标志着……进入了一个新的发展阶段。××同志代表××××××在这次代表大会上的致辞,是……指导工作的纲领性文件,它肯定了……,我们全体代表……充满信心,一定要为……(对会议作基本评价)

这次代表大会,经过全体代表的认真审议,一致同意××同志代表第×届委员会所作的工作报告,并通过了相应的决议。大家认为这个报告体现了××精神,对××年工作的总结是实事求是的,提出的……是适应形势发展需要的,符合……的实际,表达了……

这次代表大会,经过全体代表的认真审议,一致通过了××的报告。这次代表大会,经过充分的酝酿和民主选举,产生了新的××。

这次代表大会还表彰了……会议认为……(以上说明完成议程的情况)

各位代表,我们这次代表大会,是一次团结的大会、动员的大会,也是开创我们××的誓师大会。让我们在××的领导下,同心同德,团结一致,认真贯彻落实大会提出的目标,圆满地完成党和人民托付给我们的任务。(提出希望)

现在,我宣布××代表大会胜利闭幕!(结束语)

范文:闭幕词

在中国陶瓷发展战略高峰论坛闭幕式上的讲话

×××

(××年××月××日)

尊敬的各位领导、各位专家、各位来宾、女士们、先生们:

××建陶协会2004年年会暨中国陶瓷发展战略高峰论坛经过两天深入而热烈的研讨,圆满完成了各项议程,取得了丰硕的成果,现在即将闭幕,在此,我代表××区委、区政府向本次年会和论坛的成功举办表示热烈的祝贺!向各位领导、专家和企业家们的精彩报告表示衷心的感谢!

本次年会和论坛在××举办,犹如一缕春风给我们带来了清新的气息,犹如一场春雨滋润了××大地。两天来,与会的各位领导、专家和企业家们就如何加快陶瓷行业的发展畅所欲言,互相交流。建言献策,共商大计,特别是针对××陶瓷行业的发展提出了许多中肯的意见和宝贵的建议,这些真知灼见旁征博引、高屋建瓴,对加快××陶瓷行业的发展,提升陶瓷产业的质量和档次,打造实力强劲的"××陶瓷"招牌,促进××陶瓷走出国门,走向世界,具有重要而现实的指导意义。各位专家的讲座内涵丰富、深入浅出,为我们送来了崭新的经营理念,对于深化我区陶瓷行业的结构调整、扩大规模、开拓市场必将起到积极的推动作用。

通过这次论坛,我本人深受启发,我们的企业家更是受益匪浅。通过座谈和听取专家的报告,我们看到了××陶瓷与先进陶瓷产区的差距,也认识到了目前陶瓷产业发展的巨大压力和挑战。这次论坛,给××区的企业家们提供了一次极为难得的解放思想、转变观念、开阔眼界的机会,为××陶瓷产业的发展带来了新的机遇。区委、区政府希望全区陶瓷企业要以这次高峰论坛为契机,深刻领会和理解各位专家的报告,切实把各位专家的新思想、新理念运用到实际生产中去,推广先进的管理经验和先进的生产技术,改进生产加工工艺,加快机制创新、科技进步和市场开拓,努力地把我区陶瓷产业做大、做强、做优。

区委、区政府将全力支持陶瓷企业加快技术改造和产业产品结构调整,推动全区陶瓷产业走上一条技术含量高、资源消耗少、环境污染轻、带动能力强的新型工业化路子。我们相信,有本次论坛东风的鼓动,有这么多的领导、专家、企业家的关心、支持,有全区企业家们的同舟共济、奋发作为,××陶瓷的明天一定会更加辉煌。

本次论坛时间虽然短暂,但我们的友谊地久天长。××是一片充满生机和希望、充满热情和活力的年轻的土地。在本次论坛即将闭幕之际,勤劳、智慧的××人感谢各位领导、各位专家、各位嘉宾对我们的指导、关心和帮助,也热切地盼望着你们常来××走一走、看一看,更期待着你们来这里投资兴业、共创辉煌。

最后,祝各位领导、各位专家、各位来宾、女士们、先生们身体健康,万事如意!

谢谢大家!

第四节 欢 迎 词

一、欢迎词的含义和适用范围

欢迎词是主人或领导人等为了表达对来访客人或新到成员的欢迎,在宴会、酒会、年会、座谈会等场合所发表的热情友好的讲话,欢迎词多数情况下运用于社交礼仪场合。

二、欢迎词的特点

(1)语言热情、感情真挚。在致欢迎词时主人应该怀有一种愉快、喜悦的心情,体现在欢迎词中就是语言热情,富有真情实意。

(2)口语化、通俗化。欢迎词需要当着宾客现场口头表述出来,为了让欢迎词通俗易懂,口语化、通俗化是欢迎词在文字上的必然要求。

三、欢迎词的写法

欢迎词一般由标题、称呼、正文和落款四部分组成。

(一)标题

第一行正中写标题,字体略大。标题写法一般有两种:一种是单独以文种命名,如《欢迎词》;另一种是由"活动内容+文种"构成,如《在××经验交流会上的欢迎词》。可在标题下署讲话人姓名和日期。

(二)称呼

第二行顶格写称呼,称呼要讲究礼仪,要用尊称,可根据主客之间关系的疏密,在姓名前面加上表示亲切、尊重的修饰词语,如"尊敬的""敬爱的""亲爱的"等。

(三)正文

1. 开头。开头要对客人表示热烈的欢迎、诚挚的问候和致意,要态度真诚、语言热情。如:

今天可谓是室内高朋满座花更艳,窗外红日高照天更蓝,在风和日丽、春意盎然的时候,我们有幸与来自远方的朋友们相聚在峨眉红珠山宾馆,感到十分高兴。×××分公司受省分公司的委托,十分荣幸地协办这次联席会,借此机会我代表分公司全体员工,向尊敬的××领导和各位同行们,以及×××公司的同仁们表示热烈的欢迎和诚挚的问候。

2. 主体。中段要阐述客人来访的重大历史和现实意义,赞颂客人在各方面所取得的突出成就和贡献,同时可回顾双方之间的交往和友谊,赞扬双方之间的友好合作等。

3. 结尾。通常在结尾处再次向来宾表示欢迎,并表示良好的祝愿或希望。

范文:欢迎词

第九届跨国公司中国论坛上的欢迎词

(2011 年 3 月 1 日)

张立新

尊敬的郑必坚校长,尊敬的李荣灿部长助理,尊敬的各位来宾,女士们,先生们,上午好!首先我要代表朝阳区委区政府对参加 2011 跨国公司中国论坛的各位领导和嘉宾,对来自企业界和新闻界的各位朋友表示热烈的欢迎!

去年 CBD 管委会和北京新世纪跨国公司研究所成功举办了第八届跨国公司中国论坛,当时是就后金融危机时代跨国公司的战略机遇和合规管理问题进行了深入的探讨,今天我们在这里又再次相聚,聚焦跨国公司在中国和平发展过程中所扮演的角色和作用。

在过去的 30 年,中国取得了改革开放的伟大历史转折,经济社会各个方面都取得了令人瞩目的成就,在这样的背景下,北京充分利用首都科技、人才、信息各种资源聚集的优势,不断增强对跨国公司地区总部,投资性公司和研发中心的吸引力,特别是位于朝阳区的北京CBD,作为首都发展高端服务业的引擎,和国际交流的重要窗口,外向型经济的发展尤为突出,截止到目前,有超过200家世界五百强企业在朝阳区投资,在CBD地区聚集了160余家世界500强企业,252家外资金融机构,以及50家跨国公司地区总部。世界500强企业,外资金融机构和地区总部数量分别都占到了全市的70%,北京的CBD已经成为世界500强企业最密集,商务活动最活跃,商务氛围最浓厚的区域之一。

今年是"十二五"规划实施的开局之年,作为区政府,我们也将进一步营造更加公平、开放的商务环境,促进跨国公司高端服务企业在北京CBD的聚集,发挥跨国公司在区域发展中的作用。以跨国公司为代表的总部经济是首都经济发展的重要方向,通过跨国企业和总部的聚集,扩大生产性服务需求,带动金融、法律、会计、信息等现代服务业的发展,引领产业结构的升级,促进北京建设中国特色世界城市的进程。北京CBD也将通过建设世界城市试验区,国际金融主聚集区,国际化现代商务中心区的建设,进一步强化国际化特征,进一步强化国际信息交流中心,资本往来中心,人才集散中心,国际时尚引领中心和国际文化传播中心的功能,促进跨国企业在全球经济繁荣和中国和平发展的过程中,扮演更加重要的角色。

最后,我也衷心地预祝此次论坛圆满成功,谢谢!

第五节 欢 送 词

一、欢送词的含义

欢送词是主人或领导人在欢送仪式或宴会上向来宾发表的表示欢送的演讲稿,其主要功用与欢迎词除应用的时间、场合不同,并无实质性的区别。除内容而外,写法也与欢迎词大致相同。

二、欢送词的写法

欢送词的格式及写法与欢迎词大致相同,只是正文部分的内容有所区别。

(1) 概括回顾来访者访问期间的经历、活动内容。

(2) 重点介绍来访者此次访问的重要意义及所取得的成果,如交换意见、达成共识、签署某项合约、发表联合声明等。同时应对客人表示热烈的欢送,并对客人在这一阶段取得的成绩予以肯定,给予适当评价。

(3) 结束语要以生动感人的语言对客人表示希望和勉励,并显示出依依惜别的感情。

三、欢迎词与欢送词的区别

（1）应用时间、场合不同。欢迎词是主人或领导人等为了表达对来访客人或新到成员所发表的热情友好的讲话；欢送词是主人或领导人等向活动来宾发表的表示欢送的演讲稿。欢迎词用于欢迎场合和客人到访之时，欢送词用于欢送场合和客人离去之时。

（2）两者作用不同。欢迎词的主要作用是表达主人对来访者光临的热烈欢迎之情；欢送词需要扼要介绍来访者在来访期间的经历、活动、所取得成果和重要意义，表达的是一种对于客人离去的惜别之情。

范文：欢送词

尊敬的女士们、先生们：

首先，我代表×××，对你们访问的圆满成功表示热烈的祝贺。

两天来，我们本着平等互利的原则，经过认真协商，签订了《×××协议》，为双方今后的合作与发展打下了良好的基础。明天，你们就要离开×××了，在即将分别的时刻，我们的心情依依不舍。大家相处的时间是短暂的，但我们之间的友好情谊是长久的。我们之间的合作才刚刚开始，中国有句古语："来日方长，后会有期"。希望我们加强合作，不断往来，欢迎各位女士、先生在方便的时候再次来××做客，相信我们的友好合作会结出丰硕果实！

祝大家一路顺风，万事如意！

第六节 祝词、贺词、致辞

一、祝词、贺词、致辞概述

祝词也称祝辞，是指在社交活动中为表达祝愿、增进友谊等在特定场合公开演说的礼仪性讲话。祝词主要用于将要进行而尚未进行，或刚刚开始进行，或正在进行之中，但尚未取得可喜结果的事情或事业，作者出于美好的心愿而对之表达希望和祝福。"祝愿"是祝词的基本特征。祝词在形式上比较简单，篇幅也较短，其礼仪交际性突出。祝词的种类很多，适用于不同的场合，有祝酒词、祝寿词、婚庆祝词、节日祝词、毕业祝词等。重大会议、盛大庆典、各种展会、宴会、舞会等，常常会安排相关领导等致祝词。

贺词是祝贺喜庆之事的应用文。以函件形式送达的贺词通常叫作贺信，借助电报发出的贺词通常称作贺电。贺信、贺电都是贺词，贺年片也属贺词范畴。贺词主要用于表达对他人的成绩感到高兴，为他人的喜事感到快乐，为他人的事业感到欣慰，为亲朋好友的幸福感到高兴的感情。"庆贺"是贺词的基本特征。

致辞是在"举行某种仪式或会议上说勉励、感谢、祝贺、哀悼的话",致辞包括贺词、祝词、欢迎词、欢送词、开幕词、闭幕词、悼词、新年献词等。致辞人一般具有一定身份。

二、祝词与贺词、致辞的异同

(一)祝词与贺词的异同

祝词与贺词有时被合称为祝贺词,二者都是泛指对人、对事表示祝贺的言辞和文章,它们都富于强烈的感情色彩,针对性、场合性很强。因此祝词和贺词在某些场合可以互相使用,如祝寿也可以说成贺寿,事业上的祝词常常也兼有贺词的意思。

虽然祝词与贺词有时可以互用,但二者所包含的含义并不相同。祝词一般是对正要开始或方兴未艾的某件事情的发展趋势或结果,表示良好的祝愿、祝福和期望。而贺词一般对象是事情已成,表示庆贺、道喜的意思。如祝贺生日诞辰、结婚纪念、竣工庆典、荣升任职等,另外贺词使用范围比较广,如贺信、贺电,也属于贺词类。

(二)祝词与致辞的异同

致辞是在"举行某种仪式或会议上说勉励、感谢、祝贺、哀悼的话",致辞包括贺词、祝词、欢迎词、欢送词、开幕词、闭幕词、悼词、新年献词等。两者都可以用来表示祝贺与希冀之情,但祝词却不能用于哀悼等场合。可见,祝词只是致辞的一种,祝词的使用范围比较小。祝词人和致辞人在身份方面也有一定区别,一般致辞人都是具有一定身份的,而祝词人却不一定。

三、祝词、贺词、致辞的写法

致辞与祝词、贺词的写法类似,所以这里着重介绍祝词和贺词的写法。

(一)祝词的写法

祝词的格式可以分为五个部分:标题、称呼、正文、结尾和落款。

1. 标题。标题写在第一行的正中间,如"祝词",也可以写成"××给××的祝词"等。

2. 称呼。在第二行顶格写被祝贺对象的名称,也可以在称呼前加上表示尊敬的修饰语,如"尊重的×××"。

3. 正文。正文一般要有以下几个层次:表示祝贺;指出取得的成绩及其意义;表示向祝贺的对象学习、关心等;进一步表示祝贺或提出希望、表示决心。

4. 落款。在正文的右下角署名,在署名下一行相应的位置写上日期。如果是在报刊上发表,则将它们写在标题下面。

(二)贺词的写法

贺词的写作有以下基本要素:

(1)标题。贺词一般不要标题或通常只写文种,如"祝词""贺词""贺电""贺信""祝寿词"

或"祝酒词"等。但也有"2015年新年贺词""×××贺×××"等标题形式。

（2）称谓。即接受祝贺的单位、团体或个人，一般要用全称，称谓要得体。

（3）正文。正文要写清以下内容：向对方表示热烈祝贺；阐述对方取得成果的原因、意义，并给予适当评价。如果是上级给下级的贺词，可以提出希望和要求；如果是下级给上级的贺词，要表示自己的态度和决心；如果是平级之间的贺词，要表示虚心向对方学习。在结尾处写上庆贺与祝愿的话。

（4）落款。署名、成文日期可以放在题目下面，也可放在正文右下方。

范文：贺词

山与海的情谊
——山大校长展涛在海大80周年校庆上的贺词

各位嘉宾、朋友们：

我非常高兴代表山东大学应邀出席这样隆重而盛大的庆典，分享你们的成就和喜悦。在这激动人心的时刻，又能作为国内高校的一位代表致辞，更是莫大的荣幸。请接受来自国内高校的朋友们和山东大学六万余名师生员工最热烈的祝贺、最崇高的敬意和最美好的祝福！

作为山大的一员，前来参加海大的校庆庆典，心中最深切的感受就是亲切。因为山大、海大46年前，山海相依，山中有海，我们原本是一家！20世纪中叶，我们离海而去，向着泰山的方向，西进济南，从此山大不再以海为伴，山大近山；从此山海相望，海大、山大成为分处两地、遥相牵挂的兄弟，成为相互支持，共同发展的挚友和伙伴。我们总是怀着关切和羡慕的心情，怀着一份特殊的情感，遥望大海，注视海大。你们取得的每一个辉煌，都让我们同样欣喜和骄傲。

从学院到大学，从青岛海洋学院到山东海洋大学再到中国海洋大学，你们的名气和影响与日俱增。在我们至今还在为学校如何形成特色而苦苦追寻和徘徊的时候，你们以鲜明的海洋特色，在国内独树一帜；当我们为趵突泉的复涌欢呼雀跃的时候，你们却从不用担忧大海和这座美丽城市的永恒魅力。今天的海大，以它浓厚的文化底蕴、鲜明的学科特色和地域优势，成为中国大学中一颗耀眼的明星。我们对尊敬的管华诗校长和海大的朋友们钦佩和羡慕不已。

我们羡慕海大，我们向往大海，我们虽然近山，依然有大海一样的胸怀；你们伴海，同样有高山一样的气质与品格。在培育民族精神、服务社会发展、探求科学真理、引领文明进步的共同追求中，在实现中华民族复兴的伟大事业中，我们愿与海大的朋友一起，加强合作与交流，让我们的友谊结出更加丰硕的果实，祝愿中国海洋大学的明天更加灿烂更加辉煌！

范文：致辞

在澳门青联进藏交流团欢送晚宴上的致辞

(2011年8月15日)

李雅林

尊敬的马志毅先生，澳门青年联合会进藏交流团的朋友们：

"万美之中秋为最。"在这个欢庆丰收的季节里，我们怀着依依惜别之情，设宴欢送以马志毅先生为团长的澳门青年联合会进藏交流团的各位朋友。

两天来，进藏交流团一行不辞辛劳，长途跋涉，克服高原缺氧，不顾旅途疲惫，带着对林芝各族各界青年的深厚情谊，实地考察了林芝地区经济社会发展情况，并与林芝各族各界青年交流座谈，共叙情谊，共谋发展，为进一步密切两地间的联系，加深两地间的了解，促进两地间的合作奠定了基础。在这里我谨代表林芝地委、行署，向马志毅先生及进藏交流团各位朋友表示衷心的感谢。

青年是最具活力和创造力的群体。青年组织担负着引导和教育青年的使命，担负着扩大交流形成共识、寻找合作的重任。这次交流活动，不仅是两地青年相互学习、取长补短的一次友谊的盛会，也是两地青年组织共同发展、共同进步的良好契机。希望两地青年组织要以此次活动为起点，进一步加强交流，相互学习、相互借鉴，共筑美好的未来。

我深信，加强林澳青年合作，是时代的选择，也是我们共同的愿望，我们的合作一定会在不远的将来结出丰硕的成果，一定会为两地的共同繁荣和进步谱写出新的篇章。

现在，我提议，为林芝、澳门的明天更加美好，为马志毅先生及各位朋友的身体健康，工作顺利，干杯！

练 习 题

一、单项选择题

1. 下列哪项不属于礼仪性讲话稿（　　　）。

   A. 欢迎词　　　　　B. 欢送词　　　　　C. 祝贺词　　　　　D. 闭幕词

2. 毛泽东同志在《中国人民站起来了》一文结尾处写道："让那些内外反动派在我们面前发抖吧，让他们说我们这也不行那也不行吧，中国人民的不屈不挠的努力将稳步地达到自己的目的。"这句话体现了讲话稿的哪项功能（　　　）。

   A. 明确主题、理顺思路、把握时间　　　　B. 宣传号召，鼓舞人心

   C. 传达精神，指导工作　　　　　　　　　D. 增强凝聚力，激发创造力

3. 毛泽东同志1945年6月11日在中国共产党第七次全国代表大会上所作的名为《愚公移山》的一篇讲话是（　　　）。

A. 讲话稿　　　　　B. 发言稿　　　　　C. 开幕词　　　　　D. 闭幕词

4. 一篇演讲稿的结尾以极富鼓动性的言辞号召人们为某种目的、某种理想而行动起来,这种结尾的方式叫(　　)。

A. 祝贺式　　　　　B. 总结式　　　　　C. 号召式　　　　　D. 格言式

二、多项选择题

1. 下列属于讲话稿特点的有(　　)。

A. 内容的针对性　　B. 情感的鼓动性　　C. 起草的集智性　　D. 语言的通俗性

2. 讲话稿可分为政论性讲话稿和礼仪性讲话稿,下列属于政论性讲话稿的有(　　)。

A. 祝贺词　　　　　B. 专题讲话　　　　C. 形势报告　　　　D. 开幕词

3. 讲话稿可分为政论性讲话稿和礼仪性讲话稿,下列属于礼仪性讲话稿的有(　　)。

A. 贺词　　　　　　B. 祝酒词　　　　　C. 欢迎词　　　　　D. 开幕词

4. 形势报告也称时事报告,撰写形势报告应该包括以下哪几部分(　　)。

A. 对整体形势的概述　　　　　　　　　B. 形势的基本特征和发展趋势
C. 研究应对形势发展的对策　　　　　　D. 应对形势发展时需要注意的问题

5. 讲话稿的功能有(　　)。

A. 明确主题、理顺思路、把握时间　　　B. 宣传号召,鼓舞人心
C. 传达精神,指导工作　　　　　　　　D. 增强凝聚力,激发创造力

6. 讲话稿写作的基本规则有(　　)。

A. 了解情况,有的放矢　　　　　　　　B. 情理交融,理在情中
C. 主题明确,立意新颖　　　　　　　　D. 语言得体,表述得当

7. 下列符合讲话稿标题形式的有(　　)。

A. "机关名称＋事由＋文种"　　　　　B. "事由＋文种"
C. "会议名称＋事由＋文种"　　　　　D. 新闻式标题(主副标题)

8. 下列符合讲话稿标题形式的有(　　)。

A. 《××县长在全县经济工作会议上的讲话》
B. 《山与海的情谊——山东大学校长展涛在中国海洋大学校庆大会上的贺词》
C. 《××省××厅相关第四次代表大会开幕词》
D. 《进一步学习和弘扬雷锋精神——在雷锋诞生70周年纪念大会上的讲话》

9. 讲话稿常用的结尾方式有(　　)。

A. 概括式　　　　　B. 希望式　　　　　C. 哲理式　　　　　D. 抒情式

10. 讲话稿的正文包括开头、主体和结尾三部分,其中主体部分的写作结构有(　　)。

A. 并列式　　　　　B. 递进式　　　　　C. 叙议结合式　　　D. 总分式

11. 开幕词的特点有(　　)。

A. 宣告性　　　　　B. 简明性　　　　　C. 口语化　　　　　D. 引导性

12. 下列关于开幕词的说法正确的是（　　）。

A. 开幕词一般由标题、称呼、正文和结束语等几部分组成

B. "会议或活动全称＋文种"可以作为开幕词的标题形式

C. "致辞人＋会议或活动全称＋文种"可以作为开幕词的标题形式

D. 按照内容的不同，可将开幕词分为侧重性开幕词和一般性开幕词

13. 下列关于开幕词写作的注意事项正确的是（　　）。

A. 要处理好开幕词与大会报告的关系

B. 要注重营造庄重热烈的会议气氛

C. 开幕词需要明快、流畅；需用字谨慎，大方有礼，不卑不亢

D. 开幕词需适度口语化，注重做到与会场气氛和谐融洽

14. 会议开幕词需阐明的问题包括（　　）。

A. 会议宗旨　　　B. 会议议程　　　C. 会议任务　　　D. 会议要求

15. 闭幕词的特点有（　　）。

A. 总结性　　　B. 概括性　　　C. 号召性　　　D. 宣告性

16. 开幕词和闭幕词的拟写要求有（　　）。

A. 内容要前后呼应，相互关联

B. 突出重点，区别对待

C. 语言贴切，运用得当

D. 正确使用叙述、说明、议论、夸张、讥讽等表达方式

17. 下列关于闭幕词的说法正确的有（　　）。

A. 闭幕词的标题可以为"会议或活动全称＋文种"的形式

B. 闭幕词的标题可以为"致词人＋会议或活动全称＋文种"的形式

C. 一般来说，闭幕词的写作需短小精悍，语言简洁凝练

D. 闭幕词的主要功能是对大会进行总结、提出新任务，激励与会者贯彻落实会议精神

18. 欢迎词的特点有（　　）。

A. 语言热情　　　B. 感情真挚　　　C. 口语化　　　D. 通俗化

19. 欢迎词与欢送词的区别在于（　　）。

A. 两者应用时间不同　　　　　　B. 两者应用场合不同

C. 两者作用不同　　　　　　　　D. 两者的篇幅长短不同

20. 下列关于祝词、贺词和致辞说法正确的是（　　）。

A. 祝词和贺词的写作需做到表达准确、感情充沛，称谓应礼貌、妥帖

B. 祝词的使用范围比致辞小

C. 祝词主要用于该开始但未取得可喜结果的事业或事情，"祝愿"是其基本特征

D. 致辞包括祝词和贺词，致词人一般具有一定身份

21. 讲话稿的开头写法很多，没有固定的模式，比较常用的方式有（　　）。

A. 平铺直叙式　　　　B. 开宗明义式　　　　C. 总结提要式　　　　D. 表明态度式

三、判断题（正确填 A，错误填 B）

1. 讲话类公文不应该带有个人情感。（　　）
2. 讲话稿可以有讲话人自己拟定，也可以由行政文书人员代拟，但代拟需由讲话人审阅定稿。（　　）
3. 贺信、贺电都属于贺词的范畴。（　　）
4. 讲话稿和发言稿作为公务文书时，两者可以通用。（　　）
5. 开幕词的内容应事无巨细详细完整，语言需饱满而富有张力。（　　）
6. 开幕词重在为会议顺利进行打下基础，定基调，对会议有指导、定向和引导作用；闭幕词重在对会议进行总结概述，并提出希望、展望未来，起号召、鼓励作用。（　　）
7. 开幕词和闭幕词的主要区别在于两者的运用时间不同、作用不同。（　　）
8. 欢迎词的写作需做到礼貌、热情、谨慎，内容详细具体，面面俱到。（　　）

四、写作题

1. 阅读下面材料，针对群众对行政执法中的"乱收费"问题反应强烈，请为领导起草一份整治乱收费问题的新闻发言稿。

　　2006 年 7 月 1 日 13 时许，××县交通局征费站××征费所所长陈××、票管员杨×二人在××工贸区至城西路口公路上稽查时，违反《山西省公路养路费征收管理条例》相关规定，以未交下半年养路费为由，查扣××区××镇西张贺村村民张××卖西瓜返回的三轮车。当晚陈、杨二人在扣留车辆未处理完结的情况下离所外出，征费所临时门卫程××擅自开白条扣押张××现金 265 元。经××县监察委员会 7 月 18 日决定，给予直接责任人××征费所所长陈××行政撤职处分，票管员杨×行政记大过处分，县交通局征费站站长邵××行政记过处分，县交通局副局长南×行政警告处分。

2. 针对羊肉掺假比较严重的情况，山东××县食品与药品检疫局决定召集全体羊肉加工户召开会议，该县食品与药品检疫局局长要在会上作重要讲话，请你以局长的名义写一篇讲话稿。

　　××是个小县城，不过肉制品加工厂却有大大小小将近 200 家。在当地出产的各类肉制品当中，价格最低廉的就是一种用鸭肉加上羊尾油制成的复合肉卷。一厂家负责人表示："复合肉卷是最便宜的，6 块 5 一斤，一卷里有 8 两羊尾油，里面加两层，外面加一层，切出来有三个层次，它都是纯羊尾油。"虽然这种复合肉卷里，基本就没啥羊肉，可外包装上还是被贴成羊肉卷或是小肥羊，一些厂家还夸下海口，标签想贴什么就能贴什么。这位负责人表示："标签很简单，要什么标签都可以定做。"记者走访了 20 多个加工厂，这种复合肉卷的报价基本在每吨一万三到一万五之间。然而，记者发现了一个奇怪的现象，作为原料的鸭肉，进价与加工包装之后复合肉卷的出厂价几乎持平，甚至还略高于出厂价，难道厂家愿意做亏本买卖？闲聊间记者才发现，原来为了降低成本,一些厂家在加工肉卷时还会注水。加了水的复合肉卷切片放在手上,短短几十秒就化了,手上满是水。企业负责人告诉记者,为了确保加到肉卷里的水分不流失,他们还会在里面加一种保水剂的东西。据介绍,食品用保水剂是一种复合磷酸盐,在肉制品中,每千克不得超过五克,要是一百斤加一斤,就等于超标了百分之一百。××市食品研究所技术总监马××表示:"超过的量对于人体钙的吸收会有影响,可能会造成钙的流失,特别对于一些老年人、青少年、孕妇,它的潜在的危害风险是很大的。"

3. 根据下面材料,请以上一级安全生产管理监督机构主要负责人的身份,拟一份在当地电视台专题节目中的讲话。

2000年10月18日上午9点50分,××县大厂镇鸿图选矿厂尾矿库发生特大垮坝事故,28人死亡,56人受伤,70间房屋不同程度毁坏,直接经济损失340万元。

鸿图选矿厂是由姚××和姚××共同投资500万元开办的一家私营企业,位于××县大矿区华锡集团铜坑矿区边缘,于1998年8月开工建设,1999年6月建成生产。选矿厂选矿工艺部分由华锡退休工程师刘×和华锡集团车河选厂工程师王××两人共同设计,设计选矿能力为120吨/天,但实际日处理量为200吨/天。

2000年10月18日上午九时,超量排沙注水的尾矿库后期坝中部低层首先垮塌,随后整个后期堆积吧,全部垮塌,共冲出水和尾砂14300立方米,其中水2700立方米,尾沙11600立方米,库内留存尾砂13100立方米。尾砂和库内积水直冲坝首正前方的山坡反弹回来后,再沿坝侧20米宽的山谷向下冲去,一直冲到离坝首700米处,其中绝大部分尾矿砂则留在坝首下方30米范围内。事故中尾矿坝下的34间外来民工工棚和36间铜坑矿基建队的房屋被冲垮、毁坏,导致28人死亡,56人受伤。

第七章　书信类公文

第一节　倡　议　书

一、倡议书的含义

倡议书是公开提倡某种做法,倡导某种活动,鼓动别人响应的一种信函文书。

二、倡议书的特点

(一) 广泛的群众性

倡议书的受众不仅仅是某个具体的人、单位、集体或部门,而往往是一个较大的群体,甚至可以向全国和全社会发出倡议。

(二) 对象的不确定性

倡议书,虽有比较明确的倡议对象,但只要读到这份倡议书的人,也可以积极响应。

(三) 内容的公开性

倡议书可以张贴、登报、散发、广播、宣读等,内容具有开放性。

三、倡议书的种类

依据不同的划分标准,可分为不同的划分类型。从作者角度,可以分为个人倡议书、群体倡议书和党政机关部门、企事业单位的倡议书。从内容角度可以分为:务实性倡议书、务虚性倡议书、务实与务虚相结合的倡议书。从传播角度,有传单式、张贴式、广播式、登载式倡议书之分。

四、倡议书的写作格式

倡议书一般由标题、称呼、正文、落款四部分组成。

1. 标题

倡议书标题一般由文种名单独组成,即在第一行正中用较大的字体写"倡议书"三个字。另外,标题还可以由倡议内容和文种名共同组成,如《把遗体交给医学界利用的倡议书》。

2. 称呼

倡议书的称呼可依据倡议的对象而选用适当的称呼。如"广大的妇女同胞们:"等。

3. 正文

倡议书的内容包括以下几点:开头可总述倡议的根据、原因、目的和意义,然后,分条开列倡议的具体内容。这部分要写得恳切、自然,必要时还要做点分析以便读者接受。倡议的内容一定要具体可行,开展怎样的活动,都做哪些事情,倡议的内容一般分条例项,这样写往往清晰明确,一目了然。

倡议书的结尾一般表示倡议者的决心、希望以及建议。倡议书一般不在结尾写表示敬意或祝愿的话。

倡议书要注意理由充分,篇幅一般短小精悍、感情真挚、措辞恰当,同时富于鼓动性,充分调动大家的积极性。

4. 落款

落款即在右下方写明倡议者单位、集体名称或个人姓名,以及日期。

范文:活动倡议书

关于开展全民读书活动的倡议书

广大市民朋友们:

姹紫嫣红,春光明媚。在这充满希望的时节,世界读书日又悄然来到我们身旁。1995年,联合国教科文组织把每年的4月23日定为"世界读书日",提出"让世界上每一个角落的每一个人都能读到书",让读书成为每个人日常生活不可或缺的一部分。

中国人历来就有"读万卷书、行万里路"的传统,中华民族从来就是一个热爱学习、勤奋读书的民族,它是我们民族精神动力不竭的源泉。读书不仅成为一个人修养的标志之一,也成为人们完善自我,塑造自我,提升自我,凝聚智慧的重要途径之一。

在全市上下优化经济发展环境,塑造公民新形象,积极创建学习型社会的今天,继承和发扬读书的优良传统,××读书之风,意义重大而深远。为此,地委宣传部、地区文明办、行署文体局、行署新闻出版局、行署教育局、地区文联、地区总工会、团地委、地区妇联等部门共同向全

社会提出,开展"多读书,读好书,打造书香××"全民读书活动,并为此倡议:

一、要积极开展全民读书活动,倡导全民特别是机关干部每月读一本书,为构建社会主义和谐社会和全面建设小康社会,为中华民族的伟大复兴而努力读书,终身学习。

二、要积极组织丰富多彩的读书活动,如优秀出版物推荐活动、读书征文活动、社区阅读活动和读书会、读书知识竞赛等,引导广大群众积极参与读书,多读书,读好书,养成读书习惯,提高阅读水平。

三、要充分利用公共图书馆、学校图书馆、社区阅览室、职工之家、农家书屋等场所,为群众阅读提供便利条件,让全区人人有书读,家家有书香。

四、要集中组织开展各种形式的捐赠助读活动,把优秀图书送到边防官兵、边远农村群众、下岗职工手中,让全社会共享文化建设的成果。

开卷有益!让我们亲近图书!让我们共同珍惜今天的节日,逐渐形成"多读书,读好书"的时代风尚,为建设和谐××而努力奋斗!

××××地委宣传部(以下8家联合倡议单位略)
××年×月×日

范文:工作倡议书

创建文明城市倡议书

尊敬的市民朋友们:

文明城市是城市物质文明、政治文明、精神文明三个文明建设综合性最高荣誉称号。开展创建文明城市活动,对于提高××城市文明程度和市民素质,塑造××城市形象,促进经济社会协调发展,具有重大的推动作用。从一九九九年至今,我市已连续十一次荣获文明城市荣誉称号,今年为了掀起新一轮创建省级文明城市的高潮,力争我市第十二次蝉联省级文明城市,我们向全体市民发出如下倡议:

一、行动起来,全民争创文明城市。××市是我们的家园,创建文明城市,营造美好家园,是每个市民义不容辞的责任和义务,全体市民要以主人翁姿态积极投身创建文明行业、文明社区、文明单位等活动,以自己的实际行动为我市第十二次创建文明城市多做贡献。

二、从我做起,争当文明××人。要认真实施《公民道德建设实施纲要》,自觉践行"公民道德基本规范20字"和"八荣八耻"的社会主义荣辱观。遵守市民守则和文明公约,从我做起,从点滴小事做起,从现在做起,革除陋习,倡导文明 9 养成良好的生活习惯、文明习惯,自觉做到"四管十二不四请"。即管住自己手,不破坏公共设施,不乱贴乱画,不乱扔东西,请自觉将废弃物投放到垃圾箱内;管住自己的嘴,不讲粗话脏话,不在公共场所吸烟,不随地吐痰,请自带纸巾;管住自己的脚,不践踏草坪,不闯红灯,不乱穿马路,请自觉走斑马线;管住自己的形象,不在公共场所大声喧哗,不乱停放车辆,不乱拥乱挤,请自觉排队。

三、弘扬正气,树立文明新风。要大力弘扬"开放融合、求实创新、团结奋进、拼搏争先"的××精神,共同维护××市良好形象。

××涌动文明潮,社会和谐万事兴。文明城市呼唤文明市民,文明市民创造文明城市。让我们迅速行动起来,发扬××人崇尚文明的高尚情操,用我们的辛勤劳动和智慧,为创建文明城市构建和谐××而努力奋斗。

××精神文明建设指导委员会

2013年××月××日

第二节 建 议 书

一、建议书的含义

建议书是指个人、单位或集体向有关单位或上级机关和领导,就某项工作提出某种建议时使用的一种常用书信。

二、建议书的类型

(1) 从内容的角度分,可以分为:普通建议书、项目建议书、工程建议书、管理建议书、环保建议书、投资建议书、农业规划建议书等。

(2) 从撰写主体的角度分,可以分为:个人对组织或有关领导的建议书、群体对组织或有关领导的建议书、单位对上级组织或有关领导的建议书等。

三、建议书的写作

建议书的格式和一般书信大体相同:

(1) 标题。通常只写"建议书"三个字,有时为了突出建议的具体内容,可以写《关于×××的建议书》。

(2) 称呼。即接受建议书的单位或领导人。

(3) 正文。先写提出建议的理由,再写建议的具体内容。如果内容较多,可以分条写。结尾表达自己的建议、意见被采纳的殷切希望等。有的建议书结尾在最后还写上表示敬意或祝愿的话,比如"此致—敬礼"等字样。有时这一格式也可省略。

(4) 署名。在右下角写出建议团体或个人的名称及日期。

> 范文：建议书

流动人口管理建议书

公安局：

　　鉴于目前××市普遍存在的流动人口难以管理的问题，结合我们区街道办事处在这方向所取得的经验，特提出如下建议，以供有关部门参考借鉴。

　　首先，成立一个流动人口调查小组，对各建筑工地的外地民工、租私人住房居住的来×打工、当保姆等的流动人员作详细的调查，并把住在市内亲友家中来探亲、访友、治病、读书等人的数量也调查清楚，然后尽快为他们办理暂住证，设立管理卡片档案。

　　在此基础上，针对存在的和可能出现的问题，可以采取以下措施：

　　1. 与各施工工地签订《社会治安综合管理协议书》，加强对外地民工的管理。一般来说，外地民工占来×流动人口的最大数量。

　　2. 规定凡出租房屋的户主，必须在三日之内向街道综合治理办公室申报新来住户的情况，为住户办理暂住证，设立管理卡片档案。

　　3. 夫妇租房一定要有结婚证明，办理暂住人口计划生育证。

　　4. 每50户设一名流动人口户籍员，以掌握流动人口的职业状况，了解他们的去向等。

　　5. 对查出没有固定职业、没有证明的流动人员，责令其限期离×。

　　6. 对清查后补办暂住证的流动人员，街道综合治理办公室向其原籍发信调查他们在原籍的有关情况。

　　7. 同用工单位、个人签订计划生育书，如发现计划外生育，除规定处罚当事人外，还要追究用工单位或个人的责任。

　　我们使用以上办法对管理好流动人口，维护社会治安起到了积极作用，建议有关部门采纳试行，共同做好流动人口管理工作。

　　此致

敬礼

××区××街道办事处
××年×月×日

第三节　公　开　信

一、公开信的含义

　　公开信是将内容公布于众的信件。公开信可以笔写，也可以印刷、张贴、刊登和广播。

信的内容一般涉及比较重大的问题,具有普遍的指导作用、教育作用和宣传作用。

二、公开信的写作

公开信的一般由标题、称谓、正文、落款四部分构成。

1. 标题。正中写"公开信"三个字,或"×××致×××公开信"。

2. 称谓。针对发信的对象多寡和发信方式的不同,有的写集体的称呼,有的写个人姓名。在称呼之前,根据不同对象的身份特点,可加"尊敬的""敬爱的"等字样。

3. 正文。公开信的正文部分要首先说明公开信的发文原因。一般要针对某一具体问题展开叙述,简略叙述问题存在的一些情况。如果是事件,则说明时间、地点、人物、原因、结果。若是某一现象,则要指明表现、原因、影响、结果等。然后阐明发文者对这一问题的真实态度,是提倡赞扬,或是批评反对。或者提出某种看法主张。最后提出希望或解决问题的意见及建议。在结尾中若是提倡赞扬的事件可以写上表敬意或祝愿的话,如"此致敬礼""妥否,请参考""祝进步等"。

4. 落款。在右下方写发信单位或个人姓名及日期。

范文:公开信

生命安全是不可逾越的红线　安全法律是必须坚守的底线
——关于贯彻实施新《安全生产法》的公开信

全国各企业负责同志:

　　党的十八届四中全会作出全面推进依法治国的总体部署,这是以习近平同志为总书记的中央领导集体治国理政的重大战略抉择,标志着法治中国建设步入新征程。全国人大常委会2014年8月31日审议通过的新《安全生产法》,将于12月1日起施行。这是依法治国方略在安全生产领域的具体体现,必将全面规范安全生产法治秩序,加快实施安全发展战略,促进安全生产形势根本好转。对这部法律重器,必须满怀敬畏之心,严肃认真遵守执行。

　　安全生产是企业生存与发展的基础。无数事例表明,企业不消灭事故,事故终归要毁灭企业,而且企业负责人也会付出沉重代价。新《安全生产法》明确规定,"强化落实生产经营单位的主体责任,建立生产经营单位负责、职工参与、政府监管、行业自律、社会监督的机制。"要求企业负责人对本单位安全生产工作全面负责,必须健全制度、落实责任、保障投入、严格管理、加强培训,推进标准化建设,提高安全管理水平。依法生产经营是企业安身立命之本,也是必须履行的社会责任。有法必依,执法必严,违法必究。生命红线不可逾越,法律底线不可触碰。希望你们自觉遵法守规,履职尽责,注重预防,遏制事故,促使企业安全发展。

新《安全生产法》贯穿着"以人为本，生命至上"的崇高理念，这是坚守"发展决不能以牺牲生命为代价"这条"红线"的必然要求。企业发展的潜力蕴含在员工之中。每个员工心中所想所盼，都是希望企业发展、家庭幸福，能"高高兴兴上班，平平安安回家"。作为企业负责人，必须把保护员工生命安全健康作为最高职责。因为它不仅关系着员工的生命安全，也连着众多家庭幸福，连着社会和谐安宁。要把员工当亲人、当成自己的兄弟姐妹，带着深厚感情关心他们的安全健康，不论在任何情况下，都不能不顾他们的生命去冒险，让安全第一的种子深深埋入企业和每位员工的心灵深处。

法令行则国治，法令弛则国乱。全民守法是法治中国的基础。每个企业、每个人都要树立法治信仰，成为法治的忠实崇尚者、自觉遵守者、坚定捍卫者。希望你们认真贯彻党的十八届四中全会精神，抓住新《安全生产法》颁布实施的有利契机，共同努力推进依法治安，营造学法、知法、用法、守法的浓厚氛围，为建设法治中国、为实现中华民族伟大复兴的中国梦作出应有的贡献。

感谢你们为安全生产事业付出的努力。祝愿所有企业安全发展，祝愿每位员工平安幸福！

国家安全监管总局
2014 年 11 月 14 日

第四节　感　谢　信

一、感谢信的含义和适用范围

感谢信是指在日常工作、生活、学习过程中，单位或个人得到对方的关心、支持或者在遇到困难时得到过帮助而向对方表示感谢时所撰写的一种书信体。

二、感谢信的写作

（1）标题。第一行正中写"感谢信"或"致××××的感谢信"。

（2）称谓。写明受信人的名称，受信人为个人的，要在名字前加"尊敬的"之类的致敬语，名字后加"先生""女士"或职务等。

（3）正文。一般先叙述写感谢信的原因和得到被感谢方的帮助所带来的客观影响及社会效果。

在表达感激之情的同时称颂对方的品德和行为，顺便谈到今后如何以对方为榜样，以实际行动答谢对方、答谢社会。最后写上"此致……敬礼""致以……最诚挚的敬意"等致敬语。

（4）署名、日期。署单位名称或个人姓名及日期。

范文：感谢信

致支援码市镇"5.16"洪灾抗洪救灾各界人士的感谢信

各位领导，各位同仁，朋友们：

　　两个月前，受极端气候的影响，码市镇遭遇历史罕见特大洪灾，洪水所到之处，一片汪洋，基础设施损毁，房屋进水、倒塌，给人民财产造成巨大损失。

　　家园有殇爱无疆，洪水无情人有情！我镇的灾情牵动着你们的心，在抗洪救灾的重要时刻，你们伸出了友谊和援助之手，及时赶赴受灾前线，不仅在人力、物力和财力上给予我们大力支持，还使我们坚定了抗灾救灾的信心和决心，特别是亲临码市镇现场指导的各位领导、各兄弟乡镇和码市籍的同志，在抗洪救灾工作中，无私无畏，众志成城，为受灾群众早日恢复生产生活做出了重要贡献。在此，谨代表全镇受灾群众，向支援我镇参加抗击"5.16"洪灾的各位领导、各位同仁表示衷心的感谢，并致以崇高的敬意！

　　历经磨难，我们更加坚强。当前，全镇各项灾后恢复和重建工作正在有条不紊地进行，我们坚信有上级党委、政府的坚强领导和亲切关怀，有兄弟单位、兄弟乡镇的倾情关注和鼎力支持，有全镇广大党员、干部群众的万众一心和艰苦奋斗，我们一定能够夺取抗洪救灾、重建家园的全面胜利！

　　再次对你们的鼎力帮助表示衷心的感谢，祝福您及家人身体健康、万事如意！

　　此致

敬礼！

中共码市镇委员会　朱国卿
码市镇人民政府　蒋健林
2013年7月5日

第五节　表　扬　信

一、表扬信的含义和适用范围

　　表扬信是对个人或团体的高尚风格和模范事迹表示颂扬的信件。信件可以是对某个人或某几个人的表扬，也可以是对机关、团体的表扬。

二、表扬信的种类

　　从表扬双方的关系来看，可以分为两种：上级对下级、团体对个人进行表扬的表扬信；群众之间进行表扬的表扬信。

从被表扬者的身份来看,表扬信又可分为两种:对集体进行表扬的表扬信;对个人进行表扬的表扬信。

三、表扬信的写作格式

表扬信的写作格式由标题、称谓、正文、落款四部分组成。

（1）标题。一般只写"表扬信"字样。

（2）称谓。被表扬单位、集体的名称或个人姓名及相应尊称。

（3）正文。这是表扬信的主要内容,叙述个人或集体的先进事迹,或好人好事的发生情况及意义,可适当评价并予以赞扬。结尾可提出希望或建议,如"希望以×××为榜样……"等。根据全文内容表达的需要,也可以不专写结尾部分。

（4）落款。在结尾的右下方写明表扬单位名称或个人姓名与写作日期。如果是以单位名义写作表扬信,有时为了表示郑重,还需要加盖单位的印章。

第六节 启 事

一、启事的含义

启事是机关、企事业单位、社会团体或个人向社会公众说明情况、告知音讯或请求帮助时使用的一种事务性文书。

二、启事的特点

1. 公开性

启事主要用于向社会各界公开陈述或说明某些事项,目的是吸引和招来公众参加。因此,常通过报纸、杂志、广播、电视或互联网甚至是张贴等形式进行发布。

2. 广泛性

启事的内容很广泛,可涉及社会生活的方方面面;启事使用对象（又称发文主体）也很广泛,不受机关级别高低和性质的限制,可以是国家行政机关,也可以是企事业单位、社会团体,还可以是个人。

3. 回应性

启事需要接受者的回应,以达到自己告知社会的目的。

4. 自主性

启事不具有强制性和约束力,接受者可以自主决定参与或不参与启事告知的事项。

三、启事的分类

根据启事的用途和目的,启事可分为:寻人启事、寻物启事、招领启事、征订启事、开业启事、招聘启事、更名启事、庆典启事、租赁启事等种类。

四、启事的格式及写作

启事的格式由标题、正文和落款三部分组成。

1. 标题

启事标题的格式有四种:一是"机关名称+事由+启事"构成;二是"机关名称+启事"构成;三是"事由+启事"构成;四是只有"启事"二字。

有些启事因时间紧迫或内容重要,一般在"启事"之前标注"紧急"或"重要"二字。启事一般排在最上端,字体大于正文字体。

2. 正文

正文因启事所要说明的事项不同而有差异。总的要求是先用简练的文字说明情况,然后提出具体的要求或请求,写明联系地址、联系电话、联系人等,以达到发布启事的目的。

3. 落款

在正文的右下方,写上单位或个人的名称及日期。

练 习 题

一、单项选择题

1. 由某一组织、机关或社团拟定,就某事向社会提出建议或提议社会成员共同去做某事,这属于书信类公文的哪一种类型(　　)。
A. 贺信　　　　　　B. 倡议书　　　　　　C. 建议书　　　　　　D. 公开信

2. 以下不属于倡议书特点的是(　　)。
A. 广泛的群众性　　　　　　B. 对象的不确定性
C. 内容的公开性　　　　　　D. 影响的强烈性

3. 以内容角度讲,以下哪项不属于倡议书的特点(　　)。
A. 务实性倡议书　　　　　　B. 务虚性倡议书
C. 普遍性倡议书　　　　　　D. 务实与务虚相结合的倡议书

4. 倡议书一般由(　　)部分组成。
A. 2　　　　　　B. 3　　　　　　C. 4　　　　　　D. 5

5. 个人、单位或集体向有关单位或上级机关和领导,就某项工作提出某种建议时,应采用何种书信类公文(　　)。

A. 公开信　　　　　B. 建议书　　　　　C. 感谢信　　　　　D. 表扬信

6. 行政机关、社会团体、企事业单位向做出杰出贡献、取得重大成就的组织或个人表示祝贺,或对某一重大会议的召开、某一重大工程的完成表示祝贺而写作是何种公文(　　)。

A. 表扬信　　　　　B. 公开信　　　　　C. 贺信　　　　　D. 启事

7. 日常工作、生活、学习过程中,单位或个人得到对方的关心、支持或者在遇到困难时得到过帮助而向对方表示感谢时所撰写的书信是(　　)。

A. 公开信　　　　　B. 表扬信　　　　　C. 感谢信　　　　　D. 贺信

8. 机关、企事业单位、社会团体或个人向社会公众说明情况、告知音讯或请求帮助时使用的一种事务性文书是(　　)。

A. 启事　　　　　B. 启示　　　　　C. 告示　　　　　D. 感谢信

9. 以下不属于启事特点的是(　　)。

A. 公开性　　　　　B. 回应性　　　　　C. 自主性　　　　　D. 隐秘性

10. 通常启事由(　　)部分组成。

A. 1　　　　　B. 2　　　　　C. 3　　　　　D. 4

二、多项选择题

1. 以下属于倡议书特点的是(　　)。

A. 广泛的群众性　　　　　　　　　B. 对象的不确定性
C. 对象的确定性　　　　　　　　　D. 内容的保密性

2. 从倡议者角度来讲,倡议书可以分为(　　)种。

A. 个人倡议书　　　　　　　　　　B. 群体倡议书
C. 党政机关部门倡议书　　　　　　D. 企事业单位倡议书

3. 以倡议书内容为标准,倡议书可以分为(　　)。

A. 务实性倡议书　　　　　　　　　B. 群体倡议书
C. 务虚性倡议书　　　　　　　　　D. 务实与务虚相结合的倡议书

4. 以下属于建议书特点的是(　　)。

A. 务实性　　　　　B. 文本性　　　　　C. 建议性　　　　　D. 可塑性

5. 以下属于建议书作用的是(　　)。

A. 建议书内容应真实、具体
B. 建议书是人民群众发表意见、提供建议的一种工具
C. 建议书篇幅不宜长,语言应简洁、概括、准确
D. 建议书可以充分调动各方面的积极因素,集中广大群众的智慧,更好地推进工作的顺利开展

6. 贺信写作时的注意事项包含有以下(　　)项。

A. 贺信内容可以力求优美辞藻华丽
B. 内容应真实、具体

C. 表示祝贺应感情真挚、饱满

D. 篇幅不宜太长,语言应简洁、概括、准确

7. 以下属于公开信类型的是( )。

A. 问候、表扬、鼓励的公开信　　　　B. 写给有关对象的公开信

C. 发给私人的公开信　　　　　　　　D. 给予澄清的公开信

8. 写作感谢信时应做到( )。

A. 内容要真实　　B. 语言要优美　　C. 感情要真挚　　D. 格式要规范

9. 书写表扬信应注意以下( )问题。

A. 叙事要实事求是　　　　　　　　　B. 要用事实说理

C. 表扬信语气要热情、恳切　　　　　D. 文字要朴素、精炼,篇幅要短小精悍

10. 以下属于启事特点的是( )。

A. 公正性　　B. 公开性　　C. 广泛性　　D. 回应性

三、判断题(正确填 A,错误填 B)

1. 倡议书具有广泛的群众性、对象的不确定性、内容的公开性三个鲜明的特点。( )

2. 从倡议者的角度来讲,倡议书可以分为务实性倡议书、务虚性倡议书、务实与务虚相结合的倡议书。( )

3. 倡议书一般由标题、称呼、正文、落款组成。( )

4. 建议书既可以是人民群众发表意见、提供建议的一种工具,也可以充分调动各方面的积极因素,集中广大群众的智慧,更好地推进工作的顺利开展。( )

5. 贺信写作时应做到内容真实、具体,感情真挚、饱满,语言简洁、概括、准确。( )

6. 启事具有公开性、广泛性、回应性与自主性四个特点。( )

四、写作题

(一)倡议书的写作练习题

1. 2015 年 2 月 25 日,××市公安局召开党委会专题研究大气污染防治攻坚工作,主要工作为减少机动车尾气扬尘。请以公安局的名义,以"节能减排,绿色出行"为题,给社区居民写一封倡议书,300 字左右。

2. 根据以下材料,请以××市环保局的名义为市民写一封减少燃放鞭炮的倡议书,题目自拟。

"忙着清运爆竹屑,一整天没顾上吃饭。"保洁员康女士说。正月初七,不少商户节后第一天开业为图吉利放开门炮。营造出喜庆气氛的同时,忙坏了环卫工人。一条 500 米长的道路,环卫工一上午清运 2 大桶爆竹屑;××肉类水产批发市场内,2 名环卫工持续打扫一整天,清运 8 车爆竹屑。

春节 7 天假垃圾清了 1.6 万吨! 记者从××市城管局了解到,春节放假期间,××市共出动城管保洁人员 38595 余人次,对全市 5462 万平方米主次道路进行正常化保洁,共出动垃圾车

1873车次,焚烧和卫生填埋垃圾共15977.79吨,近1.6万吨。

在W路一家成人服饰商铺门口,刘先生用只闻声响、不见烟雾的电子鞭炮庆开业,"一挂鞭炮50元,可以反复燃放,既环保、安全又无火药,还可以存起来明年用"。位于L南路附近的一家经营儿童服装店店主张女士表示,开业前一天,她就已经挨个给店里的老顾客发了微信和短信信息,一方面为了拜年,另一方面也是通知老顾客自己的开业时间。"生意好不好也不在于放不放鞭炮,关键还是靠科学经营。"张女士说,不但此次开业没有放鞭炮,甚至除夕夜她们家也没有买鞭炮,将环保进行到底。

3. 某市生活中总有破坏城市形象的一些陋习:在城市道路上有行人随意乱扔的废纸、烟蒂、食品袋;把街道视为"天然垃圾场"将污水、垃圾随意倾倒;不爱护来之不易的环卫劳动成果,对环卫工人出言不逊,甚至殴打等。请针对该市目前存在的一些陋习,以市政府的名义写一篇倡议书。

(二)建议书的写作练习题

1. 阅读以下材料,请你以北京××报记者的名义给××省××市××区农业局写一封建议书,题目自拟,字数在300字左右。

1998年,正值种植生姜的时节,北京××报的记者来到了××省××市××区王家庄街道下辖的农村。在××村附近的生姜田里,记者看到农户正拿着一个蓝色袋子,往地里撒着一种东西。记者找到农户丢弃的包装袋,发现这是一种叫神农丹的农药。这种神农丹每包1公斤,正面印有"严禁用于蔬菜、瓜果"的大字,背面有骷髅标志和红色"剧毒"字样。种姜时,农户直接把神农丹和化肥一起撒在已经发芽的种姜边上。在3天的时间里,记者走访了××区王家庄街道管辖的10多个村庄,发现这里违规使用神农丹的情况比较普遍。田间地头随处可以看到丢弃的神农丹包装袋,姜农们都是成箱成箱地使用神农丹。按照农业部规定,神农丹只能用在棉花、烟草、月季、花生、甘薯上。神农丹使用说明书中还特别规定:用于甘薯,仅限春天发生严重线虫病时使用;用于花生,仅限于春播。这两种作物生长期较长,实验证明能保证安全。即使如此,在用药量、用药次数、用药方法上也有严格的限制。但这里的农民每亩要用神农丹8公斤至20公斤,是规定用药量的3—6倍。另外,按规定,即使在批准的作物上,在其生长周期里也最多准许使用一次,但这里的姜农要用两次。

神农丹使用说明还标明,在甘薯地里使用时,安全间隔期是150天。安全间隔期是指从最后一次施药到作物中农药残留量降到最大允许残留量所需的时间。而这里的农民不仅在四月份播种时超量使用神农丹,到八月份立秋的时候,还要超量使用一次,这时距离十月收获新姜,只有60天左右的间隔期,远远少于参照甘薯的150天安全间隔期。

当地农民对神农丹的危害性都心知肚明,使用过这种剧毒农药的姜,他们自己根本不吃。生产的生姜最后都汇集到批发市场进行交易。看到记者要农药残留检测报告,一位自称做加工出口姜生意的老板告诉记者,这并不难。因为检测都是自己送样品,只要找几斤合格的姜去检验,就可以拿到农药残留合格的检测报告。

据了解,当地出产的生姜分出口姜和内销姜两种。因为外商对农药残留检测非常严格,所以出口基地的姜都不使用高毒农药。同属于××市管辖的××市生姜种植面积有15万亩左右,其中大多数供出口。不同的是,××市对高毒农药管理非常严格,每个镇和街道、每个社区、每个村都设有农药监管员和信息员,对农药的经营和使用实现无缝隙监管。与出口姜的严格管理不同,其他地区生产的内销姜对农药残留实行的是抽查制度,一年抽查不了几次,无论是做内销姜生意的姜贩还是农户,对这种抽查都不太担心。

2. 目前全国各行各业存在许多安全生产问题,各类生产事故频发,请你从政府职能部门制定政策的角度,就如何"减少事故,保障安全",提出对策建议,供领导参考。要求:分析恰当,对策明确、可行;条理清楚,语言通顺。

3. 随着雾霾的大面积爆发,空气质量问题越来越引起人们的重视,请从政策制定的角度,就"保护环境,防治雾霾"的问题向市环保局起草一则建议书。

(三) 公开信的写作练习题

1. 阅读下面的材料,结合目前我国生态环境危机的现实和党中央国务院提出建设美丽中国的构想,以国家环保部门的名义给全国人民写一封公开信,题目自拟,300字左右。

目前中国生态环境形势仍十分严峻,总体上生态恶化加剧的趋势还未得到有效遏制。国家环保总局负责人表示,要在加强生态建设的同时做好生态保护工作,力争全国生态环境恶化的趋势得到遏制。

国家环保总局指出,虽然中国生态保护和建设取得长足进展,但生态环境形势依然十分严峻。生态破坏的范围在扩大,程度在加剧,危害在加深,并呈现出区域性破坏、结构性解体和功能性紊乱的发展态势。同时,许多地区还存在生态环境边治理、边破坏的现象。

在中国,森林人为破坏现象严重,生态功能不强。虽然中国森林覆盖率从新中国成立初期的8.6%提高到现在的16.55%,但其中人工林和中幼龄森林占多数,森林生态效益下降。另外,每年有200万公顷有林地逆转为无林地、疏林地和灌木林地。

土地退化严重。中国现有退化草地135万平方公里,约占可利用草地面积的三分之一。土地沙化现象突出,每年新增沙化面积3436平方公里,相当于损失一个中等县的土地。由人为因素引起的水土流失面积每年增加1万平方公里。

水生态也出现失调,旱涝灾害频繁,水环境安全度下降。主要表现为水资源短缺,地下水位下降;河道淤塞,河流断流;湿地破坏,湖泊萎缩,调蓄洪水能力下降,富营养化问题严重。

城市生态脆弱,不少城市人均绿地少,地下水过度超采,城内洪涝、水土流失、热岛效应、地面沉降等灾害严重,人居环境亟待改善。

农村和农业面源污染加剧。化肥的大量使用导致土壤板结,肥力下降;农药污染面积达1.36亿亩;水域富营养化;地膜回收率低,土壤地膜残留现象突出;养殖业产生的大量畜禽粪便大多未加处理,成为新的污染大户。由于多种灾害和不合理的经济活动,中国已成为世界上海洋生态环境破坏最严重的国家之一。红树林面积从历史上的25万公顷减少到目前的1.5万公顷;珊瑚礁生态系统破坏严重,海南省周围海域80%的珊瑚礁生态系统遭到破坏,导致严重的海岸侵蚀。在海南,20世纪80年代以来海岸线向陆地推进了近300米。海洋生态恶化成为制约中国海洋经济发展的重要因素。

2. 2014年济南市为创建全国文明城市做出了不懈的努力,将作为济南特色的古城与泉城两大因素结合起来,致力于市民素质与文明共同提升,请以济南市文明办的名义给济南市民写一封公开信,题目自拟。

3. 网络媒体已成为我国主流媒体,它影响着社会生活的方方面面。网络可以及时传播重要信息和党中央的声音,服务党和国家工作大局,同时对外展示中国形象,传递友谊,它是党、政府与民众沟通的重要平台。但互联网当前也存在许多问题,如从业者自律缺失,网站收录传播艳俗不良内容;网民消息炒作、不实消息传播造成很大的社会影响;不法者利用网络发布虚假广告和个人隐私资料进行犯罪活动等。请以某市"精神文明建设办公室"的名义,围绕"网络文明建设"给广大网民写一封公开信。

(四)感谢信的写作练习题

1. 在某市的防汛抗洪工作中,邻市给予了物资上的支持与精神上的慰问,请以该市政府的名义,给邻市写一封感谢信。

2. 某社会组织团体为××乡镇扶贫捐建了一所小学,请以乡镇政府的名义向此社会组织团体起草一封感谢信。

3. 某省审计厅在2013—2014年度水利建设资金的专项审计调查中,从该市引水工程建设管理局中借调了一位同志,该同志在审计调查情况等工作中发挥了重要作用。请以省审计厅的名义,向引水工程建设管理局撰写一封感谢信。

第八章　日常事务类公文

日常事务类公文是各类党政机关、企事业单位、社会团体或组织等在日常事务性活动中经常使用的文书。日常事务类公文的制发程序、行文格式不受严格规范的束缚,具有很强的事务性和实用性特征。日常事务类公文种类繁多,主要包括计划、总结、述职报告、简报、调查报告、会议记录等。

第一节　计　　划

一、计划的含义

计划是为完成某项工作任务而预先做出打算和安排的一种事务性应用文体。在未来一定时间或一个阶段内打算做什么、怎么做、预期达到什么样的目标,将这些写成书面材料就是计划。现实中,设想、纲要、规划、要点、安排、方案、打算等也被作为计划使用。

计划适用于党政机关、群众团体和企事业单位甚至个人。任何单位和个人都可以制订计划。

二、计划的特点

(一)预见性

计划是在行动之前对行动的任务、目标、措施、方法等所作出的预见性确认。

(二)目的性

计划是针对本地区、本单位实际情况,结合工作需要和主客观条件而制订,是为了解决问题或达到特定的目标而制订的,具有很强的目的性。

（三）可行性

准确性、目的性强的计划，在现实中才是真实可行的。如果目标定得过高或过低，计划就缺乏实际的指导价值。

（四）可变性

计划在实施过程中，可以根据实际情况对计划作出相应的调整、修改和变动，甚至全部改变原定计划。

（五）约束性

计划无论在党政机关、社会团体，还是在企事业单位，一经批准，在本机关内部就具有权威性和约束性，组织内成员都应该遵照执行。

三、计划的分类

按照内容划分，计划可分为综合计划和专项计划。按照时间划分，计划可分为周计划、月计划、季度计划、年计划、跨年度计划等；又可以把它们归并为短期计划、中期计划和长期计划等。按照效力划分，计划可以分为指令性计划和指导性计划。按照范围分，可分为国家计划、省（市）计划、部门计划、单位计划等。

四、计划的写法

1. 标题。计划的标题一般包括机关名称、时间、事由和文种等要素。计划常见的标题形式有三种。第一种是由"发文机关＋适用时限＋事由＋文种"构成，如《××大学2014年上半年党校培训计划》。第二种是由"发文事由＋文种"构成，如《扶贫攻坚计划》。第三种是文章式标题，如《团结一致，奋勇争先，为我县社会主义新农村建设而努力奋斗——××县十二五农业与农村发展规划》。

2. 正文。正文是计划的核心部分，一般由前言、主体和结尾三部分组成。前言是计划的纲领性内容，须交代制订计划的原因、目的和依据。主体是计划的基本内容，它包括任务目标、办法措施和步骤三个要素。结尾部分，通常用来说明计划的执行要求、注意事项以及对远景的展望，结尾部分可省略。

3. 落款。落款包括计划制订单位的名称和制订日期。

第二节　总　　结

一、总结的含义

总结是对之前工作活动进行全面回顾、检查、分析、评判，概括经验教训，用以指导今后更好地开展工作的一种事务性公文文种。

总结与计划是相辅相成的一对文种,总结是对计划的检验,同时又是制订计划的基础。

二、总结的特点

(一)普遍性(广泛性)

总结是一种适用范围十分普遍的文种。就其使用主体来说,既包括党政机关、企事业单位,也包括社会团体和个人。就总结的范围而言,可以覆盖到各个领域,既包括政治、经济、文化等领域,也包括教育、科技、环境等方面;既包括对具体工作的总结,也包括对思想方面的总结。

(二)借鉴性(经验性)

总结的目的就是要把工作实践中的成功经验和失败教训总结归纳出来,为今后工作的开展提供经验性的借鉴意义。

(三)客观性

总结是人们自身实践活动的真实反映,应当完全忠实于客观事实。总结中的材料必须是真实的;内容要实事求是;观点必须与实际情况相符合,不允许有任何主观臆断。

(四)理论性

总结要写事实,但是它必须对搜集来的事实、数据、材料等进行认真的归类、整理、分析和研究,从感性认识上升到理性认识,达到一定的理论高度。

(五)本体性(自我性)

总结是对本地区、本部门、本单位的工作情况进行回顾,因此都用第一人称,总结中的材料是自身工作的情况。

(六)指导性

总结的目的就是总结经验,发现不足,并上升到一定的理论高度,来指导以后的工作。

三、总结的分类

按照内容分,有工作总结、学习总结、生产总结、活动总结等。按照范围分,有行业总结、单位总结、部门总结、个人总结等。按照时间分,有年度总结、半年总结、季度总结、月份总结等。按照性质分,有全面总结、专题总结。

四、总结的写法

总结由标题、正文、落款与成文日期构成。

1. 标题。标题一般包括机关名称、时间、事由和文种几个构成要素。常见的标题形式有以下两种。一是公文式标题。由"机关名称＋时间＋事由＋文种"构成,如《××市政府关于2010年下岗工人再就业工作的总结》;也可以省略机关名称或机关名称和时间,由"时间＋事由＋文种"或"事由＋文种"组成。二是新闻式标题,新闻式标题也可分为单标题和双标题两种格式。单标题通常用一句话或一两个短语作为总结的标题,如:《深化城乡改革,建设小康农村》。双标题,由主标题加副标题构成。主标题概括总结的主题或要回答的问题,副标题标明机关名称、时间、事由和文种,如:《社会主义新农村建设带给农民新希望——××市2013年"三农"工作总结》。

2. 正文。正文内容一般包括前言、主体和结尾三个部分。

前言是总结的开头部分,又称开头、引言、导语,一般概述总结基本情况,如时间、地点、背景、事件经过等,或揭示总结的主要精神、经验成绩、主要做法等。

主体是总结的核心部分。主体部分主要包括基本情况、经验体会、经验教训、今后的打算和努力方向等几个部分。

结尾可以写明今后的打算、任务和措施,也可以表明决心、展望未来。

3. 署名与成文日期。一般在正文之下编排发文机关名称和成文日期。

第三节　述职报告

一、述职报告的含义

述职报告是领导干部向选举或任命机构、上级领导机关、主管部门及本单位的群众,汇报自己在一定时期内履行职务责任的书面报告,是干部管理考核专用的一种事务性公文。

二、述职报告的特点

（一）述职的自述性

所谓自述性,就是要求报告人述说自己在一定时期内履行职责的情况。

（二）述职的自评性

述职人在陈述担任某一职位或在某一工作任期内自己的工作情况和工作实绩的同时,还要求述职人依据岗位规范和职责目标,作自我评估、自我鉴定、自我定性。

（三）内容的规定性

述职报告要从自担任某一职务以来或某一时段以来本人的德、能、勤、绩、廉五方面进行陈述,不能离开自己的工作范围,漫无边际地东拉西扯。

（四）风格的严谨性

严谨是指态度要认真严肃,内容要真实可靠;分析问题要有辩证思维,论断事情要科学透彻。

（五）功能的鉴定性

述职报告一般需要当着考核人和职工群众的面进行现场宣读，在评议之后上交相关部门，以供上级了解述职者的情况，并作为其升迁、留任、降职等的重要依据。

三、述职报告的分类

根据不同的标准，述职报告有不同的类型，从时间上划分有任期述职报告、年度述职报告、临时性述职报告；从内容上划分有综合性述职报告、专题性述职报告、单项工作述职报告；从表达形式划分有口头述职报告、书面述职报告；从范围上划分有个人述职报告、集体述职报告。

四、述职报告的写法

述职报告由标题、称谓、正文、落款四部分构成：

1. 标题。有三种格式：一是只写文种，如《述职报告》。二是单标题，采用"作者＋时限＋事由＋文种"的公文标题格式，如《×××同志2013—2014年任宁乡县县长职务的述职报告》。三是双标题，采用主副标题的形式，如《继往开来，与时俱进，全力以赴向省级示范性中学冲刺——××中学校长×××2012年述职报告》。

2. 称谓。述职报告必须有主送机关或称谓。向上级领导机关书面行文应该写明主送机关，如："××领导""×××考核组"。口头宣讲的述职报告可以使用"各位领导""各位同志"等称呼。向人大常委会述职的，要按照人大的惯例来写。

3. 正文。述职报告的正文部分包括前言、主体和结尾三部分。前言是在概括叙述清楚报告人的自然情况后，经常用"现在我就履行职责的情况报告如下"，以引出主体部分。主体是述职报告的主要内容，主体部分的写作大致有三种格式：一是工作项目归类法，即将自己做过的工作按照其性质加以分类分别进行阐释，如思想方面、工作方面、生活方面等；二是时间发展顺序式，即将任期按照先后顺序分成几个不同阶段，分别撰写自己在各个阶段的情况；三是内容分类集中式，一般分为主要工作、突出成绩、经验教训、存在问题和对策措施等几部分。结尾一般是对自己做一个基本的评价或谈谈自己工作中体会或提出今后的打算。

4. 落款。落款包括署名和日期，这部分可写在标题之下，也可写在正文之后。

第四节 简 报

一、简报的含义

简报是机关内部向上级反映情况、汇报工作,或向下级、平级机关沟通情况、交流经验、了解信息、指导工作的一种简短灵活的事务性公文。因其形式简便灵活,可以迅速反映工作中的重要情况、问题和经验,而被机关普遍采用。

简报在实际工作中有各种各样的称呼,如"工作简报""信息简报""工作动态""内部参考""情况反映"等。

二、简报的特点

(一) 简

所谓"简",就是指内容的简洁性,即主题集中、重点突出、一文一事、篇幅简短。

(二) 快

所谓"快",就是指制发的及时性和快捷性。

(三) 新

简报的价值,就在于它能迅速地将各种新动态、新经验、新问题等汇集、反馈给上级领导机关。

(四) 活

所谓"活",就是指行文的灵活性。简报可以向上级机关行文;也可以向下级单位行文还可以向平级单位行文。

(五) 实

所谓"实",就是真实性,指简报要反映真实可靠的情况,做到实事求是。

(六) 密

"密"就是指简报具有不同程度的保密性,要注意保存。

三、简报的分类

按照不同标准,简报可分为以下几种主要类别:

(一) 工作简报

工作简报是反映机关或者系统内部日常业务工作情况的简报。

(二) 会议简报

会议简报是及时反映各种会议情况而在会议期间编写的简报。

（三）动态简报

动态简报主要用于反映工作动态和思想动态等。

（四）专题简报

专题简报是针对某项工作的动态或专项问题的解决过程与经验的简报。

（五）综合性简报

综合性简报是在某一主题的引领下，全面反映一个地区、一个部门或者某个行业的情况、问题、经验和教训；或者汇总反映某一项全局性工作、重要会议精神的贯彻情况等。这种简报既有全局性情况的概述，也有典型材料的介绍，能够做到点面结合，有广度、有深度。

（六）信息简报

信息简报，是通过对某一主题的有关信息进行收集、整理和加工，而形成的简报。

四、简报的写法

简报由报头、报核、报尾三部分构成：

（一）报头

报头，由简报名称、期号、编发机关、编发日期以及间隔线构成。

1. 简报名称位于首页上方居中位置，要求庄重醒目，使用红色大号字体、粗体字写出。名称一般为"内容+文种"，如"会议简报""情况简报""工作简报"等。

2. 期号位于简报名称的正下方，按期序编号，如"第××期"，也可以由年度期数加总期数组成，如"第1期（总第33期）"。期数与总期数的序号用阿拉伯数字表示。属于"增刊"的简报，须在期号处注明"增刊"两字，以示区别。

3. 编发机关位于期号的左下方、间隔线的左上方，一般写全称，如"山东省人民政府办公厅编""××部办公厅秘书处"等，编发机关多为秘书部门。

4. 编发日期为简报的实际编发日期，一般以领导签发的日期为准，用阿拉伯数字标明年月日，位于间隔线上方右侧顶格。

5. 间隔线用于把报头和报核分开，位于编发机关与编发日期下方。

值得注意的是，如简报内容有绝密、机密、秘密、内部情况等要求，应在报头左上方位置标明密级及保密期限，如"绝密＋星号＋×年"。

（二）报核

报核由标题、按语、正文组成，写法如下：

1. 简报的标题类似于新闻标题。标题的写法一般有两种：第一种是单标题，单标题包括以下几种形式：说明式标题，如《请看一组喜人的数据》；提问式标题，如《这个村的官僚主义作风为何越来越严重？》；判断式标题，如《发展横向联合是发展当地经济的重要途径》；引用式标题，如《纸上谈兵——一个造纸厂的用人策略》。第二种是双标题，如《尽责社会，完善自身——华中科技大学团委开展"把知识献给人民"的活动》。

2. 按语，又称"编者按"，是对所编发的简报进行提示、评论、阐述或补充说明的文字。按语一般位于报头间隔线之下，标题之前。按语常有三种类型：一是注解性按语，是对根据什么编发此稿件和稿件的现实意义作简要说明；二是提示性按语，侧重于对简报内容的理解，或对简报内容进行学习时需要注意的问题加以说明和提醒；三是指示性按语，常常引用上级机关的指示，并结合简报内容对现实工作提出具有批示性的意见。多数按语属于提示性的按语。

3. 正文由开头、主体和结尾三部分组成。

开头又称导语，要求简明扼要地概括全文的主旨和主要内容。常见的开头格式有三种：一是结论式，先将简报的结论用一两句话在开头点出，然后在主体部分再做详细的解释和说明；二是叙述式，用叙述的方式概括简报的主要内容；三是提问式，一开头就提出问题，并在主体部分做具体叙述。

主体需要使用许多典型的、有说服力的材料来将导语的内容加以详细叙述。主体的格式有三种：一种是叙述式，即按事情发生、发展和结局的时间先后顺序安排结构，适用于情节单一的事件性简报；二是并列式，把所需要反映的情况分析归纳为若干类别，并以类别为基础详细加以介绍，适合于情况较为复杂的综合式简报；三是因果式，即先写原因，后写结果，总结式、评述式简报常采用这种方式。

结尾常见的内容有：归纳全文、作出评论、提出问题、表明希望、作出预测等。简报的结尾可以省略。

（三）报尾

报尾位于简报末页下端，由发送范围和印制份数组成。上级机关称"报"，同级或不相隶属的机关称"送"，下级机关称"发"。同时在发送范围下界线右下方标明本期简报共印份数。由于简报是内部常用事务文书，若在本单位内部制发就不存在"报""送""发"，所以报尾部分有时可以省略。

五、简报的注意事项

（一）注意区别简报与新闻

两者都要求及时迅速、客观地报道新情况，但在传播内容和范围上存在一定差异。新闻是需要公开发表、面向全社会的，报道内容能够引起公众兴趣；简报所报道的内容多为本单位内部的新情况、新问题等，一般不公开发表。

（二）注意区别简报与通报

两者都要求及时、真实地反映内部重要情况，但在目的、用途、表达方面存在较大不同。通报主要针对正反两方面的典型事例和具有倾向性的情况向内部通报，一般在叙述情况后要做评价分析,目的在于教育;而简报所叙述的情况、信息,主要目的在于反映情况、沟通信息、交流经验,只做客观报道,不做主观分析和评论。

(三)注意区别简报与调查报告

两者都具有报告情况、反映问题的功能,都要求用事实说话,但它们的写作目的和写作侧重点不同。调查报告是通过深入全面的调查,获得对事实的系统性把握,并在此基础上通过理论分析上升为规律性的认识。而简报注重对事实进行简要快速地反映,以达到传递信息、交流情况的目的,少有或没有理论性分析,只有那些具有典型性的新问题,才需要深入调查分析,形成调查报告;但是只要是新问题,都有形成简报的需要。

(四)注意区别简报与报告

报告与简报的法定地位不同,报告是一个法定文种,而简报不是法定文种。简报是在单位内部交流的定期或不定期的报纸或刊物;行文方向不同,报告是下级机关向上级机关汇报工作、反映情况、答复上级机关询问时使用的,是上行文种,简报在上行的同时也可以平行或下行;两者格式不同,报告必须按照法定的公文格式制作,按规定的行文规则运转,而简报的制作和运转都可视具体情况灵活掌握。如:简报不要求盖印,而报告是一定要用印;人称不同,报告用第一人称(如我、我们),简报多用第三人称(如他、他们、该);篇幅长短不同,报告的篇幅可长可短,无字数限制,而简报要求篇幅短小,一般不超过1000字。

第五节 调查报告

一、调查报告的含义

调查报告是根据某种特定的需要,有计划地对重要社会问题、工作情况或典型事物等进行认真调查研究,经过归纳整理和分析研究后形成的书面报告形式的事务性公文。实际工作中的"考察报告""调查附记""情况综述"等,都属于调查报告的范畴。

二、调查报告的特点

(一)针对性

调查报告是为了解决现实工作中亟待解决的某些问题而写作的,具有很强的针对性。

(二)客观性

客观真实是调查报告的基础和生命。调查报告要从实际出发,用事实说话,用具体的情况、数字、做法、经验和不足说明问题,切忌虚构捏造、弄虚作假。

(三)典型性

就是通过对典型的、有代表性的事项进行的分析研究,得出具有规律性的观点和结论。

（四）时效性

调查报告是针对现实需要而写。因此，撰写报告要及时，注重实效。

（五）规律性

调查报告是通过调查、分析、综合，揭示事物的本质和规律。

三、调查报告的分类

按照不同的标准，可以将调查报告分为不同的种类。

（一）按照调查的范围和内容分类

（1）综合性调查报告，即围绕一个中心问题，从多方面、多角度进行普遍的调查的报告。

（2）专题性调查报告，是对某个典型事例、突出问题、某项工作进行系统调查和分析后写出的调查报告。

（二）按照作用分类

（1）揭露问题的调查报告。通过对具体事件以及暴露出来的问题，进行细致、全面、深入的调查，弄清楚事件和问题产生的原因，分析其实质和危害，并提出合理的解决措施防止同类问题的发生。

（2）典型经验调查报告。指反映典型事例、典型经验、典型人物等的专门性调查报告。

（3）基本情况调查报告。政治、经济、文化、科技、环境等各领域都可以作为调查对象，通过深入、系统的调查分析，以反映其基本的情况。

（4）新生事物调查报告。这类调查报告要求反映新事物、新问题、新创造、新风向等新生事物产生的时代背景，揭示其产生原因、发展过程、所遇到的问题，还要求阐明它在现实生活中的意义和作用，指出发展方向和成长规律，从而促进新生事物的发展。

四、调查报告的写法

调查报告由标题、正文和落款三部分组成：

1. 标题。调查报告常用的标题形式有以下四种：一是公文式标题。由"事由＋文种"组成，如《关于学校暑期社会实践开展情况的调研报告》；也可由"调查机关＋事由＋文种"构成，如《××市关于农民工适龄儿童上学问题的调查报告》。二是设问式标题。如《生活富裕后艰苦奋斗的作风还要不要？》。三是揭示主题式标题。即用简要语言揭示调查报告的主题，如《切实解决××市生活用水困难的问题》。四是正副标题式。正题揭示报告的主题，副标题做补充说明，如《农村发展社会主义市场经济的成功之路——贸工农一体化、产供销一条龙的调查》。

2. 正文。调查报告的正文通常由导语、主体和结尾三部分组成。

导语即前言，以简要的文字交代调研的目的、时间、地点、调研对象、调研方法以及取得的结果。

主体是调查报告的主干部分,一般由调查情况和研究结论两部分组成。主体部分常用的写作结构有:横向式结构、纵向式结构、纵横结合式结构。

调查报告常在结尾部分显示作者的观点,对主体部分的内容进行概括升华。结尾部分的写作有多种方法,如:总结全文,明确主旨;指出问题,启发思考;针对问题,提出建议等。

3. 落款。落款包括署名和日期。

第六节 会 议 记 录

一、会议记录的含义

会议记录是在开会过程中由专门人员如实将会议的基本情况和会上的议程、会议报告、议定事项、讨论发言等内容记录下来而形成的书面文字材料。

二、会议记录的特点

(一)原始性

会议记录的原始性,又称纪实性,是指按会议发展过程将发言人的讲话内容、研究认定的问题,如实地记录下来。

(二)凭据性

会议记录的凭据性,是指会议记录是对会议原始情况的真实记录,是会后查对情况的真实凭据。

(三)全面性

会议记录,必须将开会的时间、地点、主持人、与会人员、缺席人员等会议基本情况和会议议题、会议决议等会议内容完整、全面地记录下来。

(四)同步性

会议记录是与会议同时产生的材料,具有很强的同步性。

三、会议记录的分类

按照会议的不同性质,会议记录可分为:党委会议记录、政府机关会议记录、群众团体会议记录、企事业单位行政会议记录、单位会议记录、工作会议记录、座谈会会议记录等;按照会议内容的重要性,可分为一般会议记录和重要会议记录;按照形成的方式可以分为笔录、录音、录像,笔录而成的会议记录又可分为表格式会议记录和文章式会议记录。

四、会议记录的写法

会议记录由标题、正文和落款三部分组成。

1. 标题。标题一般按照"机关名称＋会议名称或事由＋文种"的格式来写,有的可以省略机关名称。如《××市人民政府办公会会议记录》。

2. 正文。正文可以分为开头和主体两部分。开头的写作包括：(1) 会议时间。写清楚,会议开始到结束的具体时间,如×年×月×日×时到×时。(2) 会议地点。写明是××机关××会议室或者××办公室。(3) 会议出席者。根据会议重要程度和出席会议的人员多少,要写清楚参加会议人员的具体单位和出席者的姓名、职务,特别是决定重大事项的会议,要清楚地记录下有关出席者。出席会议的单位和人比较多时或不需要一一列出时,可只写主要与会人员或总数。(4) 缺席者。写明缺席者的姓名、缺席原因。(5) 列席者。即不属于本次会议的正式成员,但是与会议有关的各方面人员,一般应写清单位、名称和职务。(6) 主持人。写明主持人姓名、职务。(7) 记录人。写上记录者的姓名,必要时注明其职务,以示对所做记录内容负责。主体的写作一般包括会议主题、会议主持人的发言,会上领导人的讲话或传达的有关事项,讨论的有关问题,做出的有关决定等项目。记录方法有两种,一是简要的记录,二是详细的记录。

3. 落款。会议记录做完之后,须由会议主持人和记录人签名,最后署上年、月、日。

练 习 题

一、单项选择题

1. 计划类公文不包括以下哪个文种(　　)。
   A. 安排　　　　　B. 纲要　　　　　C. 纪要　　　　　D. 规划
2. 下列哪一个不属于计划的特点(　　)。
   A. 事后性　　　　B. 预见性　　　　C. 目的性　　　　D. 可变性
3. 下列属于《党政机关公文处理工作条例》规定的常用公文文种是(　　)。
   A. 总结　　　　　B. 调查报告　　　C. 简报　　　　　D. 通知
4. 下列哪一个不符合计划标题的写作形式(　　)。
   A. 由"发文机关(单位)＋适用时限＋事由＋文种"构成的全称式标题
   B. 由"发文事由＋文种"构成的简称式标题
   C. 文章式标题
   D. 由"发文机关(单位)＋文种"构成的简称式标题
5. 下列标题中哪一项不符合计划类公文的标题形式(　　)。
   A.《××省财政厅2014年度干部培训计划》

B. 《××省教育厅2015年主要工作安排》

C. 《封山育林计划》

D. 《××市财政局计划》

6. 计划应该以哪种写作方式为主（　　）。

   A. 描写　　　　　　B. 说明　　　　　　C. 议论　　　　　　D. 抒情

7. 机关团体在实施计划或完成任务后对已做工作进行概括、评估的文书是（　　）。

   A. 报告　　　　　　B. 调查报告　　　　C. 总结　　　　　　D. 会议纪要

8. 下列不属于《党政机关公文处理工作条例》规定的常用公文文种的是（　　）。

   A. 函　　　　　　　B. 报告　　　　　　C. 总结　　　　　　D. 议案

9. 下列选项不属于总结特点的是（　　）。

   A. 指导性　　　　　B. 本体性　　　　　C. 理论性　　　　　D. 可变性

10. 报告人向选举或任命机构、上级领导机关、主管部门及本单位的群众汇报介绍自己在一定时期内履行职责的情况时应使用的文种是（　　）。

    A. 总结　　　　　　B. 报告　　　　　　C. 述职报告　　　　D. 调查报告

11. 关于述职报告组成部分正确的是（　　）。

    A. 标题、正文和落款　　　　　　　　　B. 标题、称谓、正文和落款

    C. 标题、前言、主体和结尾　　　　　　D. 标题、主体和结尾

12. 在以下的各类文种中，不属于简报名称的是（　　）。

    A. 信息简报　　　　B. 内部参考　　　　C. 会议记录　　　　D. 工作动态

13. 从行文方向上说，简报是一种（　　）。

    A. 向上级机关反映情况的文书

    B. 向下级机关布置工作的文书

    C. 向平行单位沟通信息的文书

    D. 向上、向下和平行单位都可以使用的文书

14. 简报在格式上不同于一般公务文书的突出特点是（　　）。

    A. 有独特的报头　　　　　　　　　　　B. 有标题

    C. 针对性、指导性强　　　　　　　　　D. 材料新颖

15. 机关内部向上级反映情况、汇报工作或向下级、平级机关沟通情况、交流经验、了解信息、指导工作的一种简短灵活的事务性公文是指（　　）。

    A. 报告　　　　　　B. 简报　　　　　　C. 总结　　　　　　D. 纪要

16. 下列简报中属于临时性简报的是（　　）。

    A. 工作简报　　　　B. 会议简报　　　　C. 动态简报　　　　D. 综合性简报

17. 简报正文由开头、主体和结尾三部分组成，其中不属于主体常用写作格式的是（　　）。

    A. 叙述式　　　　　B. 并列式　　　　　C. 因果式　　　　　D. 对比式

18. 指出"没有调查就没有发言权"的是（　　）。

A、毛泽东 B、刘少奇 C、周恩来 D、邓小平

19.《切实解决××市生活用水困难的问题》属于调查报告标题形式中的哪一种（　　）。
A. 公文式标题　　　　　　　　　　B. 设问式标题
C. 揭示主题式标题　　　　　　　　D. 正副标题

20."我国音乐界第一个学术性团体——聂耳海星学会昨日在武汉成立。"这句话属于写作方法中的哪一种（　　）。
A. 叙述式　　　B. 提问式　　　C. 描写式　　　D. 评论式

21."今天下午3点左右,正是立春时分,一场鹅毛大雪匆匆而来,又匆匆而去,由此结束了××市去年入冬以来没有降雪的记录。"这句话属于写作方法中的哪一种（　　）。
A. 叙述式　　　B. 提问式　　　C. 描写式　　　D. 评论式

22."目前世界上究竟有没有贫困的'第四世界'？有！尽管在这不断繁荣的年代里不多见,然而它却一直存在着。"这句话属于写作方法中的哪一种（　　）。
A. 叙述式　　　B. 提问式　　　C. 描写式　　　D. 评论式

23."'新农村是个筐,关键要有产业装；产业是根木桩桩,要有文化来包装。'这是朱衣仙子寨农民用自己的朴素语言对新农村的注解。今年春节以来,他们自发组织起来,决心改变家乡的贫穷面貌。"这句话属于写作方法中的哪一种（　　）。
A. 叙述式　　　B. 描写式　　　C. 评论式　　　D. 引用式

24. 如实记载有关会议基本情况和主要内容的文书是（　　）。
A. 会议记录　　B. 会议纪要　　C. 会议决议　　D. 会议简报

25. 会议记录是哪一种公文写作的重要依据（　　）。
A. 简报　　　　B. 总结　　　　C. 纪要　　　　D. 报告

26. 对未来一定时期工作作出打算和安排的公文文种是（　　）。
A. 简报　　　　B. 总结　　　　C. 调查报告　　D. 计划

27. 对"总结一年来的工作,我可以问心无愧"一句分析正确的是（　　）。
A. 呼吁式结尾　B. 总结式结尾　C. 谦虚式结尾　D. 表态式结尾

28. 调查报告能使读者对调查内容很快获得总体认识的部分是（　　）。
A. 主题　　　　B. 结尾　　　　C. 前言　　　　D. 标题

29. "机关名称＋时间＋事由＋文种",这种形式的总结标题属于（　　）。
A. 新闻式　　　B. 公文式　　　C. 理论式　　　D. 双标题

30. "述职报告"与公文的"报告"尽管是两种不同的问题,但它们在写作上却有一个共同点,就是（　　）。
A. 语气要谦恭　B. 以陈述为主　C. 用数据说话　D. 少讲缺点

31. 述职报告可用双标题,其正题是对（　　）。
A. 述职对象的具体规定　　　　　　B. 述职主体的正式确认
C. 述职范围的严格限制　　　　　　D. 述职内容的高度概括

32. 有篇述职报告在导言概括评价一年的主要工作后写道:"下面,我从五个方面向领导和同志们述职,请予评议。"从文章的结构看,这段话的主要作用是(   )。

A. 总结上文　　　　B. 引起重视　　　　C. 独立成段　　　　D. 承上启下

二、多项选择题

1. 计划类文书包括的文种有(   )。

A. 规划　　　　B. 纲要　　　　C. 计划　　　　D. 要点

2. 可以用主副标题的公文文种有(   )。

A. 总结　　　　B. 条例　　　　C. 守则　　　　D. 调查报告

3. 计划的写作需注意的事项有(   )。

A. 计划制订必须与实际情况相结合　　　　B. 领导意图和群众意见相结合

C. 明确具体和现实可行相结合　　　　D. 用词准确与可读性相结合

4. 计划具有明显的特点,突出表现为(   )。

A. 预见性　　　　B. 目的性　　　　C. 可行性　　　　D. 可变性

5. 下列标题符合计划类公文的标题形式的有(   )。

A.《2015年度研究生培养计划》

B.《中国物资再生协会2015年主要工作安排》

C.《××大学2014年上半年党校培训计划》

D.《扶贫攻坚计划》

6. 如果计划不成熟或没有经过正式讨论通过,应在标题后的括号内注明(   )等字样。

A."初稿"　　　　B."草稿"　　　　C."征求意见稿"　　　　D."讨论稿"

7. 下列标题符合总结标题写法的有(   )。

A.《××市政府关于2010年下岗工人再就业工作的总结》

B.《深化城乡改革,建设小康农村》

C.《怎样结合实际做好企业管理工作》

D.《创新科技,掌握核心——××公司2013年科研开发工作总结》

8. 下列属于总结特点的有(   )。

A. 预见性　　　　B. 理论性　　　　C. 本体性　　　　D. 客观性

9. 在总结的写作中,我们需注意的事项有(   )。

A. 实事求是,有理有据　　　　B. 主次分明,突出重点

C. 写出特色,写出新意　　　　D. 条理分明,结构严谨

10. 在撰写总结报告正文的开头部分时通常采用何种方法(   )。

A. 介绍工作的成绩及工作进程

B. 叙述占有的材料

C. 概述基本情况

D. 简要揭示总结的主题,为进一步展开叙述奠定基础

11. 下列选项中属于述职报告特点的有( )。

A. 自述性　　　　　B. 内容的规定性　　　C. 自评性　　　　　D. 功能的鉴定性

12. 下列关于述职报告标题格式写法正确的有( )。

A. 只写文种,如《述职报告》

B. 单标题采用"作者＋时限＋事由＋文种"的公文标题格式

C. 单标题采用"时限＋事由＋文种"的格式

D. 采用主副标题的双标题形式

13. 下列属于述职报告的写作步骤的有( )。

A. 回顾工作　　　　B. 收集材料　　　　C. 构思成文　　　　D. 检查修正

14. 简报在实际工作中的作用主要有( )。

A. 向上级机关反映各种工作情况

B. 向下级机关传达意见或观念

C. 与平级单位沟通工作情况,交流经验

D. 向普通公众汇报工作成绩和经验教训

15. 下列各项属于简报特点的是( )。

A. 简　　　　　　　B. 快　　　　　　　C. 新　　　　　　　D. 活

16. 下列关于简报报头说法正确的是( )。

A. 简报名称位于首页上方居中位置,使用红色大号字体,粗体字写出

B. 属于"增刊"的简报,不需在期号处标明"增刊"字样

C. 如简报内容涉密,应在报头左上方位置标明密级及保密期限

D. 简报报头一般由简报名称、期号、编发机关、编发日期以及间隔线构成

17. 下列标题中符合简报报核标题写法的有( )。

A. 《请看一组喜人的数据》

B. 《这个村的官僚主义作风为何越来越严重?》

C. 《纸上谈兵——一个造纸厂的用人策略》

D. 《建设科学合理的分配制度体系——中国努力防止收入分配两极分化》

18. 下列选项中关于简报说法正确的是( )。

A. 报核位于简报末页下端,由发送范围和落款组成

B. 对上级机关称"报",同级或不相隶属的机关称"送",下级机关称"发"

C. 需在发送范围下界线右下方标明本期简报共印份数

D. 报尾部分有时候可以省略

19. 下列对于简报与报告描述正确的有( )。

A. 简报与报告都属于《党政机关公文处理工作条例》规定的常用公文文种

B. 报告是上行文种,简报在上行的同时也可以平行或下行

C. 简报和报告都需按照通用公文格式制作

D. 报告用第一人称(如我、我们),简报多用第三人称(如他、他们)

20. 下列属于简报类型的有(　　)。

   A. 内部参考　　　　B. 情况反映　　　　C. 工作动态　　　　D. 信息简报

21. 简报的作用有(　　)。

   A. 向上级机关反映各种工作情况

   B. 向下级单位传达带有指导性、倾向性的意见或者是上级的管理观念

   C. 及时报道具体工作中的进展情况、经验和教训

   D. 在组织之间传递和交流信息、沟通情况

22. 下列简报中属于长期性简报的有(　　)。

   A. 工作简报　　　　B. 会议简报　　　　C. 动态简报　　　　D. 专题简报

23. 下列属于调查报告特点的是(　　)。

   A. 针对性　　　　　B. 时效性　　　　　C. 典型性　　　　　D. 客观性

24. 下列关于调查报告说法正确的有(　　)。

   A. 实际工作中的"考察报告""调查附记""情况综述"等,都属于调查报告的范畴

   B. 调查研究是调查报告的基础,调查报告是调查研究结果的书面形式

   C. 调查报告按照调查的范围不同,分为综合性调查报告和专题性调查报告

   D. 调查报告需要以客观事实为基础,切忌虚构捏造、弄虚作假

25. 下列关于调查报告标题构成模式正确的是(　　)。

   A. "调查对象＋时限＋事由＋文种"　　　　B. "事由＋文种"

   C. "调查机关＋事由＋文种"　　　　　　　D. 有主副标题构成

26. 下列关于调查报告标题写法正确的有(　　)。

   A. 《滨保高速天津"10.7"特别重大道路交通事故调查报告》

   B. 《农村城镇化后乡村文化如何保护?》

   C. 《切实解决失地农民的生活保障问题》

   D. 《农村发展社会主义市场经济的成功之路——贸工农一体化、产供销一条龙的调查》

27. 下列关于调查报告的标题符合要求的有(　　)。

   A. 《关于当前棉花购销体制改革的调查报告》

   B. 《山东大学是怎样做好大学生通识课教学工作的》

   C. 《家庭养老前途广阔》

   D. 《南国佳果何以畅销全国——东莞市搞活香蕉购销体制的调查报告》

28. 调查报告的正文通常由导语、主体和结尾三部分组成。下列属于导语写作常用方法有(　　)。

   A. 概括主体法　　　B. 设问式导语　　　C. 介绍对象法　　　D. 结论式前言

29. 进行调查报告写作需注意的事项有(　　)。

A. 夹叙夹议、叙议结合 B. 注意材料与观点并重
C. 按照固定格式进行写作 D. 详尽占有材料,如实反映情况

30. 下列哪些属于会议记录的特点(　　)。
A. 原始性　　　　B. 凭据性　　　　C. 全面性　　　　D. 同步性

31. 会议记录的正文可以分为开头和主体两部分,开头的写作内容包括(　　)。
A. 会议时间和会议地点 B. 会议出席者、缺席者和列席者
C. 主持人 D. 记录人

32. 下列关于会议记录与纪要说法正确的有(　　)。
A. 会议记录和纪要都源于会议,同属于实录性文书
B. 纪要属于《党政机关公文处理工作条例》规定的公文文种,会议记录则属于记录性公文
C. 纪要有规范的格式要求,而会议记录则没有
D. 纪要侧重于全面详细地记载会议的内容和经过,会议记录则侧重于对会议的主要精神、会议议定事项的归纳和介绍

33. 会议记录作为会议实况和主要精神的原始记录,其文献特征决定它在写作上的要求有(　　)。
A. 创意性　　　　B. 真实性　　　　C. 完整性　　　　D. 政治性

34. 总结按其范围可以分为(　　)。
A. 思想总结　　　B. 行业总结　　　C. 部门总结　　　D. 个人总结

35. 调查报告的正文组成部分一般有(　　)。
A. 标题　　　　　B. 前言　　　　　C. 主体　　　　　D. 结尾

36. 会议记录和纪要的区别在于(　　)。
A. 写作时间不同　B. 作用不同　　　C. 写法不同　　　D. 写作主体不同

37. 述职报告的严谨性是指(　　)。
A. 态度认真 B. 内容真实
C. 论断科学 D. 辩证地分析问题

38. 总结的主体部分内容主要包括(　　)。
A. 基本情况 B. 经验体会
C. 经验教训 D. 今后打算和努力方向

三、判断题(正确填 A,错误填 B)

1. 计划具有约束性的特征,所以计划一经制订,不容再修改。(　　)
2. 古人云:"凡事预则立,不预则废",用在计划的写作中主要事强调其可变性特征。(　　)
3. 总结可以上报或下发,也可以存留本单位;而报告只能用作上行文。(　　)
4. 《中共××市委关于开展党员评议工作的总结》属于全面总结。(　　)
5. 总结的标题可以由正副标题构成。(　　)

6. 一般工作报告在表述方式上多采用叙述的方式,而总结则多采用议论和说明性文字。(   )

7. 述职报告是现今常用一种考核方式,所以述职者在写作时只需写明自己在所在岗位所取得的成绩,不足之处可提可不提。(   )

8. 述职报告常常以一定时期所做的具体工作为评判标准;总结则更多的是依据岗位或部门职责作为评判标准。(   )

9. 述职报告既可以当着考核人或群众的面进行宣读,也可以以书面述职报告的形式呈现。(   )

10. 述职报告和总结在内容视角方面存在差异,述职报告主要用来介绍某个单位和部门的具体工作情况;工作总结的内容则更加关注工作态度、工作成绩。(   )

11. 简报的写作需遵循一文一事的原则。(   )

12. 简报的特点之一为"活",所谓"活",就是指简报的写作无固定格式的束缚和无具体内容要求。(   )

13. 简报的编发日期一般以简报制作完成的日期为准。(   )

14. 简报由报头、报核、报尾三部分构成。(   )

15. 按语,又称"编者按",是对所编发的简报进行提示、评论、阐述或补充说明的文字。(   )

16. 简报能够起到传递信息、给决策提供参考的作用,因此有时候可以代替"意见""请示""报告""决定""通知"等公文向上级请示汇报工作或向下级传达要求执行或办理的具体工作。(   )

17. 工作简报属于按时印发的长期性简报;会议简报则属于临时性简报。(   )

18. 简报正文一般由开头、主体和结尾三部分组成。(   )

19.《关于中学生思想品德状况的调查报告》属于揭露问题的调查报告。(   )

20. 会议记录的材料来源既可以是第一手材料,也可以是间接的第二手材料。(   )

21. 重要的会议记录,一般要求在每次记录完毕后、散会前把记录当场宣读,以便发现错误或遗漏后,立即更正或补充。(   )

22. 会议记录是会议情况的真实反映,是拟定纪要的重要参考资料。(   )

23. 会议记录可以用表格式的方式来进行记录,属于笔录的一种。(   )

24. 记录人在做完会议记录之后,需由会议主持人和记录人签名,并署上年、月、日。(   )

25. 会议记录可以对外发出,用于在同一组织系统中上下级、平级或不同机关之间传达会议精神和议定事项。(   )

26. 述职报告必须有主送机关或称谓。(   )

27. 写总结拟好标题很重要,往往一个标题就是一个总结的观点。(   )

28. 调查报告标题可用正副标题形式,正题揭示报告主题,副题做补充说明。(   )

第九章　规范类公文

规范类公文又称法律法规类公文,是指以强制力推行的用以规范人们行为的公文。它是国家机关和其他社会组织法制化、制度化管理国家和社会事务、组织内部事务的一种重要手段。规范类公文包括法律性公文、法规性公文和规章。

法律性公文系由国家立法机关依照法定权限和程序制定或认可的、体现统治阶级意志的并以国家强制力保证执行的行为规范的总称。从内容和效力而言,法律性公文分为三个层次:宪法、国际法、普通法。

法规性公文分为行政法规和地方性法规两部分。行政法规是国务院为领导和管理国家各项行政工作,根据宪法和法律制定的在全国范围内具有法律效力的政治、经济、教育、科技、文化、外事等各类法规的总称。地方性法规是指有权制定法规的地方性国家机关,在不与宪法、法律和行政法规相抵触的前提下,制定和发布的规范本行政辖区内重大事项的规范性公文的统称。地方性法规不能与宪法、法律以及行政法规相抵触。在效力上,行政法规高于地方性法规。

规章是指国家行政机关根据并且为了实施法律、行政法规而制定颁布的规范行政管理工作的规范性公文的总称。一是国务院各部门制定的国务院部门规章,简称部门规章;二是地方人民政府规章,简称政府规章,它是由省、自治区、直辖市以及省、自治区人民政府所在地的市和经国务院批准的较大的市、计划单列市的人民政府制定的。

规范类公文具有以下特征:

(1)公文内容是作者单方面意志的表现,其规范作用的成立与实现不以对方是否同意为前提条件,具有强制约束力。效力所及的时间、空间、机构、人员范围主要取决于作者的法定权限、规范的内容,即使是由下级机关执行的法规和规章,规定范围内的上级机关也同样应受其约束。

（2）公文所针对的问题是反复多次使用的、涉及多数人而非少数人的一般的普遍性问题。

（3）公文生效程序更为严格和规范，特别是在审批手续和正式公布程序方面非常严格。如审批，不仅次数较多，参与审查的机构或工作人员数量大、类型复杂，而且大都需要以会议的形式最终确认其效用（讨论通过方有效用），极少是由个人决定的。公布也与其他公文不同，必须在一定范围内正式公布，否则无效。

（4）在效用方面一般均实行"不溯既往"和"后法推翻前法"的原则，即公文效力所及只针对正式公文（生效）之后发生的有关事物；新公文形成之后，与其规定不一致的"旧公文"即行废止，以新公文为准。

（5）语言运用讲究高度准确、概括、简洁、通俗、规范。规范类公文中最常用的有条例、章程、规定、办法、规则、细则、守则、公约等。

第一节 条 例

一、条例的含义

条例是用于规定长期实行的调整国家政治、经济和文化等方面的准则与要求，或用于某一机关的组织、职权以及某些专门人员的任务和权限等内容的规范类公文。

条例适用范围广泛，涉及经济、政治、文化、教育、科技、卫生、公安、民政、民族事务等诸多领域，它实际上是对于国家政策、法律、法规的一种补充性说明或辅助性规定。

二、条例的特点

1. 发文机关的限定性

条例属于法规性公文，其制发权有严格限制。条例作为党的文件，它是党中央制定规范各级党的组织的工作、活动和党员行为的具有规章制度性质的公文。条例由党中央及其授权的中央有关部门制发，党的其他机关制定的规范性文件不得称为条例；条例作为行政法规的名称，它是对某一方面的行政工作做比较全面、系统的规定。作为行政法规的条例，其制发主体只能是国务院。国务院各部门和地方人民政府制定的规章不得称条例；条例作为地方性法规的名称，其制发主体是省、自治区、直辖市、省会所在的城市及国务院批准的较大的城市的人大及其常务委员会。因此，条例的制发权有严格的限制，仅限于党中央、国务院、省级人大及常务委员会。

2. 内容的法规性

条例是对国家某一政策、法令所做得比较全面、系统的补充说明和辅助规定，或者是对党的工作、活动和党员行为进行规范的规章制度。所以它颁布之后，在其所属的领域内，就具有强制力和约束力,要求有关人员必须遵照执行,不得违反。否则,就会受到相应的处罚或处分。

3. 时效的稳定性

条例自颁布实施之后,在一个时期之内,对其所涉及的对象行为起约束作用。

4. 格式的条款性

一般情况下,条例的正文都采用分条列款的方式进行表达,通常是编下分章,章下分条,条下分款,便于查找。

三、条例的类型

根据条例内容和规范对象,条例可分为以下几种类型:

(1) 行业性条例。由国家权力机关或行政机关制定或批准,以法律条文形式规定政治、经济、文化、科教等行业的相关规范。

(2) 奖惩性条例。针对有关事件或人员的先进事迹、英勇行为、错误罪责等制定的有关奖励与惩罚措施的规定。

(3) 职责性条例。针对有关专业人员的职责规范所做出的规定。

(4) 措施性条例。针对特殊领域或特殊物品提出切实可行的管理措施与制度。

四、条例的写法

1. 标题

条例的标题有三种写法,一是由制发机关、事由和文种组成,如《国务院信访条例》;二是适用范围、条例内容和文种组成,如《××省经济合同管理条例》;三是条例内容和文种,如《婚姻登记条例》。属于实施性质的,在文种前加"实施"二字,如《中华人民共和国行政法实施条例》;属于试行性质的,在文种后加括弧标注"试行"二字,如《中国共产党党内监督条例(试行)》;属于暂行性质的,在文种后加括弧标注"暂行"二字,如《××市铁道口安全管理条例(暂行)》。条例标题中一般不出现常用公文标题中使用的"关于……的"这一介词结构。

2. 签署

条例的签署一律在标题之下,写明该条例何时经何会议通过、何时生效等。有的写发布时间、发布机关名称,如《行政法规制定程序条例》(2001年11月16日国务院第321号令公布自2002年1月1日起施行)

3. 正文

正文的写法分为总则、分则、附则三个组成部分。总则或相当于总则的部分是关于制定条例的目的、意义、依据、指导思想和适用原则、范围等的说明性文字,表达简明扼要。分则是规范项目,这是条例的实质性规定的内容,是要求具体执行的依据。附则是对规范项目的补充说明,其中包括用语的解释和解释权、修改权、公布实施的时间等项内容。内容比较简单的条例,直接分条目列述即可。

第二节　章　程

一、章程的含义

章程是党派组织、社会团体、公司企业等为保证其组织活动正常运行所制定的要求全体组成人员共同遵守的规约性文件。章程具有明确的范围、宗旨和鲜明的目的性与较强的针对性,对该组织或团体的成员有较强的约束力。在组织内部通过设立章程,系统阐明组织的性质、宗旨、任务以及规定成员的条件、权利、义务、纪律以及组织结构、活动原则等。

章程的适用范围,一是政党或社会团体,规定其性质、任务、宗旨等,确保组织成员加以遵守,保证纯洁性和战斗力;二是企事业单位用以规定其业务性质、活动制度和行为规范,保障企事业单位的良好运行。

二、章程的写法

章程的写作格式如下:

（1）标题。由制文单位名称和文种构成,如《中国共产党章程》。

（2）时间和依据。在标题之下用括号表明章程通过的年、月、日期和会议,或者章程修改的年、月、日和会议,并写明由什么会议或机关批准。

（3）正文。正文一般包括制定章程的目的,本组织、团体、企事业单位的性质、名称、法定地址、任务、宗旨、成员的条件、权利和义务等。章程的结构通常采用章断条连式或总述条款式。章程是组织的纲领性文件,需长期使用,有较长的稳定性。

第三节　规　定

一、规定的含义

规定是社会组织制定的,对某项具体工作或某方面而活动提出具体执行意见和管理措施的规范性应用文体。

规定的适用范围广泛,无论是党政机关、社会团体,还是企事业单位,无论政治、经济、文化、教育、科技、卫生等部门,凡需要规范某一方面的工作事项或要求相关人员遵守和执行某一事项,都可以制发规定。

二、规定的类型

规定有多种分类方法,从性质上划分,有政策性规定和事务性规定;从制定部门上划分,有政府规定、社会团体规定和企事业单位规定;从法律角度划分,有允许性规定和禁止性规定。

三、规定的写法

(1) 标题。标题一般有两种形式:一种是由制文机关名称+事由+文种构成;另一种是由事由+文种构成。根据文种性质的不同,常在前面用"若干""暂行""补充""有关"等词加以修饰或限定。

(2) 正文。正文多由三部分组成:先写制发规定的缘由,并在后面用"特作如下规定"承上启下;其次写规定的具体事项,须条理井然;最后说明施行范围和时效等。

(3) 签署发文机关和日期。如标题中已标明发文机关,标题下已表明发文日期,此部分可以省去,特别是高级行政机关制发的规定更是如此。

四、区分规定和条例

(1) 适用范围不同。规定的内容有一定的局限性,限于为实施某一法律法规,或为加强某一项管理工作而制定,内容局限在具体政策和管理方面;而条例适用范围广泛,内容比较全面系统。

(2) 时效性不同。规定只是对于某项工作或活动作出具体行为规定,若工作或活动结束,规定则变成历史文件;条例则用以调整党务工作或规定某个机关的组织和职权以及某些专门人员的任务和期限,故而适用于长期实行。

(3) 容量不同。规定多为对某一事项有关政策方面的具体要求,所以容量不大,格式也较为简单;条例多为某些事项的职权、方式等方面的规定,容量比较大,格式也较复杂。

(4) 制发机关不同。规定的制发机关是各级党政领导或其他职能部门;而条例的制发机关限制比较严格,限于各级立法机关、国家最高行政机关、党的中央组织及其授权机关。

第四节 办 法

一、办法的含义与适用范围

办法是社会组织对进行某项工作作出具体规定的法规性公文。

办法的适用范围比较广泛,使用率也较高。它可以用于指导实施党和国家的方针、政策的贯彻执行,也可以用于指导实施国家某一项法律、某一条例的贯彻实施,还可以用于为有关部门和下级机关搞好某项具体工作而做出具体规定。

二、办法的类型

1. 实施办法

它是在实际工作中为实施法规文件,已实施对象作为成文主要依据而对于原件的一种具体化。实施办法分为实施法律的办法;实施条例的办法;实施规定的办法。

2. 管理办法

各单位在某方面工作尚无条文可依的情况下,为实现有效管理,常使用办法来制定工作法则。

三、办法的写法

(1) 标题。办法的标题应由发文机关、事由和文种类别构成,发文机关也可省略。若办法属"暂行"、"试行"的,要在标题中标明。

(2) 签署。在标题下另起一行正中位置写上发布时间和发布单位,用小括号括起。

(3) 正文。一般正文有三部分组成:总则、分则、附则。总则是关于办法的目的、意义、依据、指导思想和适应原则、范围等的说明文字;分则即规范项目,办法实质性规定的内容和要求,以及具体执行的依据;附则,是对规范项目的补充说明,包括用语的解释和解释权、修改权、公布实施的时间以及执行要求等。

第五节 规 则

一、规则的含义

规则是社会组织为了有序进行管理或开展某项公务活动而制定的要求有关人员共同遵守的规范性公文。常见的规则有行政管理性规则和管理业务性规则两种。

一般来讲,规则多用于局部范围和公共场所,对一些具体的、事务性工作进行规定,对有关事项提出统一要求,制定管理的措施和程序。

二、规则的特点

(1) 制发主体的广泛性。规则的制发者范围广泛,从中央政府到地方各级政府以及政府相关部门、各企事业单位均可制定规则。

(2) 范围的局部性。规则所规定的范围适用于制定单位对局部范围的人员作出具体要求和规定,并且有些规则仅是内部行文,只在一定时间内、一定范围内起作用。

(3) 对象的单一性。规则所规范的对象比较集中单一,是局部范围内的特定对象。

(4) 内容的具体性。规则规定的事项和内容是具体的。

三、规则的写法

规则的写作结构包括标题和日期、正文、签署三个部分。

(1) 标题和日期。标题一般由事由和文种构成,有的则由制发机关、事由和文种构成。有的还需试行一段时间后加以修订,故常在文种前面加修饰语"试行"二字。日期写在标题之下,有的用括号注明规则通过的年、月、日和会议名称;有的注明公布的年、月、日和批准机关;有的写明公布的年、月、日和制发机关。

(2) 正文。正文通常先写发文缘由;其次写具体的内容,包括方法、措施、处罚手段等;最后写生效日期、解释权限等方面的内容。

第六节　细　　则

一、细则的含义

细则也称实施细则,是有关机关或部门为使下级机关或人员更好地贯彻执行某一法令、条例和规定,结合实际情况,对其所做的详细的、具体的解释和补充。

二、细则的特点

细则多由各级政府机构根据实际需要制发,有较强的约束力。细则具有以下特点:

(1) 辅助性。细则是主体法律、法规、规章的从属性文件,它对法令、条例、规定或其部分条文进行解释和说明,制定细则的目的是为了补充法律、法规、规章条文原则性强而操作性弱的不足,以利于贯彻执行。

(2) 规范性。细则是对法律、法规和规章的补充性说明或辅助性规定,自然具有法律、法规、规章的规范特点。

(3) 具体性。细则是针对某一法令、条例和规定,所做的详细的、具体的解释和补充,因而在内容上具有明显的具体性特点。

三、细则的写法

(1) 标题。标题由事由和文种类别构成,发文机关和日期在标题中标出,如果是会议批准或通过的,要在标题下用括号另加注说明"某年某月某日某某会议批准(通过或修订)"。

(2) 正文。这需根据内容的复杂程度,复杂者要分为总则、分则、附则或章节来写;简单者直接分条列述即可。一般正文分三部分:先写发布的缘由;次写具体内容;再写实施机关、生效日期、解释权限等。

第七节　守　　则

一、守则的含义

守则是社会组织为了维护公共利益,向所属成员发布的一种要求自觉遵守的约束性文件。

二、守则的特点

(1) 高度概括性。守则所定的规范内容明确、具体、实在,既高度概括,又具体可行。
(2) 简练性。守则的条数一般都较少,整体篇幅较短。

三、守则的写法

(1) 标题。标题由发文机关、事由和文种类别组成,有时可省略发文机和的事由,只写"××人员守则"或"守则"。
(2) 正文。通常先说明制文缘由;其次分条列述具体内容;再以"以上各条,望相互监督执行(遵守)"等语作结。
(3) 签署发文机关和日期。如标题中已经标明发文机关,或用题下标示表明了发布日期,此部分内容则可省略。

第八节　公　　约

一、公约的含义

公约一词有两种含义,一种为广义的公约,指国家间关于经济、技术或法律等方面专门问题的多边条约,如1972年的《关于禁止发展、生产和储存细菌(生物)及毒素武器和销毁此种武器的公约》。另一种公约是指各个国家、部门、人员之间的一个共同遵守的约定。

二、公约的特点

公约的特点与守则基本一样,具有概括性和简约型。但除此之外,公约还具有通俗性这一重要特点。

三、公约的写法

(1) 标题。公约的标题有三种写法:一是适用人＋文种,如《医生公约》。二是适用范围+文种,如《长盛小区公约》。三是涉及事项+文种,如《卫生公约》。

(2) 正文。公约的正文由引言、主体和结尾组成。

(3) 引言。引言主要用来写明制定公约的缘由,常套用"为了……特制定本公约"的固定格式。

(4) 主体。条文式写法,将具体内容分条列出,一定要做到系统条理,层次分明,言简意赅,朴实畅达。

(5) 结尾。用来写执行要求,生效日期等。如无必要,可省略这一部分。

(6) 署名与日期。有些公约署名极其重要,因为署名意味着承诺,表示遵守公约的意向。特别是行业公约,此点尤为突出。

练 习 题

一、单项选择题

1. 下列属于行业性条例的是（　　）。
   A. 《教育督导条例》　　　　　　　　B. 《财政违法行为处罚处分条例》
   C. 《乡村医生从业管理条例》　　　　D. 《风景名胜区条例》

2. 条例自颁布实施之后,在一个时期之内,对其所涉及的对象行为起约束作用,这体现出条例的（　　）。
   A. 内容的法规性　　B. 时效的稳定性　　C. 格式的条款性　　D. 制发的独特性

3. 条例、规定、办法、决定是属于公文中的（　　）。
   A. 领导指导性文件　B. 法规性文件　　　C. 公布性文件　　　D. 商洽性文件

4. 用于对某一项行政工作作比较具体规定的规范性文件,称作（　　）。
   A. 条例　　　　　　B. 规章　　　　　　C. 办法　　　　　　D. 守则

5. 领导机关对特定范围内的工作和事物制定相应规范,要求所属部门和下属机关贯彻执行的是（　　）。
   A. 细则　　　　　　B. 守则　　　　　　C. 条例　　　　　　D. 规定

6. 各级领导机关对贯彻执行某一法令、条例或进行某项工作的办法、步骤、措施等作出具体规定的法规性公文是指（　　）。
   A. 条例　　　　　　B. 规定　　　　　　C. 办法　　　　　　D. 守则

7. 在实际工作中为实施法规文件,将已实施对象作为成文主要依据而对于原件的一种具体化是（　　）。
   A. 管理办法　　　　B. 宏观办法　　　　C. 实施办法　　　　D. 具体办法

8. 国家机关、社会团体、企事业单位为了有序进行管理工作或开展某项公务活动而制定的要求有关人员共同遵守的规范性公文是指（　　）。
   A. 细则　　　　　　B. 规则　　　　　　C. 守则　　　　　　D. 章程

9. 有关机关或部门为使下级机关或人员更好地贯彻执行某一法令、条例和规定,结合实际情况,对其所做的详细的、具体的解释和补充,这是指法规类公文中的（　　）。
   A. 守则　　　　　B. 细则　　　　　C. 规则　　　　　D. 公约

10. 国家机关、社会团体、企事业单位为了维护公共利益,向所属成员发布的一种要求自觉遵守的约束性文件是指（　　）。
    A. 细则　　　　　B. 守则　　　　　C. 规则　　　　　D. 条例

11. 具有通俗性这一特点的公文是（　　）。
    A. 守则　　　　　B. 规则　　　　　C. 公约　　　　　D. 细则

12. 《长盛小区公约》这一公约的标题是由（　　）。
    A. 适用人加文种　　　　　　　　　B. 适用范围加文种
    C. 涉及事项加文种　　　　　　　　D. 涉及事物加文种

13. 细则是为具体执行实施有关法律、法规和行政规章而制定的一种（　　）的规章或管理规章。
    A. 商讨性、操作性　　　　　　　　B. 解释性、操作性
    C. 理论性、规范性　　　　　　　　D. 约束性、探讨性

14. 以强制力推行的用以规定各种行为规范的法规、规章属于（　　）。
    A. 规范性文件　　　　　　　　　　B. 领导指导性文件
    C. 呈请性文件　　　　　　　　　　D. 证明性文件

二、多项选择题

1. 规定和条例的区别表现在（　　）。
   A. 适用范围不同　　　　　　　　　B. 时效性不同
   C. 容量不同　　　　　　　　　　　D. 制发机关不同

2. 办法的类型有（　　）。
   A. 管理办法　　　B. 微观办法　　　C. 实施办法　　　D. 具化办法

3. 常见的规则有（　　）。
   A. 行政管理性规则　　　　　　　　B. 管理业务性规则
   C. 法规性规则　　　　　　　　　　D. 政策性规则

4. 以下关于规范类公文说法正确的是（　　）。
   A. 内容是作者单方面意志的表现,不以对方是否同意为前提,具有强制约束力
   B. 所针对的问题是反复多次适用的一般的普遍性问题
   C. 生效程序更为严格和规范
   D. 语言运用高度准确、概括

5. 公约的正文由（　　）组成。
   A. 引言　　　　　B. 主体　　　　　C. 结尾　　　　　D. 附言

6. 条例的特点有（　　）。

A. 内容的法规性 B. 时效的稳定性
C. 格式的条款性 D. 发文机关的限定性

三、判断题(正确填 A,错误填 B)

1. 书写条例时不可省去发文机关。(   )
2. 条例适用范围较窄,仅涉及经济、政治、文化领域。(   )
3. 规定仅适用于党政组织。(   )
4. 章程的写作格式包括标题、时间和依据、正文三个部分。(   )
5. 章程仅对组织内部成员有约束作用。(   )
6. 办法的标题应由发文机关、事由和文种类别构成,发文机关不可省略。(   )
7. 规范类公文包括法律性公文、法规性公文和规章。(   )
8. 规则的标题一般由事由和文种构成,有的则由制发机关、事由和文种构成。(   )
9. 细则的标题由事由和文种构成。(   )
10. 守则的标题由发文机关、事由和文种类别组成,不可省去发文机关和事由。(   )

第十章　复习建议及综合练习题

学习《公文写作与处理》，要分步骤、有计划地进行，具体可分为以下几个方面：

（一）了解课程特点

《公文写作与处理》与其他科目有很大的不同，重实践与规范，轻理论。它主要是为了适应各类社会组织在公文拟写、办理、管理等方面的需要，实践性强；国家也建立了一套处理公文的规章和技术标准，如行文时如何选用文种、发文与收文的办理程序、行文的基本规则等，具有规范性。因此学习这部分内容需要将国家对公文写作与办理的具体要求和公文实际处理结合起来，掌握各类公文写作的基本要求和操作规范，必须了解国家关于公文写作的规定与要求，要掌握理论基础知识，熟悉各类公文的含义、特征、用法、类型、基本写作技巧与处理规范，融会贯通地加以运用。

（二）有目标、有技巧地进行学习

《公文写作与处理》部分的考试涉及内容全面而灵活，要求我们在全面的复习过程中要掌握技巧，有目标、有计划地进行，有的放矢。首先要从整体上把握本门课程的知识体系框架。本门课程整体上可分为四个部分：一是公文概述，包括公文的定义、特点、作用、类型、表达方式等综合介绍；二是各类公文概述，包括 15 个常用公文、日常事务类公文、讲话类公文、书信类公文和规范类公文中每种公文的定义、特点、类型、写作格式和要求；三是公文格式，包括通用格式和特定格式，重点掌握每个格式要素的构成、位置、字体、要求等；四是公文处理，包括公文的行文规则，以及公文的拟制、办理、管理等环节。学习过程中要着眼于宏观，然后细化深入到微观，最后再回到宏观体系，将各个知识点由点及面，相互串联，才能够真正地掌握这门课程。

（三）做好知识素材的积累

在写作技巧方面，寻找各类真正实用的、规范的公文，在立意构思、谋篇布局、段落结构、开头结尾、过渡照应、句式表达等方面进行积累与学习；在写作素材方面，关注时事问题，了解当下热门问题、国内外形势变化、人民群众心声等,丰富自身的写作素材储备,也可以从时事评析中积累对于某些常见问题的论述方式,再结合新形势、新任务等,能够对所要求公文进行全面、完整的论述。

(四) 在比较、鉴别中学习

在比较中学习,寻找差异与不同,是准确认识和把握事物特点的一种常用的方法。在《公文写作与处理》的学习过程中,可以将相近、相反、容易混淆的内容放在一起进行对比、辨析,寻找异同点,以强化理解和记忆。如通知、通报和通告,请示和报告,通告和公告,绝密文件、机密文件和秘密文件等。

(五) 认真分析,总结重点

一方面要在学习过程中多分析、总结归纳出重点、次重点;另一方面要多关注历年考试中公文写作的题目,归类题型,针对特定的题型有重点地进行训练;归纳出题频率高的重要公文文种加以强化复习;认真分析考试题目,探索出题者意图与考点,总结出规律性的东西,做到心中有数,从容应对考试。

(六) 勤学多练

在公文写作的练习中,在掌握公文的基本构成和写作方法之后,要尝试找各类常用公文类型进行写作练习,真正把练笔建立在理解、吸收和积累的基础上。要重视"小文章",从难度不大的公文入手,重点放在规范格式、梳理框架上面,基本掌握其写作要领,再尝试练习难度稍大的文章,循序渐进。勤练习,既能深化理解、掌握公文写作与处理的基础知识,又能够加深记忆,提高考试能力。值得注意的是,练习要选有代表性的题型和试题,不要搞题海战术。

综合练习题(一)

一、单项选择题

1. 调查报告的写作主要采用的三种表达方式是(　　)。
   A. 议论、说明、描写　　　　　　　　B. 叙述、议论、说明
   C. 叙述、议论、抒情　　　　　　　　D. 说明、叙述、描写

2. 党政机关公文规定有特定发文机关标志的普发性公文可以(　　)。
   A. 标注主题词　　　　　　　　　　　B. 不加盖印章
   C. 不署发文机关名称　　　　　　　　D. 不标注发文字号

3. 在公文特定用语中,"据此""为此""现函复如下"等属于(　　)。
   A. 引叙用语　　B. 过渡用语　　C. 开端用语　　D. 经办用语

4. 正式公文标题中不能省略的部分是(　　)。
   A. 发文机关名称　　B. 事由　　C. 文种　　D. 发文时间

5. 《党政机关公文处理工作条例》自（　　）起施行。
A. 2012年4月1日　　　　　　　　　B. 2012年7月1日
C. 2012年8月1日　　　　　　　　　D. 2012年10月1日

6. 在党政公文格式中，下面哪个要素已不再使用（　　）。
A. 发文机关　　　B. 事由　　　C. 文种　　　D. 主题词

7. 任职者向上级部门和本单位群众所作的任现职以来的工作情况的报告称为（　　）。
A. 工作报告　　　B. 述职报告　　　C. 情况报告　　　D. 总结报告

8. 以下公文中可以不标主送机关的是（　　）。
A. 通告　　　B. 报告　　　C. 函　　　D. 批复

9. 某县农业技校拟筹建校办企业，向工商局行文申请注册，应用（　　）行文。
A. 请求　　　B. 请示　　　C. 函　　　D. 报告

10. 某大学拟发文处理在期末考试作弊的学生，应用（　　）行文。
A. 通报　　　B. 通知　　　C. 通告　　　D. 决定

11. 通用文种中的"函"这个文种，主要指（　　）。
A. 来函　　　B. 去函　　　C. 便函　　　D. 公函

12. 某省的市文化局与省文化厅属于（　　）关系。
A. 领导与被领导关系　　　　　　　B. 指导与被指导关系
C. 上下级关系　　　　　　　　　　D. 非隶属关系

13. 条例、规定、办法是属于公文中的（　　）。
A. 领导指导性文件　　B. 规范性文件　　C. 公布性文件　　D. 商洽性文件

14. 关于公文的说法，正确的是（　　）。
A. 一般情况下公文生效的日期是签发日期
B. 公文的标题一般由事由、文种两要素构成
C. 公文的密级分为绝密、机密两个等级
D. 文件的紧急程度分为特急、加急、急件三个级别

15. 公文的作者是指（　　）。
A. 主送机关　　　B. 抄送机关　　　C. 发文机关　　　D. 撰写人

16. 联合行文标注发文机关时，标在前面的机关是（　　）。
A. 上级机关　　　　　　　　　　　B. 组织序列表中靠前的机关
C. 主办机关　　　　　　　　　　　D. 其他系统的机关

17. 为了维护正常的领导关系，具有隶属关系或业务指导关系的机关之间应基本采取（　　）。
A. 逐级行文　　　B. 多级行文　　　C. 越级行文　　　D. 直接行文

18. 公文从应用范围的角度可分为通用公文和（　　）。
A. 事务文书　　　B. 私人文书　　　C. 秘密文书　　　D. 专用文书

19. 狭义的公文是指（　　）。

A. 事务文书 B. 司法文书 C. 通用公文 D. 专用文书

20. 公文在制发的程序上,必须履行法定的(　　)。

A. 审批手续 B. 会签手续 C. 登记手续 D. 承办手续

二、多项选择题

1. 涉及国家秘密的公文应当标明(　　)。

A. 密级和保密期限 B. 份号 C. 紧急程度 D. 预读对象

2. 公文语言的主要特点有(　　)。

A. 庄重 B. 准确 C. 严谨 D. 规范

3. 下列不属于隶属关系的是(　　)。

A. 县政府与县文化局 B. 省政府与省教育厅
C. ××大学与市工商局 D. 省人大与省政府

4. 一个完整的公文标题应包括(　　)。

A. 发文机关名称 B. 文种 C. 主送机关名称 D. 公文事由

5. 通用公文的使用范围是(　　)。

A. 党政机关 B. 社会团体 C. 企业单位 D. 事业单位

6. 下列属于公文格式主体部分的要素是(　　)。

A. 附件 B. 签发人 C. 主题词 D. 主送机关

7. 以下可以联合行文的是(　　)。

A. 政府部门与同级人民团体之间
B. 政府的部门与同级的党组织之间
C. 政府与同级的党组织之间
D. 政府与所属企业之间

8. 公文保管期限一般分为(　　)。

A. 短期保管 B. 中期保管 C. 长期保管 D. 永久保管

9. 公文写作者应具备的主要素养(　　)。

A. 智能素养 B. 艺术素养 C. 知识素养 D. 政治素养

10. 公文写作中避免产生歧义的方法有(　　)。

A. 不滥用省略 B. 在语句中增加必要的限定修饰成分
C. 提供尽可能充分的语言环境 D. 多使用夸张、拟人、反语、双关等修辞

三、判断题(正确填 A,错误填 B)

1. 公文被撤销的,视为自始无效。(　　)
2. 公文被废止的,视为自废止之日起失效。(　　)
3. 不具备归档和保存价值的公文,一律直接销毁。(　　)

4. 个人不得私自销毁、留存涉密公文。（   ）

5. 党政机关公文应由文秘部门或者专人统一管理。（   ）

6. 公文一旦制定公布，就具有永久效力。（   ）

7. 公文的权威性和行政约束力，来自审核机关的权威和合法地位。（   ）

8. 党政机关对重要事项或者重大行动作出安排，奖惩有关单位及人员，适宜采用的公文文种是决定。（   ）

9. 绝密级公文应当由专人管理。（   ）

10. 设立党委（党组）的县级以上单位应当建立机要保密室和机要阅文室。（   ）

综合练习题（二）

一、单项选择题

1. 公文区别于其他信息记录的特点是（   ）。
   A. 传播知识　　　　　　　　　　B. 书面文字材料
   C. 具备查考价值　　　　　　　　D. 具备法定的权威性

2. 机关公文文稿经签发后，即为（   ）。
   A. 公文的定稿　　B. 公文的草稿　　C. 公文的会签　　D. 公文的核发

3. 公文语言规范的第一要求是（   ）。
   A. 准确　　　　　B. 简明　　　　　C. 平实　　　　　D. 庄重

4. 一般情况下，上行公文应采用哪种结尾方式（   ）。
   A. 倡议展望式　　B. 概括总结式　　C. 祈望请求式　　D. 交代说明式

5. 以本单位名义制发公文的过程不包括（   ）。
   A. 文稿起草　　　　　　　　　　B. 会签
   C. 征求意见　　　　　　　　　　D. 主管领导签发

6. 在一定范围内公布应当遵守或者周知事项，应使用的文种是（   ）。
   A. 公报　　　　　B. 公告　　　　　C. 通知　　　　　D. 通告

7. 多个部门联合办理的公文，原件由（   ）归档。
   A. 主办单位　　　B. 协办单位　　　C. 档案部门　　　D. 各相关部门

8. 下列选项中，不能联合行文的是（   ）。
   A. 同级政府与党委　　　　　　　　B. 同级政府
   C. 政府部门与同级人民团体　　　　D. 政府与其下一级政府

9. 抄送机关是指（   ）。
   A. 负有公文处理主要责任的受文机关
   B. 上级机关
   C. 除主送机关之外需要执行或知晓公文内容的其他机关

D. 下级机关

10. 不相隶属机关之间商洽工作、询问和答复问题时应使用的文种是（　　）。
    A. 通知　　　　　　B. 请示　　　　　　C. 通告　　　　　　D. 函

11. 公文主体部分，其结构层次序数运用正确的是（　　）。
    A. "（一）""一""1""（1）"　　　　　　B. "一、""（一）""（1）""1."
    C. "（一）""一、""（1）""1."　　　　　D. "一、""（一）""1.""（1）"

12. "题目明旨"指的是在文章的（　　）点明主旨。
    A. 篇首　　　　　　B. 篇末　　　　　　C. 标题　　　　　　D. 中间

13. 当公文的发文机关与主送机关属于不相隶属关系时，应使用（　　）。
    A. 上行文　　　　　B. 平行文　　　　　C. 下行文　　　　　D. 公布性文件

14. 公文中的命令（令）是（　　）公文。
    A. 呈报性　　　　　B. 批准性　　　　　C. 商洽性　　　　　D. 领导指挥性

15. 以下关于发文机关名称说法正确的是（　　）。
    A. 必须使用全称　　　　　　　　　　　B. 必须使用规范化简称
    C. 应使用全称或规范化简称　　　　　　D. 应使用全称或简称

16. 凡是被公文作者有意识搜集到的事实、数字、论据，不论是否写入公文，都称为（　　）。
    A. 素材　　　　　　B. 题材　　　　　　C. 文件　　　　　　D. 材料

17. 撰写公文时使用"尤其值得注意的是""不难看出"等用语，其目的是（　　）。
    A. 强调观点　　　　　　　　　　　　　B. 增强文章气势
    C. 领起下文　　　　　　　　　　　　　D. 增强文章感染力

18. 公文写作常用的表达方式不包括（　　）。
    A. 叙述　　　　　　B. 描写　　　　　　C. 议论　　　　　　D. 说明

19. 公文的密级按照程度由高到低排列依次为（　　）。
    A. 绝密、机密和秘密　　　　　　　　　B. 机密、绝密和秘密
    C. 绝密、秘密和机密　　　　　　　　　D. 秘密、机密和绝密

20. 公文写作要求准确使用汉字、数字和标点符号。下列选项中使用正确的是（　　）。
    A. 省农博会定于二〇〇五年三月十八日上午九时整在国际会展中心开幕
    B. 国际新机场即将建成，省委、省政府确定7月1日试航
    C. 这种情况多见于本世纪二三十年代
    D. 经营项目有：馄饨、饺子、面条……

二、多项选择题

1. 公文的作用包括（　　）。
   A. 领导与指导作用　　B. 规范行为作用　　C. 传递信息作用　　D. 公务联系作用

2. 下面是从公文中摘出的四句话，其中表达欠妥当的有（　　）。

A. 我院已于8月30日召开了表彰先进个人、集体大会，××院长和其他学院的领导将参加这次会议

B. 加强全面质量管理是目前我们能否搞好企业管理的一个最关键的问题

C. 衡量一个企业管理水平的高低，要从这样一些方面考察：第一，是否人尽其才；第二，是否有正确的经营方向；第三，是否有强有力领导班子

D. 从这份文件里，使全厂干部了解到开展政治思想工作的重要性

3. 下列词语中常用于公文结尾的有（　　）。

　A. 收悉　　　　　B. 此复　　　　　C. 为盼　　　　　D. 妥否

4. 公文密级分为（　　）。

　A. 绝密　　　　　B. 机密　　　　　C. 秘密　　　　　D. 特密

5. 公文密级标注在（　　）。

　A. 公文首页　　　B. 版心左上角第二行　　C. 版心左上角第一行　　D. 版心右上角第二行

6. 公文的紧急程度分为（　　）。

　A. 特急　　　　　B. 急件　　　　　C. 火急　　　　　D. 加急

7. 完整、规范的公文标题一般应包括（　　）。

　A. 文种　　　　　B. 事由　　　　　C. 发文字号　　　D. 发文机关名称

8. 下列有关请示的主送机关，说法正确的是（　　）。

A. 受双重领导的机关在报送请示时应将这些领导机关都列为主送机关

B. 一般情况下请示不能报送给领导者个人

C. 请示根据内容需要，有时也可以抄送下级机关

D. 请示应按机关的隶属关系，逐级报送，在一般情况下不能越级报送

9. 越级行文的条件是（　　）。

A. 情况紧急

B. 经多次请示直接上级机关而问题长期未予解决

C. 需要直接询问、答复或联系具体事项

D. 检举直接上级机关

10. 下列文稿中不具有正式公文效用的是（　　）。

　A. 征求意见稿　　B. 讨论稿　　　　C. 定稿　　　　　D. 送审稿

三、判断题（正确填A，错误填B）

1. 向下级机关行文时，主送受理机关，根据需要抄送相关机关。（　　）

2. 重要的下行文应当同时抄送发文机关的直接上级机关。（　　）

3. 党委、政府的部门依据职权可以相互行文。（　　）

4. 公文签发是指机关或部门领导人对拟以本机关或本部门名义发出的文件送审稿签署表示核准的意见。（　　）

5. 公文办理包括签发、收文办理、发文办理和整理归档。（　　）
6. 收文的主要程序包括签收、登记、初审、承办、传阅、催办、答复等。（　　）
7. 登记是收文办理工作的开始。（　　）
8. 收文登记的目的是为了对收进的公文进行有效的管理，以便更好地发挥公文的作用，保证公文办理的条理性，防止遗漏和紊乱。（　　）
9. 承办是指按机关领导人的批办意见和公文本身的要求进行具体的办理。（　　）
10. 催办的范围分为内催办、外催办、复合催办等。（　　）

综合练习题（三）

一、单项选择题

1. 公文的标题一般由（　　）组成。
A. 版头、发文字号　　　　　　　　B. 抄送机关、版头、主题词
C. 签发人、事由、文件　　　　　　D. 发文机关名称、事由和文种
2. 公文标题的三要素中一般不能省略的要素是（　　）。
A. 发文机关名称　　B. 事由　　C. 文种　　D. 事由＋文种
3. 与《国家机关处理办法》相比2012《党政机关公文处理工作条例》新增公文种类是（　　）。
A. 决议和公报　　B. 决议和通报　　C. 通报和公告　　D. 命令和通报
4. 公文要选择适宜的行文方式，一般应当（　　）。
A. 逐级行文　　B. 多级行文　　C. 越级行文　　D. 直接行文
5. 主送机关是（　　）。
A. 有隶属关系的上级机关　　　　　B. 公文的主要受理机关
C. 收文机关　　　　　　　　　　　D. 需要了解公文内容的机关
6. 以下关于公文的印发机关与印发日期说法正确的是（　　）。
A. 印发日期与印发机关前后平行并列　　B. 印发机关与印发日期前后平行并列
C. 印发日期在上，印发机关在下　　　　D. 印发机关在上，印发日期在下
7. 以强制力推行的用以规定各种行为规范的法律、法规、规章属于（　　）。
A. 规范性文件　　　　　　　　　　B. 领导指导性文件
C. 呈请性文件　　　　　　　　　　D. 证明性文件
8. 条例、规定、办法是属于公文中的（　　）。
A. 领导指导性文件　　　　　　　　B. 规范性文件
C. 公布性文件　　　　　　　　　　D. 商洽性文件
9. 联合发文，应当（　　）。
A. 由主办机关加盖公章　　　　　　B. 由协办机关代章
C. 主送机关加盖公章　　　　　　　D. 由联合发文的各机关分别加盖公章

10. 公文区别于其他信息记录的特点是( )。

A. 传播知识　　　　　　　　　　　　B. 具备查考价值

C. 书面文字材料　　　　　　　　　　D. 具备法定的权威性

11. 应当标注份号的公文是( )。

A. 下行文　　　B. 报请类公文　　　C. 所有公文　　　D. 涉密公文

12. 规范性公文的成文日期一般是指( )。

A. 公文发布或通过或批准的日期　　　B. 公文撰写的日期

C. 公文打印的日期　　　　　　　　　D. 公文讨论的日期

13. 内容涉及一般的国家机密,泄露会使国家的安全和利益遭受损害的公文是( )。

A. 绝密件　　　B. 机密件　　　　　C. 秘密件　　　　D. 国内件

14. 以机关名义制发的公文,由( )审核签发。

A. 机关综合办公室部门的负责人或由其授权的机要秘书

B. 机关组织部门的负责人

C. 授权的秘书人员

D. 机关负责人

15. 下列关于公文说法不正确的是( )。

A. 上级机关向所属下级机关发出的公文称为下行文

B. 党政公文中应用最广泛、使用频率最高的是"报告"

C. 联合发文,需要加盖印章时,所有发文机关均应加盖公章

D. 公文复印件作为正式公文使用时,应当加盖复印机关证明章

16. 《财政局关于表彰王某见义勇为行为的通报》,其法定作者是( )。

A. 起草人张三　　　　　　　　　　　B. 财政局

C. 财政局综合处张处长　　　　　　　D. 财政局安保科

17. 联合行文标注发文机关时,标在前面的机关是( )。

A. 组织序列表中靠前的机关　　　　　B. 上级机关

C. 主办机关　　　　　　　　　　　　D. 其他系统的机关

18. 联合行文,发文机关加盖印章时,( )盖在最前面。

A. 行政级别高的机关的印章　　　　　B. 上级机关的印章

C. 主办机关的印章　　　　　　　　　D. 协办机关的印章

19. 《关于××厂进口SD6型自动车床的请示》,作者是( )。

A. ××厂　　　　　　　　　　　　　B. 起草文件的刘秘书

C. 签发文件的董厂长　　　　　　　　D. ××厂的负责人

20. 向下级机关的重要行文,一般应抄送( )。

A. 行政级别高的领导机关　　　　　　B. 发文机关的直接上级机关

C. 所有上级机关　　　　　　　　　　D. 下级机关

二、多项选择题

1. 内容不涉密，可以公开告知公众的公文文种是（   ）。
   A. 公报　　　　　B. 公告　　　　　C. 通报　　　　　D. 命令

2. 下列公文语句正确的是（   ）。
   A. 对无视上级规定，仍然我行我素者，一经查实，将予以严肃处理，绝不姑息
   B. 你厅的请示收到了，经研究，现就有关问题批复如下
   C. 参会人员会议期间食宿费由会务组负责，往返交通费自理，随行人员费用自理
   D. 据了解，各地对××问题反映强烈，请注意清理这些流言，并及时报告局政策研究室

3. 通常一份公文的拟制过程要经过（   ）等环节。
   A. 准备　　　　　B. 起草　　　　　C. 审核　　　　　D. 签发

4. 以下属于公文主体部分的要素有（   ）。
   A. 标题　　　　　B. 主送机关　　　C. 发文字号　　　D. 发文机关署名

5. 能够联合行文的机关应是（   ）。
   A. 同级政府之间　　　　　　　　　B. 政府各部门之间
   C. 上级党委和下级政府之间　　　　D. 政府部门和同级人民团体之间

6. 公文转发的对象包括（   ）。
   A. 上级文件　　　　　　　　　　　B. 下级文件
   C. 平级文件　　　　　　　　　　　D. 不相隶属机关的文件

7. 公文文种的选用取决于（   ）。
   A. 行文目的　　　　　　　　　　　B. 发文者的职权范围
   C. 行文关系　　　　　　　　　　　D. 行文日期

8. 根据公文的行为规则，下列几组机关中可以联合发文的有（   ）。
   A. 省委、省政府、省人力资源与社会保障厅
   B. 省语委、省文化厅、省体委
   C. 省委组织部、省财政厅
   D. 国家人社部、国家民政部

9. 公文写作的基本要求有（   ）。
   A. 符合党、国家的路线、方针、政策和法律法规
   B. 内容简洁，主题突出
   C. 用语庄严、简明、通顺
   D. 为使各方面了解情况，多印刷文件

10. 公文区别于图书、情报、资料等事物的个性特点主要有（   ）。
    A. 由法定作者制发　　　　　　　　B. 具有法定的现实执行效用
    C. 具有规范的体式　　　　　　　　D. 履行法定的程序

三、判断题(正确填 A,错误填 B)

1. 发文程序包括复核、登记、印制、核发等。( )
2. 公文归档范围应根据国家档案局的有关规定和单位实际情况确定。( )
3. 需要发文机关审议的重要公文文稿,审议前由发文机关办公厅(室)进行初核。( )
4. 涉密公文应当全部销毁。( )
5. 在公文的稿本中,已经履行法定生效程序的最后完成稿是定稿。( )
6. 审核后的文稿可以算为正式定稿。( )
7. 公文签发时,对于某些有关全局性、长期性、关键性的公文,必须由领导班子集体讨论、通过,共同负责,最后由主要领导人签发。( )
8. 主要领导人因公外出,可以授权或委托其他副职领导人代为签发,事后可不送主要领导人核阅。( )
9. 联合发文时需要会签。( )
10. 需要两个以上部门办理的公文,应当明确主办部门。( )

综合练习题(四)

一、单项选择题

1. 下列关于公文稿本的法定效用说法正确的一项是( )。
   A. 试行本具有法定效用　　　　　　　B. 正本的法定效用比定稿强
   C. 草稿和正本一样具有法定效用　　　D. 副本不具有法定效用

2. 公文的成文日期通常是指( )。
   A. 领导签发的时间　　　　　　　　　B. 印发的时间
   C. 用印的时间　　　　　　　　　　　D. 完成草稿的时间

3. 下列选项中,适用于公文结尾的是( )。
   A. 表示敬意、谢意　　　　　　　　　B. 阐明制发公文的根据与目的
   C. 发出号召,提出希望与要求　　　　D. 直接点明结论,以阐明制发此文的原因

4. 规范性文件的普通特征是( )。
   A. 针对的问题多次适用,涉及多数人而非少数人的普遍问题
   B. 内容必须写得比较详细具体
   C. 由国家机关制定
   D. 以签发的日期为准

5. 如发生重大灾情,多次请示上级机关而未予解决,则可采用( )。
   A. 多级行文　　　　B. 直接行文　　　　C. 越级行文　　　　D. 逐级行文

6. 采用议论的方式撰写公文,对观点的要求是(　　)。
A. 正确、鲜明　　　　　　　　　　　　B. 鲜明、充分
C. 深刻、深远　　　　　　　　　　　　D. 明确、含蓄

7. 公文的语言要求是(　　)。
A. 活泼、形象、生动、华丽　　　　　　B. 严肃、威严、统一
C. 专业化、理论化、抽象化　　　　　　D. 严谨周密、简洁明了、庄重得体

8. 公文的权威性和行政约束力,来自(　　)的权威和合法地位。
A. 收文机关　　B. 公文起草者　　C. 审核机关　　D. 制发机关

9. 中共中央办公厅和国务院办公厅于2012年4月16日发布并于2012年7月1日起实施的规范党政机关公文处理工作的公文是(　　)。
A.《国家行政机关公文处理办法》　　　B.《中国共产党机关公文处理条例》
C.《党政机关公文处理工作条例》　　　D.《党政机关公文格式》

10. 下列公文中不属于需要清退范围的是(　　)。
A. 经领导人本人审阅的讲话稿　　　　　B. 绝密级公文
C. 有重大错漏情况的公文　　　　　　　D. 被明令撤销的公文

11. 在公文的稿本中,已经履行法定生效程序的最后完成稿是(　　)。
A. 试行本　　B. 暂行本　　C. 正本　　D. 定稿

12. 联合发文时,联合发文的机关必须做好(　　)。
A. 会签　　B. 签发　　C. 加签　　D. 盖章

13. 下列各项中易导致"语句表述不完整"的是(　　)。
A. 滥用省略　　B. 篇幅冗长　　C. 交代不明　　D. 眉目不清

14. 市公安局准备严禁组织赌博,应使用(　　)。
A. 公告　　B. 通报　　C. 通知　　D. 通告

15. 某机关经过开会研究同意下属某公司增加一辆车的决定,应用下列哪种公文?(　　)。
A. 请示　　B. 批复　　C. 决定　　D. 通知

16. 述职报告侧重强调(　　)。
A. 成绩部分　　B. 思想部分　　C. 不足部分　　D. 改进部分

17. 下列哪一文种可用于上行文、下行文、平行文(　　)。
A. 意见　　B. 请示　　C. 报告　　D. 通告

18. 对重要事项作出决策和部署时应使用(　　)。
A. 决议　　B. 命令　　C. 决定　　D. 公报

19. 转发上级机关、同级机关和不相隶属机关的文件时使用的通知属于(　　)。
A. 告知性通知　　B. 转发性通知　　C. 发布性通知　　D. 批转性通知

20. 通常按先后顺序引述下级机关请示的日期、标题和发文字号,作为批复的起因和根据。该部分内容属于批复构成中的(　　)。

A. 批复意见　　　　B. 批复内容　　　　C. 批复对象　　　　D. 批复引据

二、多项选择题

1. 下面说法错误的有(　　)。

A. 公文的标题一般由发文机关、事由、文种三要素组成

B. 拟写标题时为了简练可以只标明文种

C. 所有规范性公文的标题都可以省略作者及事由部分

D. 为了语意确切,不产生歧义,公文标题字数可以到60字以上

2. 下列对公文用语的要求,说法正确的是(　　)。

A. 公文的语言要规范庄重,平实得体　　B. 公文的语言要生动感人,寓意深刻

C. 公文的语言要真实形象,富有联想　　D. 公文的语言要准确无误,简洁明了

3. 公文写作之前要(　　)。

A. 明确行文目的　　　　　　　　　　　B. 向领导请示写法

C. 确定使用的文种　　　　　　　　　　D. 选择恰当的语言

4. 下面从公文中摘出的四句话,其中表达妥当的是(　　)。

A. 我们一定要严厉打击少数腐败分子,把反腐败进行到底

B. 以上意见如无不当,请批转各有关单位认真遵照执行

C. 我们必须排除种种不利因素,争取在第一季度建成东方贸易商厦

D. 某制品厂原党委书记张某,几年来大量贪污受贿,行贿送礼,其中仅行贿一项就达87000元

5. 公文的密级除特殊情况外,绝密级不超过____年,机密级不超过____年,秘密级不超过____年(　　)。

A. 30　　　　　　B. 20　　　　　　C. 10　　　　　　D. 5

6. 记叙文的逻辑性主要体现在(　　)。

A. 中心论点与分论点之间　　　　　　B. 层次和段落之间

C. 部分与部分之间　　　　　　　　　D. 部分与整体之间

7. 议论文安排层次的方式有(　　)。

A. 循环式　　　　B. 并列式　　　　C. 递进式　　　　D. 总分式

8. 下列文章属于议论文范畴的是(　　)。

A. 消息、发言、政论文、调查报告　　B. 社论、杂文、文艺评论、学术论文

C. 文告、消息、学术论文、调查报告　D. 杂文、社论、政论文、文艺评论

9. 公文开头适宜采用的形式有(　　)。

A. 阐明观点　　　　　　　　　　　　B. 说明行文根据或缘由

C. 气氛渲染　　　　　　　　　　　　D. 场景描写

10. 应用文具有的主要特点有(　　)。

A. 事务性　　　　B. 平实性　　　　C. 规范性　　　　D. 实用性

第十章 复习建议及综合练习题

综合练习题（五）

一、单项选择题

1. 下列选项中适用于会议讨论通过的重大决策事项的文种是（　　）。
   A. 决议　　　　　B. 决定　　　　　C. 纪要　　　　　D. 公报

2. 调查报告有两个重要特点，一是针对性强，二是（　　）。
   A. 政策性强　　　B. 纪实性强　　　C. 综合性强　　　D. 指导性强

3. 下列公文标题正确的是（　　）。
   A.《某部关于加快发展彩色印刷品生产若干措施的通知》
   B.《某省关于加快高校教育体制改革的试行意见》
   C.《某厅关于认真做好2012年度优秀工作者表彰工作的通知》
   D.《某高校关于进一步搞活校办企业有关政策的试行办法》

4. 函不需要在原则、意义上进行过多的阐述，不重务虚重务实。这体现了函的（　　）。
   A. 灵活性　　　　B. 沟通性　　　　C. 实用性　　　　D. 平等性

5. 某市人民政府按照法律程序向该市人民代表大会提请审议关于规范全市物业管理的事项，其适用的公文是（　　）。
   A. 报告　　　　　B. 请示　　　　　C. 议案　　　　　D. 函

6. 向上级机关、部门请求指示、批准的公文是（　　）。
   A. 报告　　　　　B. 函　　　　　　C. 通知　　　　　D. 请示

7. 国务院行文对一些地区和单位违反有关规定进行乱收费的行为进行了批评，并做出处理，同时提出了有关要求，这份文件的文种应是（　　）。
   A. 通知　　　　　B. 通报　　　　　C. 通告　　　　　D. 意见

8. 下列文种中属于陈述性的上行公文是（　　）。
   A. 请示　　　　　B. 报告　　　　　C. 议案　　　　　D. 意见

9. 下列文种必须以领导人签发日期为成文日期的是（　　）。
   A. 会议报告　　　B. 条例　　　　　C. 工作总结　　　D. 请示

10. 下列"请示"的结束语中得体的是（　　）。
    A. 以上事项，请尽快批准
    B. 以上所请，如有不同意，请来函商量
    C. 所请事关重大，不可延误，务必于本月20日前答复
    D. 妥否，请批复

二、多项选择题

1. 公文特别是篇幅较长的公文，不但要突出主旨（观点），而且还需提炼和安排一些从属观点（也

称为小观点)来阐述、说明主旨,这样会使公文(　　)。

 A. 更长些　　　　　　B. 内容更充实　　　C. 论述、说明更充分　　D. 更能感动读者

2. 公文的作用是(　　)。

 A. 明法传令、指挥工作　　　　　　　　B. 传递社会新闻

 C. 联系公务、沟通信息　　　　　　　　D. 描述社会

3. 关于公文的传阅范围,下列各项中正确的说法是(　　)。

 A. 传阅范围按来文中的规定执行　　　　B. 传阅范围由办公室负责人确定

 C. 传阅范围一般限于机关中层干部　　　D. 传阅范围按领导人批办意见确定

4. 公文的表达方式包括(　　)。

 A. 抒情　　　　　　B. 说明　　　　　　C. 叙述　　　　　　D. 议论

5. 下列属于《党政机关公文处理工作条例》中规定的公文文种的是(　　)。

 A. 公告　　　　　　B. 通知　　　　　　C. 计划　　　　　　D. 函

6. 公文特点主要有(　　)。

 A. 法定作者　　　　B. 法定效力　　　　C. 特定体式　　　　D. 法定时间

7. 按行文方向,可将公文分为(　　)。

 A. 上行文　　　　　B. 下行文　　　　　C. 平行文　　　　　D. 多行文

8. 按涉密程度,可将公文分为(　　)。

 A. 绝密公文　　　　B. 机密公文　　　　C. 秘密公文　　　　D. 加密公文

9. 发文字号的要素包括(　　)。

 A. 机关代字　　　　B. 年份　　　　　　C. 发文顺序号　　　D. 公文文种

10. 工作报告的标题一般应包括的内容是(　　)。

 A. 发文机关名称　　B. 事由　　　　　　C. 主送机关　　　　D. 公文文种

综合练习题(六)

一、单项选择题

1. 以下哪个不是决定的特点(　　)。

 A. 命令性　　　　　B. 指挥性　　　　　C. 约束性　　　　　D. 重要性

2. 以下关于会议记录说法错误的是(　　)。

 A. 会议记录一般在会后整理形成,因此具有事后性特点

 B. 会议记录是对会议内容的实录,内容具有纪实性特点

 C. 会议记录是撰写纪要、会议简报的重要素材,具有素材作用

 D. 会议记录可以作为贯彻会议精神和日后备查的依据,具有依据和史料作用

3. "××动态""××简讯""情况反映""内部参考"属于(　　)。

 A. 简报　　　　　　B. 报告　　　　　　C. 调查报告　　　　D. 意见

4. 预想性是（　　）的突出特点。
   A. 计划　　　　　　B. 总结　　　　　　C. 规章制度　　　　D. 调查报告
5. 一般情况下可以上行、下行、平行的公文是（　　）。
   A. 通知　　　　　　B. 函　　　　　　　C. 意见　　　　　　D. 规定
6. ××省委省政府向下级党委和政府传达中共中央国务院《关于做好农业和农村工作的意见》，应使用（　　）。
   A. 转发性通知　　　B. 批转性通知　　　C. 告知性通知　　　D. 布置性通知
7. 某县政府与其所属的企业管理处联合发文，就乡镇企业占用耕地一事发出通知，下列表述正确的是（　　）。
   A. 文种使用错误，应使用意见　　　　B. 文种使用错误，应使用决定
   C. 违反联合发文的行文规则　　　　　D. 文种使用错误，应使用通报
8. 下列关于述职报告与总结两者关系的说法错误的是（　　）。
   A. 两者都以写作主题对其实践活动的回顾、总结、剖析为基础，要求内容具有纪实性
   B. 两者都属于自述性的文种，一般都采用第一人称的方式进行表述
   C. 两者都以过去实践活动为基础，选材的重点一样
   D. 两者都主要是针对所实践的工作进行报告，表述实践范围具有确定性
9. 凡上级领导对下级机关和单位布置工作、作出指示、提出要求，但又不能用命令行文时，就应使用（　　）。
   A. 转发性通知　　　B. 批转性通知　　　C. 知照性通知　　　D. 指示性通知
10. 以下属于细则的特点的是（　　）。
    A. 商讨性、操作性　　　　　　　　　B. 解释性、操作性
    C. 理论性、规范性　　　　　　　　　D. 约束性、探讨性

二、多项选择题

1. 根据实际工作需要，下行文可采用的行文方式有（　　）。
   A. 直接行文　　　B. 多级行文　　　C. 逐级行文　　　D. 越级行文
2. 公文的语言特点主要有（　　）。
   A. 庄重朴实　　　B. 严谨规范　　　C. 活泼简练　　　D. 精练准确
3. 报告可用于（　　）。
   A. 汇报工作　　　B. 提出建议　　　C. 答复上级询问　　D. 反映情况
4. 通知的正文一般包括（　　）。
   A. 通知的标题　　　　　　　　　　　B. 通知的缘由
   C. 通知的事项　　　　　　　　　　　D. 通知的执行要求
5. 撰写通报要求做到（　　）。
   A. 内容具有典型性、事例具有代表性　　B. 通报的事实必须准确无误

C. 通报的语言表达必须恰如其分　　　　D. 通报讲求时效性，做到及时行文

6. 下列文种属于下行文的是（　　）。
A. 决定　　　　B. 报告　　　　C. 通知　　　　D. 批复

7. 可以用来对单位和个人进行表彰、奖励的公文种类有（　　）。
A. 命令　　　　B. 决定　　　　C. 通告　　　　D. 通报

8. 以下关于请示说法不正确的有（　　）。
A. 请示应当一文一事
B. 下级机关的请示事项，本机关应原文转报上级机关
C. 不得在报告等非请示性公文中夹带请示事项
D. 党委、政府的部门向上级主管部门请示报告重大事项，可不经本级党委、政府同意

9. 公告和通告使用容易混乱，下列关于"公告"与"通告"的区别，理解正确的是（　　）。
A. 公告体现的是国家行政机关公开政府信息的义务，而通告体现的是国家行政机关行使管理职能的权力
B. 公告的告知范围广泛，通告则相对狭小
C. 公告所告知的对象是国家，通告告知的对象是居民
D. 一般基层单位无权制发公告，但可以制发通告

10. 以下关于公文的说法正确的有（　　）。
A. 报告不得夹带请示事项
B. 受双重领导的机关向上级机关行文时，应当写明主送机关和抄送机关
C. 政府与同级党委和军队机关可以联合行文
D. 政府部门与相应的党组织和军队机关可以联合行文

综合练习题（七）

1. 公文中的批复必须在正文开头引述来文的（　　）。
A. 文号　　　　B. 文号和结语　　　　C. 标题　　　　D. 标题和文号

2. 公文中无论是哪种类型的通告，落款处必须写明（　　）。
A. 发文单位和主送机关　　　　B. 发文单位和成文日期
C. 特此通告和成文日期　　　　D. 发文单位和必须执行

3. 请求上级机关审批事项时应使用（　　）。
A. 报告　　　　B. 意见　　　　C. 请示　　　　D. 函

4. 向国内外宣布重要事项或者法定事项时使用（　　）。
A. 公告　　　　B. 通告　　　　C. 通报　　　　D. 决定

5. 向上级机关汇报工作，反映情况，答复上级机关询问时使用（　　）。
A. 报告　　　　B. 决定　　　　C. 总结　　　　D. 请示

6. 不相隶属机关之间请求批准事项时应使用(　　)。
A. 请示　　　　B. 报告　　　　C. 函　　　　D. 批复

7. 以下属于下行文的是(　　)。
A. 报告　　　　B. 请示　　　　C. 决定　　　　D. 函

8. 不相隶属的机关之间联系工作,应当用(　　)。
A. 通报　　　　B. 通知　　　　C. 函　　　　D. 意见

9. 用于记载会议主要精神和议定事项的公文是(　　)。
A. 决议　　　　B. 会议记录　　　　C. 纪要　　　　D. 议案

10. 用于答复下级机关请示事项的公文是(　　)。
A. 指示　　　　B. 请示　　　　C. 批复　　　　D. 命令

二、多项选择题

1. 下列事项中应当制发通知的有(　　)。
A. 某大学向某证券公司联系有关学生毕业实习事项
B. 某银行向各储蓄所下达季度储蓄任务
C. 某教育局贯彻财政局有关职工差旅费报销标准的文件
D. 某公司聘任四名部门经理

2. 以下机关之间相互行文属于平行文的是(　　)。
A. 教育部和山东省教育厅
B. 山东省财政厅和济南市文化局
C. 山东大学和青岛市人民政府
D. 山东省民政厅和潍坊市人民政府

3. 关于撰写纪要的注意事项,下列说法正确的有(　　)。
A. 需要形成纪要的会议,无须做会议记录
B. 要精心构思,理出纪要的基本框架结构,列出各部分的简要写作纲目
C. 要掌握纪要的核心,突出重点
D. 纪要应完整的体现会议的精神和起草人的观点

4. 下列批复的标题中,不符合规范的有(　　)。
A.《国务院关于××市城市总体规划的批复》
B.《××县人民政府的批复》
C.《同意××省××市人民政府驻地迁移的批复》
D.《国务院同意××省完善城镇社会保障体系试点实施方案》

5. 调查报告的特点是(　　)。
A. 强烈的针对性
B. 反映问题的客观性
C. 对面上工作的指导性
D. 典型性

6. 公告与通告的区别有(　　)。
A. 使用的语言不同
B. 发布机关不同

C. 内容重要程度不同　　　　　　　　D. 发布范围不同

7. ××市政府收到一份上级机关的公文,下列判断错误的有(　　)。

A. 这份公文可能是报告或通知,但不可能是请示

B. ××市政府可能是主送机关,也可能是抄送机关

C. 由于是上级机关下发的公文,××市政府必须尽快回复

D. ××市政府收到公文后,要及时批复,抄送及存档

8. 决定作为公文种类之一,其内容必须做到(　　)。

A. 体现党和国家的方针政策和法律

B. 请求多个单位的领导人审批同意

C. 与上级机关、同级机关有关规定保持一致

D. 与机关原有的各项规定紧密衔接,不要相互抵触或前后矛盾

9. 报告可以分为(　　)。

A. 答复性报告　　　B. 综合性报告　　　C. 汇报性报告　　　D. 专题性报告

10. 下列文种属于上行文的是(　　)。

A. 命令　　　　　　B. 通知　　　　　　C. 请示　　　　　　D. 报告

综合练习题(八)

一、单项选择题

1. 下列哪种情况可以本机关名义向上级机关负责人报送公文(　　)。

A. 领导人直接交办的事项　　　　　B. 与领导人直接相关的事项

C. 重要文件　　　　　　　　　　　D. 机密文件

2. 某市卫生局恳请省歌舞团派人指导联欢晚会时应使用的文种是(　　)。

A. 请示　　　　　　B. 通知　　　　　　C. 函　　　　　　　D. 纪要

3. 某市政府表彰劳动模范时应使用的文种是(　　)。

A. 决议　　　　　　B. 决定　　　　　　C. 命令　　　　　　D. 通报

4. 某省教育厅准备向国家统计局了解有关兄弟省份、自治区、直辖市大学生就业和重点学科建设的情况,因此制发了文件,文件的文种应该是(　　)。

A. 函　　　　　　　B. 报告　　　　　　C. 通知　　　　　　D. 请示

5. 下列公文文种中,完全被动行文的是(　　)。

A. 纪要　　　　　　B. 通知　　　　　　C. 批复　　　　　　D. 公报

6. 下列公文文种中,适用于公布重要决定或重大事项的是(　　)。

A. 通告　　　　　　B. 通报　　　　　　C. 公报　　　　　　D. 公告

7. 下列公文文种中,不需要加盖印章即可生效的是(　　)。

A. 纪要　　　　　　B. 公报　　　　　　C. 议案　　　　　　D. 函

8. 关于公告公布范围的广泛性,下列说法不正确的是( )。

A. 公告是公布性文件

B. 可以通过广播、电视、报纸等多种宣传工具向国内外发布

C. 不宜或不必向国内外宣布的事项,不宜使用"公告"

D. 对各级机关来说,只要事情重大,都可以公告

9. 可以用来发布规章、规定、办法的文件有( )。

A. 命令和通知　　B. 决议和决定　　C. 意见和函　　D. 通告和通报

10. 用于记载会议主要精神和议定事项的公文文种是( )。

A. 决议　　　　　B. 会议记录　　　C. 纪要　　　　D. 议案

二、多项选择题

1. 纪要在格式上与一般公文的不同之处在于( )。

A. 不需主题词　　　　　　　　　　B. 不标识印发机关

C. 不加盖印章　　　　　　　　　　D. 不标识主送机关

2. 请示的构成要素有( )。

A. 正文　　　　　　　　　　　　　B. 标题

C. 主送机关　　　　　　　　　　　D. 发文机关名称与成文日期

3. 通报的特点包括( )。

A. 具有宣传教育、沟通情况和交流经验的作用

B. 具有较强的时效性

C. 内容真实

D. 让事实和数据说话,而不过多地阐发和论证道理

4. 以下有关批复说法正确的是( )。

A. 批复是一种专用性很强的下行公文

B. 批复是主动制发的

C. 批复的内容对受文者有较强的约束力和强制性

D. 批复的内容一般针对请示的内容进行回复,具有针对性

5. 下列属于总结的应用文体有( )。

A. 工作回顾　　　B. 工作体会　　　C. 意见　　　　D. 工作小结

6. 纪要的主要作用有( )。

A. 统一认识　　　B. 指导工作　　　C. 沟通情况　　D. 交流经验

7. 下列关于决定的叙述,正确的是( )。

A. 在事关全局、政策性强、执行期限较长等重要工作时,应使用决定

B. 撤销下级机关不适当的决定时应使用决定

C. 决定和命令(令)一般没有区别

D. 决定具有行文的严肃性、事实的明确性、执行的长效性等特点

8. 属于下行文的公文是（   ）。

A. 决议　　　　　B. 通知　　　　　C. 决定　　　　　D. 批复

9. 下列属于下行文的有（   ）。

A. 公告　　　　　B. 公报　　　　　C. 报告　　　　　D. 通告

10. 可用来发布规章规定的文件有（   ）。

A. 命令　　　　　B. 通报　　　　　C. 通知　　　　　D. 通告

综合练习题（九）

1. 用于依照有关法律规定公布行政法规和规章的文种是（   ）。

A. 命令（令）　　B. 决定　　　　　C. 通知　　　　　D. 请示

2. 以决定、命令（令）等形式制定行政规章的部门是（   ）。

A. 省人民政府　　　　　　　　　　B. 直辖市人民政府
C. 自治区人民政府　　　　　　　　D. 国务院各部委

3. 用于不相隶属机关之间商洽工作、询问和答复问题、请求批准和答复审批事项，应使用（   ）。

A. 通报　　　　　B. 通知　　　　　C. 函　　　　　　D. 意见

4. 向上级机关汇报工作、反映情况、提出建议、答复上级机关的询问，应使用（   ）。

A. 通报　　　　　B. 请示　　　　　C. 报告　　　　　D. 通知

5. 可用于表彰先进、批评错误、传达重要精神或情况的文种是（   ）。

A. 公报　　　　　B. 通报　　　　　C. 通知　　　　　D. 通告

6. 以下文种属于指令性公文的是（   ）。

A. 命令和决定　　B. 函和纪要　　　C. 公告和公报　　D. 通告和通报

7. "贵单位收到此文后，请迅即函复（   ）。"

A. 为要　　　　　B. 为盼　　　　　C. 为感　　　　　D. 函告

8. 不相隶属机关之间请求批准事项应使用（   ）。

A. 请示　　　　　B. 报告　　　　　C. 函　　　　　　D. 批复

9. 下列属于呈报性公文的是（   ）。

A. 章程　　　　　B. 通知　　　　　C. 报告　　　　　D. 决定

10. 写好调查报告的前提是（   ）。

A. 简明扼要的前言　　　　　　　　B. 细致公正的调查
C. 生动多样的标题　　　　　　　　D. 内容翔实的主体

11. ××市财政局就港务局所问关于"速遣费"收入应否征收工商税问题的答复，应使用的文种是（   ）。

A. 指示 B. 决定 C. 函 D. 批复

12. 下列属于上行文的是(　　)。

A. 意见 B. 报告 C. 批复 D. 命令

13. 以下不属于决定特点的是(　　)。

A. 政策性与权威性 B. 规定性与指导性

C. 被动性与灵活性 D. 单一性与稳定性

14. 下列选项中不属于通知的写作要求的是(　　)。

A. 主题集中 B. 重点突出 C. 语言生动 D. 讲求时效

15. 党政机关公文规定,有特定发文机关标志的普发性公文可以(　　)。

A. 标注主题词 B. 不加盖印章

C. 不署发文机关名称 D. 不标注发文字号

16. 对于组织机构比较简单的基层单位来说,公文立卷地点的选择应为(　　)。

A. 机关办公室集中立卷 B. 各部门分散立卷

C. 部分集中部分分散立卷 D. 特殊性部门单独立卷

17. 维护文件的高度严密性是指(　　)。

A. 公文的保密性 B. 公文语言结构的严密

C. 公文行文程序的严密 D. 施行办法的严密

18. 在公文特定用语中,"据此""为此""现函复如下"等属于(　　)。

A. 引叙用语 B. 过渡用语 C. 开端用语 D. 经办用语

19. 以下关于联合行文表述错误的是(　　)。

A. 山东省人民政府可与潍坊市人民政府联合行文

B. 青岛市人民政府可与济南市人民政府联合行文

C. 泰安市人民政府可与烟台市人民政府联合行文

D. 中共山东省委宣传部可与山东省财政厅联合行文

20. 以下公文中可以不标主送机关的是(　　)。

A. 通告 B. 报告 C. 函 D. 批复

二、多项选择题

1. 下列总结标题中符合要求的是(　　)。

A. 《建设社会主义精神文明的尝试——关于"美的咨询"活动的总结》

B. 《某某局关于清仓核资工作的总结》

C. 《××厂关于加强职工岗位培训工作的总结》

D. 《高标准,严要求,搞好企业整顿——某某县企业局2015年第三季度工作总结》

2. 可用于任免和聘用干部的公文文种是(　　)。

A. 通报 B. 命令 C. 通知 D. 决定

3. 下列机关之间属于非隶属关系的是(　　)。

A. 县政府与县文化局　　　　　　　　　　B. 市政府与省文物局

C. ××大学与市工商局　　　　　　　　　D. 省人大与省政府

4. 通知应用广泛、使用频率高的原因是(　　)。

A. 通知作者广泛　　　　　　　　　　　　B. 通知不受内容轻重繁简的限制

C. 通知属下行文受文机关多　　　　　　　D. 通知格式灵活,撰写方便

5. 通知的正文一般包括(　　)。

A. 通知的标题　　　B. 通知的缘由　　　C. 通知的事项　　　D. 通知的执行要求

6. 下列属于公文格式主体部分的要素是(　　)。

A. 附件　　　　　　B. 签发人　　　　　C. 主题词　　　　　D. 主送机关

7. 下面哪种情况可以联合行文?(　　)。

A. 政府部门与同级人民团体之间　　　　　B. 上级政府部门与下一级政府之间

C. 政府部门与同级党委之间　　　　　　　D. 政府与所属企业之间

8. 下列属于承办工作依据的是(　　)。

A. 上级机关公文

B. 下级机关公文

C. 有关法律法规、规章、制度以及有关方针政策

D. 领导者做出的指示,口头指令或其他形式传授的意图

9. 公文保管期限一般分为(　　)。

A. 短期保管　　　　B. 中期保管　　　　C. 长期保管　　　　D. 永久保管

10. 公文写作者应具备的主要素养(　　)。

A. 智能素养　　　　B. 艺术素养　　　　C. 知识素养　　　　D. 政治素养

三、判断题(正确填 A,错误填 B)

1. 简报是传递信息、交流工作的一般性文件,只有参阅性,没有规定性。(　　)

2. 演讲稿是在较为隆重的仪式上或某些公众场所发表的讲话文稿。(　　)

3. 通告,适用于向国内外宣布重要事项或者法定事项。(　　)

4. 函,适用于不相隶属机关之间商洽工作、询问和答复问题、请求批准和答复审批事项。(　　)

5. 简报,属于党政机关法定公务文书。(　　)

6. 公文确定密级前,应当按照拟定的密级先行采取保密措施。(　　)

7. 公文确定密级后,应当按照所定密级严格管理。(　　)

8. 涉密公文公开发布前应当履行解密程序。(　　)

9. 经批准公开发布的公文,同发文机关正式印发的公文具有同等的效力。(　　)

10. 议案的发文机关不受级别和性质的限制,党政军群机关均可使用。(　　)

综合练习题(十)

一、单项选择题

1. 公文的标题一般由哪些要项组成（　　）。
   A. 版头、发文字号
   B. 抄送机关、版头、主题词
   C. 份号、密级标识、主题词
   D. 发文机关名称、内容、文种

2. 下列公文标题制作规范准确的是（　　）。
   A.《某部关于加快发展彩色印刷品生产若干措施的通知》
   B.《某省关于加快高校教育体制改革的试行意见》
   C.《某厅关于认真做好2012年度优秀工作者表彰工作的通知》
   D.《某高校关于进一步搞活校办企业有关政策的试行办法》

3. 关于公文的说法，正确的是（　　）。
   A. 公文效力产生的日期是签发日期
   B. 公文的标题一般不超过10个字
   C. 公文的机密等级分为绝密、机密两个等级
   D. 文件的紧急程度分为特急、加急、急件三个级别

4. 某卫生厅请求某大学安排教师为其工作人员进行短期培训，适用的文种是（　　）。
   A. 请示　　　　B. 通知　　　　C. 函　　　　D. 意见

5. 主送机关是指（　　）。
   A. 有隶属关系的上下级机关
   B. 公文的主要受理机关
   C. 收文机关
   D. 需要了解公文内容的机关

6. 下列"请示"结束语中得体的是（　　）。
   A. 以上事项，事关重大，不可延误，请尽快批准
   B. 以上所请，如有不同意，请来函商量
   C. 以上所请不知是否合适，如果合适请批准，如果不合适也烦请答复
   D. 当否，请批复

7. 某县与其所属的企业管理局联合发文，就乡镇企业占用耕地一事发出通知，下列表述正确的是（　　）。
   A. 文种使用错误，应使用意见
   B. 文种使用错误，应使用决定
   C. 违反联合发文的行文规则
   D. 文种使用错误，应使用通报

8. 正常情况下，下列选项中不可以行文的是（　　）。
   A. 乡镇政府给上级县政府
   B. 县政府给国务院
   C. 省财政厅给全省的市县级财政局
   D. 省政府给全省的市、县、乡镇政府

9. 请示属办件，收文机关批复时应当做到（　　）。

A. 向上呈报　　　　B. 征求意见　　　　C. 态度明确　　　　D. 及时传阅

10. 下列标题中,符合公文标题要求的是(　　)。

A.《关于打击囤积哄抬物价行为的通报》

B.《国务院关于进行第六次全国人口普查的通报》

C.《国务院关于打击滥用食品添加剂行为的通报》

D.《国务院关于部分地区违反国家规定建设高尔夫球场的通报》

二、多项选择题

1. 以下关于纪要说法正确的是(　　)。

A. 纪要的性质取决于会议的内容性质与印发纪要的目的要求

B. 并不是所有会议都需要制发会议纪要

C. 基层单位没有形成决策或做出决定的普通会议,一般不需要形成纪要

D. 纪要一般不需要加盖印章即可生效

2. 公文语言的主要特点有(　　)。

A. 庄重　　　　　　B. 准确　　　　　　C. 严谨　　　　　　D. 规范

3. 公文拟制包括公文的程序有(　　)。

A. 印制　　　　　　B. 起草　　　　　　C. 审核　　　　　　D. 签发

4. 撰写公文时应当做到(　　)。

A. 主题突出　　　　B. 层次清楚　　　　C. 观点鲜明　　　　D. 描写形象

5. 以下关于公文说法正确的是(　　)。

A. 报告不得夹带请示事项

B. 受双重领导的机关向上级机关行文时,应当写明主送机关和抄送机关

C. 政府与同级党委和军队机关可以联合行文

D. 政府部门与相应的党组织和军队机关可以联合行文

6. 下列文件中需要立卷归档的有(　　)。

A. 下级机关报送的法规性备案文件

B. 本机关处理群众来信来访的原件

C. 一般性文件的历次修改稿

D. 本机关代上级机关草拟并被采用的文件的定稿和印制本。

7. 公文文稿签发前,应当由发文机关进行审核,审核的重点包括(　　)。

A. 行文理由是否充分　　　　　　　　B. 内容是否符合国家法律法规

C. 文种是否正确　　　　　　　　　　D. 格式是否规范

8. 下列关于"意见"的说法正确的是(　　)。

A. 意见属于多向行文,因此意见的处理程序应根据行文方向确定行文程序

B. 意见的主要适用范围是对问题提出建议,对受文者没有强制性影响

C. 根据情况,有的意见在写作时可省略主送机关

D. 上行意见需要上级机关作出处理或给予答复

9. 某单位未能及时、快速地处理公文,致公文大量积压,同时,还存在处理公文粗枝大叶和涉密公文丢失的问题。该单位违背了公文处理原则中的(　　)。

A. 保证质量原则　　　B. 时效原则　　　C. 保密原则　　　D. 精简原则

10. 下列批复的标题中,不符合规范的是(　　)。

A.《×××关于××市城市总体规划的批复》

B.《××县人民政府的批复》

C.《同意××乡人民政府驻地迁移的批复》

D.《×××关于同意××局完善城镇社会保障体系试点实施方案》

三、判断题(正确填 A,错误填 B)

1. 公文被撤销的,视为自始无效。(　　)

2. 公文被废止的,视为自废止之日起失效。(　　)

3. 不具备归档和保存价值的公文,工作人员可直接销毁。(　　)

4. 个人不得私自销毁、留存涉密公文。(　　)

5. 党政机关公文应由文秘部门或者专人统一管理。绝密级公文应当由专人管理。(　　)

6. 公文一旦制定公布,就具有永久效力。(　　)

7. 公文处理工作是指公文拟制、办理、管理等一系列相互关联、衔接有序的工作。(　　)

8. 公文处理工作具有服务性、程序性、时效性、管理性的特点。(　　)

9. 公文处理工作应当坚持实事求是、准确规范、精简高效、安全保密的原则。(　　)

10. 向上级机关行文时,在原则上,主送一个上级机关,根据需要同时抄送相关上级机关和同级机关,不抄送下级机关。(　　)

练习题参考答案

第一章

一、单项选择题

1. 参考答案： C

解析： 公文是具有特定效力和规范体式的文书，这是它和一般文章的根本区别。ABD三项内容尽管也是公文和一般文章的区别，但不是根本区别。

2. 参考答案： D

解析： 公文的权威性是指公文在一定时间和空间范围内对受文者具有指挥、协调、约束等强制性作用；所有的公文都具有法定的权威性；制发机关的职权范围不同其制发公文的权威性是不同的；国务院的公文和地方政府的公文的权威性是不一样的。因此，只有D选项是不正确的。

3. 参考答案： D

解析：《中国共产党机关公文处理工作条例》和《国家行政机关公文处理办法》已于2015年7月1日自行废止。现行的《党政机关公文处理工作条例》第三章对公文格式做了原则规定，《党政机关公文格式》对公文格式及各个要素作了详细规定，它们是党政机关制作公文格式的标准和依据。

4. 参考答案： D

解析： 领导与指挥作用、规范和制约作用、联系和沟通作用，都是公文的重要作用。但公文不是文学作品，因此它不具有欣赏和愉悦的作用。

5. 参考答案： D

解析： ABC三项都是正确的。D项是错误的，因为国务院各部委和山东省人民政府之间属于非隶属关系，行政级别上是平级，之间也不属于业务指导被指导关系，因此，它们之间的行文只能是平行文。

6. 参考答案： C

解析：山东省人民政府给国务院的行文属于上行文。AB 属于下行文。D 属于平行文。

7. 参考答案：B

解析：山东大学和山东师范大学附属中学之间尽管级别不同，但之间没有领导与被领导关系，业务上没有指导与被指导关系，因此它们之间行文只能使用平行文。ACD 三项，它们之间行文应当是下行文或上行文。

8. 参考答案：A

9. 参考答案：B

10. 参考答案：C

11. 参考答案：A

解析：紧急公文分为特急公文和加急公文两种类型。

12. 参考答案：C

解析：按照公文的来源，可以把公文分为发文和收文。通用公文和专用公文、涉密公文和普通公文、紧急公文和常规公文分别是从公文的适用范围、是否涉密、送达时限等方面区分的公文类型。

13. 参考答案：A

14. 参考答案：A

解析：在公文写作中，常用的表达方式主要有说明、叙述、和议论三种，以说明为主，一般不宜使用描写和抒情。

15. 参考答案：A

二、多项选择题

1. 参考答案：ABC

解析：公文，即办理公务的文书，是党政机关、社会团体和企事业单位在行使管理职权、处理日常工作时使用的书面文字工具。个人不能制发公文。

2. 参考答案：ABCD

解析：公文的特点有：作者的法定性，效用的现实性，作用的权威性，格式的规范性，处理的程序性。所以 ABCD 皆为公文的特点。

3. 参考答案：AD

解析：公文的法定作者只能是依法设立的各类社会组织和社会组织的法定领导人。个人不能制发公文，公文草拟者不是公文的法定作者。

4. 参考答案：ABCD

解析：这四个选项都是公文的作用。

5. 参考答案：ABC

解析：常规行文是从行文方式的角度的分类类型，不是行文方向的分类类型。

6. 参考答案：AB

解析：涉密公文和普通公文是按是否涉密分类的公文类型。

7. 参考答案：AB

解析：具有专门职能的外交、司法等部门使用的公文中既有专用公文也有通用公文。通用公文各个文种都有自己的内涵和外延，是不能作为专用公文使用的。

8. 参考答案：ABCD

9. 参考答案：ABCD

10. 参考答案：AB

解析：通用公文和专用公文是从公文使用范围的角度划分的公文类型。

11. 参考答案：ABC

解析：目前，我国保密公文按涉密程度的不同，分为绝密、机密、秘密三个级别。在公文的密级中，普密是一个不存在的概念。

12. 参考答案：ABC

解析：普通公文没有必要标注密级，凡是标注密级的公文都是涉密公文。ABC项内容正确。

13. 参考答案：BCD

解析：按阅知范围的不同可以把普通公文分为组织内部公文、限国内公开的公文、对国内外公开的公文三种。

14. 参考答案：ABCD

解析：按阅知范围的不同可以把公文分为涉密公文、组织内部公文、限国内公开的公文、对国内外公开的公文四种。

15. 参考答案：ABC

解析：涉密公文一定是限制阅读范围和阅知对象的公文，但限定阅读范围的公文不一定是涉密公文，如：限定国内公开发布的公文也是限定阅读范围的公文，但不是涉密公文。ABC项正确。

16. 参考答案：ACD

解析：通用公文和专用公文具有不同的格式规定，使用范围也不相同。通用公文和专用公文的区分不是看公文是在国内外发布还是在国内发布，而是看公文是在机关、团体、企事业单位所有单位通用，还是只能在特定的部门和行业专用。

17. 参考答案：AB

18. 参考答案：AB

19. 参考答案：BC

解析：紧急公文分为特急公文和加急公文。电报应当标注特提、特急、加急、平急。

20. 参考答案：CD

解析：发文和收文是按公文的来源区分的，不是按公文权威性的强弱来划分的。决议、决定、命令、请示、报告等各个文种对发文机关来说是发文，对受文机关来说就是收文。

21. 参考答案：AB

22. 参考答案：ABC

23. 参考答案：ABC

24. 参考答案：BCD

25. 参考答案：ABC

26. 参考答案：ABC

27. 参考答案：ABCD

28. 参考答案：ABCD

29. 参考答案：ABCD

30. 参考答案：AB

解析：公文不是文学作品和艺术作品，不能强调欣赏性和文学性。

31. 参考答案：ABCD

32. 参考答案：ABCD

33. 参考答案：ABCD

34. 参考答案：ABCD

35. 参考答案：ABCD

36. 参考答案：ABCD

解析：ABCD 均为公文主题的表现形式。

37. 参考答案：ABCD

解析：ABCD 均为公文层次安排的常用方式。

38. 参考答案：ABC

解析：公文中常用的照应方法有三种：首尾照应、前后照应、题文照应。

39. 参考答案：ABCD

解析：ABCD 都是公文常用的结尾方式。

40. 参考答案：ABC

解析：在公文写作中，常用的表达方式主要有说明、叙述、和议论三种，以说明为主，一般不宜使用描写和抒情，更不能使用夸张。因此，答案为 ABC。

三、判断题（正确填 A，错误填 B）

1. 参考答案：A

解析：公文只能用来处理公务，不能用于处理私人事务。

2. 参考答案：A

解析：公文的特殊性就表现在：公文具有特定效力和规范体式，一般文章不一定有；公文有特定的制发主体，一般文章不限定发文主体；公文有特定的阅读对象，一般文章不限定阅读对象；公文有严格的特定处理程序，一般文章没有等等。

3. 参考答案：A

4. 参考答案：B

解析：公文的法定作者是指依法成立并能以自己的名义行使权利和承担义务的社会组织及其领

导人,因此该判断不正确。

5. 参考答案:A

解析:用领导人的名义发文,不是代表他个人的名义,而是代表他所在机关的身份,一旦这些人不再担任这一职务,也就失去了这一法定作者的地位。

6. 参考答案:B

解析:所有公文都具有时效性,是正确的,但是公文的时效性长短是不同的,有的时效性长,如条例、规定等法规类公文。有的公文时效性短,如放假通知等。

7. 参考答案:A

8. 参考答案:A

9. 参考答案:A

10. 参考答案:A

11. 参考答案:A

12. 参考答案:A

13. 参考答案:A

14. 参考答案:A

15. 参考答案:A

16. 参考答案:A

17. 参考答案:A

18. 参考答案:A

19. 参考答案:A

20. 参考答案:B

解析:公文材料的收集方法有观察、调研、阅读。

21. 参考答案:A

22. 参考答案:A

第二章

一、单项选择题

1. 参考答案:D

解析:版头、主体、版记三部分中的所有要素均在版心之内,只有页码在版心之外。

2. 参考答案:D

解析:版头部分的要素主要有:份号、密级和保密期限、紧急程度、发文机关标志、发文字号、签发人等,并不包括成文日期。成文日期属于主体部分。

3. 参考答案:D

解析:如需标注份号,一般用6位3号阿拉伯数字,顶格编排在版心左上角第一行。

4. 参考答案:B

解析：根据定义，"机密"是重要的国家秘密，泄露会使国家的安全和利益遭受严重的损害。

5．参考答案：A

解析：《党政机关公文格式》规定，公文的密级和保密期限应该标注在公文首页左上角。

6．参考答案：D

解析：公文如需同时标注份号、密级和保密期限、紧急程度，按照份号、密级和保密期限、紧急程度的顺序自上而下分行排列。密级和保密期限是一个要素，不能分为两行排列，A项不正确。BC两项顺序错误。所以答案为D。

7．参考答案：D

解析：ABC三项均符合对发文机关标志的叙述。联合行文时，发文机关标志可以并用联合发文机关名称，也可以单独使用主办机关名称，但不能单独使用协办机关名称。所以D项是不正确的。

8．参考答案：C

解析：《党政机关公文格式》规定不管是上报的公文还是下行公文，发文机关标志上边缘至版心上边缘的距离统一为35mm。

9．参考答案：D

解析：发文顺序号不加"第"字，不编虚位（即1不编为01），答案为D。

10．参考答案：A

解析：A项标注正确。B项用的是圆括号，C项加了"年"和"第"字，D项在发文顺序号中加了虚位数0，因此，BCD项错误。

11．参考答案：D

解析：《党政机关公文格式》把版头中的一条与版心等宽的红线称为"分割线"或"红色分割线"，不再像2012年7月以前那样把这条红线称为"正线""反线""武文线"等。因此，答案为D。

12．参考答案：D

解析：决议、决定、意见、报告、请示、批复、议案、函、纪要等文种的标题均不能省略事由，命令（令）、公告、通告可以省略事由部分。所以答案为D。

13．参考答案：B

解析：如果主送机关的性质和权限不同，则按党、政、军、群的顺序排列。

14．参考答案：C

解析：单一机关行文时，如果公文不需要加盖印章，则在正文（或附件说明）下空一行（而不是空二行）右空二字编排发文机关署名。所以，C项不正确。ABD项均正确。

15．参考答案：D

解析：单一机关发文时，印章必须与成文日期相交，两个以上机关联合发文时，只有最后一个印章与成文日期相交。所以答案为D。

16．参考答案：D

解析：公文的版记部分包括：抄送机关、印发机关、印发日期等要素。所以答案为D。

17．参考答案：C

解析:公文首页红色分隔线以上的部分称为版头;公文首页红色分隔线(不含)以下、公文末页首条分隔线(不含)以上的部分称为主体;公文末页首条分隔线以下、末条分隔线以上的部分称为版记。

18. 参考答案:A

解析:密级和保密期限之间用"★"分隔,如"秘密★6个月"。

19. 参考答案:B

解析:上行文中标注签发人的目的是在上级机关处理公文是及时了解谁对上报的公文事项负责。

20. 参考答案:D

解析:公文标题中如果出现书籍、文章、报刊,以及法规性公文等名称时,应用书名号,其他的一般不使用书名号。

21. 参考答案:A

解析:如需标注份号,一般用6位3号阿拉伯数字,顶格编排在版心左上角第一行。

22. 参考答案:B

解析:密级应顶格编排在版心左上角第二行。

23. 参考答案:A

解析:公文的正文中结构层次一般第一层用黑体字,第二层用楷体字,第三层和第四层用仿宋体字标注。

24. 参考答案:A

解析:公文一般需要加盖发文机关印章,有的公文需要加盖签发人的签名章,如命令(令)、议案。

25. 参考答案:B

解析:决议的成文日期应标注在公文标题之下,并用圆括号括起来。

26. 参考答案:A

解析:成文日期在公文中的标注位置有两种:一是常规标注方法。大部分的公文都把成文日期标注在公文正文或附件说明的右下方;二是特殊标注方法。经会议通过的决议、决定等公文,年、月、日均标注在公文标题之下,并用圆括号括起来。因此可知答案为A。

27. 参考答案:C

解析:印章是鉴定公文真伪的最重要依据。答案应为C。

28. 参考答案:A

解析:无特殊说明,公文格式各个要素一般使用3号仿宋体字。特定情况可以做适当调整。

29. 参考答案:D

解析:ABC三个选项分别符合发文字号类型一要素型、两要素型和三要素型,D不符合要求。

30. 参考答案:D

解析:ABC三项属于公文格式中主体部分的要素,D项属于版记部分的要素。

31. 参考答案:B

解析:公文标题的三要素包括发文机关名称、事由和文种。公文标题的事由是对公文内容的高度概括和浓缩,读者从公文的标题即可了解和掌握公文的内容。因此,答案为B。

二、多项选择题

1. 参考答案: ABD

解析:2012年7月1日实施的《党政机关公文格式》将版心内的公文格式各要素划分为版头、主体、版记三部分。因此答案为ABD。

2. 参考答案: ABC

解析:版头部分的要素主要有:份号、密级和保密期限、紧急程度、发文机关标志、发文字号、签发人。主送机关属于主体部分,抄送机关属于版记部分。

3. 参考答案: ABC

解析:涉密公文应当根据涉密程度分别标注"绝密""机密""秘密"字样,保密不属于密级内容。

4. 参考答案: ABCD

解析:电报应当分别标注"特提""特急""加急""平急",所以答案为ABCD。

5. 参考答案: ABCD

解析:ABCD四项均符合发文机关标志的要求。

6. 参考答案: ABC

解析:发文字号由发文机关代字、年份、发文顺序号组成。

7. 参考答案: ABCD

解析:上列ABCD四个选项叙述均符合发文字号写作要求,答案为ABCD。

8. 参考答案: ABC

解析:ABC是正确的。发文字号中的年份应用六角括号,不是数学上的中括号,D项不正确。

9. 参考答案: ABC

解析:根据发文字号类型分析可知D选项不正确,答案为ABC。

10. 参考答案: ACD

解析:上行文的发文字号居左空一字编排,与最后一个签发人姓名同处一行,下行文的发文字号是常规标注法,即编排在发文机关标志下空二行位置,居中排布。B选项错误,ACD选项正确。

11. 参考答案: ACD

解析:ACD三项均符合公文版头签发人描述,B项中"一般每行排一个姓名",应为"一般每行排两个姓名"。"一般每行排一个姓名"是2012年7月1日前《国家行政机关公文格式》的规定,目前已废止。

12. 参考答案: ABCD

解析:公文格式主体部分包括:公文标题、主送机关、公文的主体(正文)、附件说明、发文机关署名、成文日期、印章、附注、附件。答案为ABCD。

13. 参考答案: ABCD

解析:ABCD均符合对公文标题的描述,答案为ABCD。

14. 参考答案: ABC

解析:公文标题格式包括四种:发文机关名称+事由+文种;事由+文种;发文机关名称+文种;只有文种。"发文时间+文种"的形式是不允许的。所以答案为ABC。

15. 参考答案:AB

解析:公文标题只写文种这种写法只适用于少数几个文种的标题,如公告、通告。所以答案为AB。

16. 参考答案:ABCD

解析:标题如果多行排布,回行时要做到词意完整,排列对称,长短适宜,间距恰当。因此,答案为ABCD。

17. 参考答案:ABCD

解析:以上四项均符合公文标题中的标点符号使用要求。

18. 参考答案:ABCD

解析:ABCD均符合对公文主送机关的要求。

19. 参考答案:BCD

解析:不管是单一机关行文还是联合行文都必须标注发文机关署名,联合行文时所有联合行文的机关都应当署名,不能只署主办机关名称,更不可以不署名。因此,A选项正确,BCD选项不正确。

20. 参考答案:AB

解析:成文日期确定的原则:经会议讨论通过的公文,以会议正式通过的日期为准;经发文机关负责人签发的公文,以签发日期为准;联合行文,以最后签发的机关负责人签发的日期为准,而不是以主办机关负责人签发的日期为准。所有公文的成文日期都不能以印发日期为准。因此,AB项正确,CD项错误。答案为AB。

21. 参考答案:ACD

解析:ACD三项是正确的。B项是不正确的,因为"最后一面"不一定是指带有正文内容的最后一面,它也可以是没有正文内容的偶数空白页。

22. 参考答案:AB

解析:印发机关和印发日期分别是指公文的送印机关和送印日期;印发日期用阿拉伯数字标注,后加"印发"二字;印发机关不是发文机关,印发日期不同于成文日期;如需把主送机关移至版记,应将主送机关置于"抄送机关"之上一行,而不是"后面"。因此,AB项正确,CD项错误。

23. 参考答案:ABC

解析:公文格式除一般通用格式外,还有几个特定格式,如信函格式、命令(令)格式、纪要格式等。批复这个文种使用的格式是通用格式。

24. 参考答案:AD

解析:AD两项均正确。信函格式是一种特定公文格式,不是公文文种,函是一个公文文种,不是公文格式,二者有着本质的区别。因此,BC两项不正确。

25. 参考答案:ABCD

解析:以上四项均是对命令(令)的正确描述。

26. 参考答案：ABC

解析：如无特殊说明，公文格式各要素一般用3号仿宋体字。所以答案为ABC。

27. 参考答案：ABCD

解析：以上四项均是对密级和保密期限的正确说法，答案为ABCD。

28. 参考答案：ABCD

解析：以上四项均是对公文标题的正确说法，答案为ABCD。

29. 参考答案：ABC

解析：一些日常事务性的公文可以采用文章式的标题，如总结、调查报告、讲话稿、简报、述职报告等，命令只能使用公式式标题，不能使用文章式标题。答案为ABC。

30. 参考答案：AB

解析：公文标题字数较多，需要多行排布时应当使用梯形或菱形。

31. 参考答案：AB

解析：AB两项应使用书名号，CD两项则不能使用书名号。

32. 参考答案：ABCD

解析：在公文标题中有时会用到说明性用语对标题内容进行解释、说明和补充。如"草稿""讨论稿""征求意见稿""试行"等。标题的说明性用语是标题的一部分，使用时应加括号放在标题书名号之内。分析可知ABCD四项均正确。

33. 参考答案：ABCD

解析：以上四个均描述正确，答案为ABCD。

34. 参考答案：ABCD

解析：上述说法都是对公文主送机关的正确描述。

35. 参考答案：AB

解析：命令、议案等个别文种可以加盖发文机关主要负责人的签名章，报告、决议等大多数公文文种不可以。因此，答案为AB。

36. 参考答案：ABCD

解析：以上四项均是公文用纸的印装规范需注意的问题。答案应为ABCD。

37. 参考答案：ABCD

解析：公文中除了发文机关标志、版头中的分割线、发文机关印章和签发人签名章为红色外，公文中文字的颜色均为黑色。

38. 参考答案：ABCD

解析：以上四项均是对信函格式的正确说法。答案应为ABCD。

39. 参考答案：BCD

解析：这几个特定的公文格式主要包括信函格式、命令(令)格式、纪要格式三种。因此，答案为BCD。

40. 参考答案：ABC

解析：公文的紧急程度分为"特急"和"加急"两种。因此，BC正确，AD不是。

41. 参考答案：CD

解析："发文机关名称＋文种"这种标题格式只有少数几个文种的标题可以使用，如命令（令）、公告、通告等。大部分公文文种的标题不能使用这种写法。

42. 参考答案：AB

解析：大部分公文文种的标题不能使用这种写法，这种写法只适用于少数几个文种的标题，如公告、通告。因此，答案为AB。

43. 参考答案：ABC

解析：请示、报告、请求批转的意见是上行公文。因此，答案为ABC。

44. 参考答案：ABCD

解析：以上各项均正确。

三、判断题（正确填A，错误填B）

1. 参考答案：A

解析：联合行文时，使用主办机关的发文字号。

2. 参考答案：B

解析：发文顺序号一般不加"第"字，不编虚位，在阿拉伯数字后加"号"字。

3. 参考答案：B

解析：联合发文时应使用主办机关的发文字号，不能把所有发文机关的发文字号都标注上。

4. 参考答案：A

解析：主送机关是指公文的主要受理机关，应当使用机关全称、规范化简称或者同类型机关统称。

5. 参考答案：A

解析：符合不同性质和权限的主送机关的顺序排列。

6. 参考答案：B

解析：成文日期中的数字一般用阿拉伯数字标注。

7. 参考答案：B

解析：附注是指公文印发传达范围等需要说明的事项，它不是对正文的解释和说明，如有附注，居左空二字加圆括号编排在成文日期下一行，而不是在成文日期下空一行。

8. 参考答案：B

解析：印发机关和印发日期分别是指公文的送印机关和送印日期。

9. 参考答案：B

解析：2012年7月1日实施的《党政机关公文格式》取消了"主题词"这个要素。

10. 参考答案：B

解析：推荐使用红色小标宋体字，不是仿宋体字。

11. 参考答案：B

解析:如果只标密级不标保密期限,"绝密""机密""秘密"两字之间空一字。

12. 参考答案:B

解析:正式公文中,只有上行文才标有签发人。

13. 参考答案:A

解析:符合对签发人及姓名字体的要求。

14. 参考答案:B

解析:发文机关名称和事由不能组成公文标题,因此答案为错误。

15. 参考答案:A

解析:符合公文紧急程度位置的规定。

16. 参考答案:A

解析:符合上行文规定要求。

17. 参考答案:A

解析:符合标点符号使用要求。

18. 参考答案:A

解析:符合公文格式要求,答案为正确。

19. 参考答案:B

解析:主送机关中,同一类别的用顿号分隔,不同类别的用逗号分隔,最后一个主送机关后面加全角冒号。因此,答案为错误。

20. 参考答案:B

解析:联合行文署名时应当把所有联合发文的机关名称都列上,主办机关在前,协办机关在后。

21. 参考答案:A

解析:这符合公文格式的规定。

22. 参考答案:A

解析:该表述符合成文日期标注的要求。

23. 参考答案:A

解析:符合对公文成文日期的规定。

24. 参考答案:A

解析:符合对发文机关署名的规定。

25. 参考答案:B

解析:这是2012年7月1日前的要求,2012年7月1日起实施的《党政机关公文格式》统一规定党政机关的公文用阿拉伯数字标注成文日期。

26. 参考答案:B

解析:制发纪要时应使用纪要格式,一般不使用通用格式。

27. 参考答案:B

解析:信函格式是一种特定的公文格式,并不是一种文种,与"函"文种有本质的区别。因此,答案为错误。

28．参考答案：B

解析：信函格式的发文机关标志使用发文机关全称或者规范化简称，不加"文件"二字。

29．参考答案：B

解析：印发日期不同于成文日期。印发日期是公文的送印日期。成文日期是领导人签发或会议通过的日期。

30．参考答案：A

解析：符合发文机关标志的要求。

31．参考答案：B

解析：命令（令）格式的发文机关标志一般由发文机关全称加"命令"或"令"字组成。

32．参考答案：A

解析：公告的标题有多种写法，这是其中一种写法，符合公告标题的写作要求。

33．参考答案：B

解析：这不符合"确定主送机关的原则"。

34．参考答案：B

解析：有特定发文机关标志的普发性公文和电报可以不加盖印章即生效。

35．参考答案：B

解析：附件应当另面编排，并在版记之前，与公文正文一起装订。因此，答案为错误。

36．参考答案：B

解析：如需把主送机关移至版记，除将"抄送"二字改为"主送"外，编排方法同抄送机关。既有主送机关又有抄送机关时，应将主送机关置于抄送机关之上一行。

37．参考答案：B

解析：信函格式是一种特定的公文格式，并不是一种文种。

38．参考答案：B

解析：信函格式首页不显示页码。

39．参考答案：B

解析：公文的版记页前有空白页的，空白页和版记页均不编排页码。

40．参考答案：B

解析：命令（令）的权威性特别强，所以发文机关标志一般不宜使用发文机关的规范化简称，而应当使用发文机关全称加"命令"或"令"字组成的格式，以彰显庄重、大方。

第三章

一、单项选择题

1．参考答案：B

解析：公文拟制主要包括公文的起草、审核、签发等程序，会签只在联合行文时才发生，因此B项错误。ABD 三项正确。

2. 参考答案：D

解析：一般不得越级行文，特殊情况需要越级行文的，应当同时抄送被越过的机关，因此 D 项错误。ABC 三项正确。

3. 参考答案：D

解析：个人不能制发公文。

4. 参考答案：D

解析：上行文原则上主送一个上级机关，根据需要同时抄送相关上级机关和同级机关，不抄送下级机关。

5. 参考答案：C

解析：下级机关的请示事项，如需以本机关名义向上级机关请示，应当提出倾向性意见后上报，不得原文转报上级机关。因此，C 项不正确。ABD 项内容符合上行文的要求。

6. 参考答案：A

解析：请示应当一文一事。不得在报告等非请示性公文中夹带请示事项。除上级机关负责人直接交办事项外，不得以本机关名义向上级机关负责人报送公文，不得以本机关负责人名义向上级机关报送公文。因此，A 项正确，BCD 项错误。

7. 参考答案：D

解析：党委、政府的除办公厅（室）外的其他部门和单位不得向下级党委、政府发布指令性公文或在公文中向下级党委、政府提出指令性要求。因此 D 项后半句错误。ABC 三项正确。

8. 参考答案：D

解析：部门内设机构除办公厅（室）外不得对外正式行文。因此 D 项说法错误。ABC 三项正确。

9. 参考答案：C

解析：联合发文由所有联署机关的负责人会签，因此，C 项说法错误。ABD 三项正确。

10. 参考答案：C

解析：会签是联合发文时使用的程序，单一机关发文时是不可能使用的。签发是发文的必需程序。加签、代签是单一机关发文时有可能使用的程序。

11. 参考答案：B

解析：局长签发后，主管教育的副市长再签，再签这个程序称之为加签。

12. 参考答案：C

解析：当文稿内容涉及两个以上业务主管部门的职权范围时，必须经相关部门的负责人共同商，并签署发文的具体意见，这个程序称之为会签。

13. 参考答案：D

解析：副厅长代厅长签发公文的程序称之为代签。

14. 参考答案：A

解析：《党政机关公文处理工作条例》中收文办理主要程序排列顺序是签收、登记、初审、承办、传阅、催办、答复等。

15．参考答案：A

解析：正确的发文程序是复核、登记、印制、核发等。

16．参考答案：D

解析：设立党委（党组）的县级以上单位应当建立机要保密室和机要阅文室。因此，D项错误。

17．参考答案：C

解析：绝密级公文应当由专人管理，机密级、秘密级公文不需要专人管理，只需要专门的机构管理即可。因此，C项不正确。

18．参考答案：C

解析：公文的印发传达范围应当按照发文机关的要求执行。公文的印发传达范围需要变更的，应当经发文机关批准。涉密公文公开发布前应当履行解密程序。经经批准公开发布的公文，同发文机关正式印发的公文具有同等效力。因此ABD三项错误，C项正确。

19．参考答案：A

解析：复制、汇编机密级、秘密级公文，应当符合有关规定并经本机关负责人批准。绝密级公文一般不得复制、汇编，确有工作需要的，应当经发文机关或者其上级机关批准。复制、汇编的公文视同原件管理。因此，A项正确，BCD三项不正确。

20．参考答案：A

解析：翻印件应当注明翻印的机关名称、日期。汇编本的密级按照编入公文的最高密级标注。复制件应当加盖复制机关戳记。涉密公文应当在符合保密要求的场所印制。因此，A项正确，BCD三项错误。

二、多项选择题

1．参考答案：ABC

解析：公文处理工作是指公文拟制、办理、管理等一系列相互关联、衔接有序的工作。

2．参考答案：ABD

解析：公文拟制主要包括公文的起草、审核、签发等程序。

3．参考答案：ABC

解析：公文办理主要包括收文办理、发文办理和整理归档。

4．参考答案：ABCD

解析：ABCD四项均为公文处理工作的特点。

5．参考答案：ABCD

解析：ABCD四项均为公文处理工作的原则。

6．参考答案：ABCD

解析：ABCD四项均为公文的行文要求。

7．参考答案：ACD

解析：ACD四项均为上行文的要求。上行文一般只有一个主送机关，不能多头主送，因此不可能使用同类型机关的统称。

8. 参考答案：ABCD

解析：ABCD四项均为下行文的要求。

9. 参考答案：ABCD

解析：ABCD四项均为起草公文应遵循的原则。

10. 参考答案：ABCD

解析：ABCD四项均为起草公文应遵循的原则。

11. 参考答案：ABCD

解析：ABCD四项均为起草公文应遵循的原则。

12. 参考答案：ABCD

解析：ABCD四项均为起草公文应遵循的原则。

13. 参考答案：ABCD

解析：ABCD四项均为审核的重点。

14. 参考答案：ABCD

解析：ABCD四项均为审核的重点。

15. 参考答案：ABCD

解析：ABCD四项均为审核的重点。

16. 参考答案：ACD

解析：ACD三项均符合签发程序的要求。圈阅或者签名的，视为同意，不能视为无效，因此B项错误。

17. 参考答案：ABC

解析：ABC三项均符合签发用笔的要求。铅笔或圆珠笔不符合存档要求，不能用于签发用笔。

18. 参考答案：ABCD

解析：ABCD四项均为登记的作用。

19. 参考答案：ABCD

解析：ABCD四项均符合承办的要求。

20. 参考答案：ABD

解析：需要两个以上部门办理的，应当明确主办部门，因此C项说法不恰当。ABD三项均符合承办的要求。

21. 参考答案：ABCD

解析：ABCD四项均属于传阅的方式。

22. 参考答案：ABCD

解析：ABCD四项均属于催办的方法。

23. 参考答案：ABCD

解析：ABCD 四项均属于归档的范围。

24．参考答案：ABCD

解析：ABCD 四项均属于涉密公文传输的渠道。

25．参考答案：ABCD

解析：ABCD 四项均符合涉密公文的管理要求。

26．参考答案：BCD

解析：公文的撤销和废止，由发文机关、上级机关或者权力机关根据职权范围和有关法律法规决定。公文被撤销的，视为自始无效。公文被废止的，视为自废止之日起失效。涉密公文应当按照发文机关的要求和有关规定进行清退或者销毁。因此，A 项正确，BCD 三项不正确。

三、判断题（正确填 A，错误填 B）

1．参考答案：A

解析：符合公文的特点和要求。

2．参考答案：A

解析：符合公文处理工作的特点和要求。

3．参考答案：A

解析：符合公文处理工作的特点和要求。

4．参考答案：A

解析：符合公文处理工作的特点和要求。

5．参考答案：A

解析：符合公文处理工作的特点和要求。

6．参考答案：A

解析：符合公文处理工作的特点和要求。

7．参考答案：A

解析：符合公文处理工作的特点和要求。

8．参考答案：A

解析：符合公文处理工作的特点和要求。

9．参考答案：A

解析：符合公文处理工作的特点和要求。

10．参考答案：B

解析：不能以本机关负责人名义向上级机关报送公文，因此该判断不符合公文处理工作的特点和要求。

11．参考答案：A

解析：符合公文处理工作的特点和要求。

12．参考答案：A

解析:符合公文处理工作的特点和要求。

13．参考答案:A

解析:符合公文处理工作的环节和要求。

14．参考答案:A

解析:符合公文处理工作中审核环节的含义和特点。

15．参考答案:A

解析:符合公文处理工作中签发环节的要求。

16．参考答案:A

解析:符合公文处理工作的环节要求。

17．参考答案:A

解析:符合公文处理工作的环节要求。

18．参考答案:A

解析:符合公文处理工作的环节要求。

19．参考答案:B

解析:收文的主要程序包括签收、登记、初审、承办、传阅、催办、答复等。

20．参考答案:B

解析:发文程序包括复核、登记、印制、核发等。

第四章

一、单项选择题

1．参考答案:A。

解析:决议适用于经会议讨论通过的重大决策事项。所以本题答案选A。

2．参考答案:B

解析:决定适用于对重要事项作出决策和部署。

3．参考答案:B

解析:决定适用于变更或者撤销下级机关不适当的决定事项。

4．参考答案:C

解析:公布行政法规和规章时应使用命令(令)。

5．参考答案:C

解析:宣布施行重大强制性措施时应使用命令(令)。

6．参考答案:C

解析:批准授予和晋升衔级、嘉奖有关单位和人员时应使用命令(令)。

7．参考答案:C

解析:公报适用于公布重要决定或重大事项,因此C项正确。

8．参考答案:D

解析：公告适用于向国内外宣布重要事项或法定事项，因此 D 项正确。

9. 参考答案：D

解析：公告适用于向国内外宣布重要事项或法定事项，某国领导人来华访问是重要事项，因此 D 项正确。

10. 参考答案：B

解析：通告适用于在一定范围内公布应当遵守或者周知的事项，因此 B 项正确。

11. 参考答案：C

解析：意见适用于对重要问题提出见解和处理办法，因此 C 项正确。

12. 参考答案：D

解析：通知适用于发布、传达要求下级机关和有关单位周知或者执行的事项以及批转、转发公文。

13. 参考答案：D

解析：通知适用于发布、传达要求下级机关和有关单位周知或者执行的事项。通知的对象是下级机关和有关单位。通告的对象是一定范围内的社会居民。

14. 参考答案：D

解析：通知适用于发布、传达要求下级机关和有关单位周知或者执行的事项以及批转、转发公文。

15. 参考答案：D

解析：通知适用于发布、传达要求下级机关和有关单位周知或者执行的事项以及批转、转发公文。

16. 参考答案：D

解析：通知适用于发布、传达要求下级机关和有关单位周知或者执行的事项以及批转、转发公文。

17. 参考答案：B

解析：ACD 三项符合通知的特点和要求。通知没有表彰功能，因此 B 项中的文种使用错误。

18. 参考答案：D

解析：召开会议应使用通知告知有关会议事项。

19. 参考答案：C

解析：通报适用于表彰先进、批评错误、传达重要精神和告知重要情况，因此选 C。

20. 参考答案：B

解析：ACD 三项均符合通报的特点要求，都正确。通报的告知对象主要是一定范围内的广大群众，因此具有知照性特点，而不是执行性。因此 B 项错误。

21. 参考答案：C

解析：通报适用于表彰先进、批评错误、传达重要精神和告知重要情况。因此 C 项正确。

22. 参考答案：C

解析：通报适用于表彰先进、批评错误、传达重要精神和告知重要情况，考试作弊应用通报，不必用决定。因此 C 项正确。

23. 参考答案：B

解析：报告适用于下级机关向上级机关汇报工作，反映情况以及回复上级机关的询问。请示、意见、通报都不能用于下级机关向上级机关汇报工作。

24．参考答案：A

解析：请示适用于下级机关向上级机关请求指示和申请批准事项。报告、意见、通报都不能用于下级机关向上级机关请求指示。

25．参考答案：B

解析：请示适用于下级机关向上级机关请求指示和申请批准事项。报告、意见、通报都不能用于下级机关向上级机关请求批准事项。

26．参考答案：D

解析：下级机关向上级机关请求帮助解决困难时应使用请示。报告、通知、通报都不能用于下级机关向上级机关汇报工作。

27．参考答案：C

解析：答复下级机关的请示事项时应使用批复。

28．参考答案：A

解析：BCD三项符合批复的特点要求。批复只能是被动行文，不能主动行文。因此A项错误。

29．参考答案：B

解析：ACD三项符合批复的特点要求。批复是下行文，下行通知也是下行文，但批复绝对不可以代替通知行文。

30．参考答案：C

解析：针对请示，ABD三项均不符合批复的行文要求。只有C项符合批复的行文要求，即一份批复针对一份请示。

31．参考答案：D

解析：各级人民政府按照法定程序向同级人民代表大会或人民代表大会常务委员会提请审议事项时应使用议案。

32．参考答案：D

解析：不相隶属机关之间商洽工作时不能使用请示、议案和意见，因为请示是下级机关给上级机关行文时使用，议案是各级人民政府给同级的人大或人大常务委员会行文时使用，意见可以用于不相隶属机关之间，但它是给对方提建议时使用，不相隶属机关之间商洽工作只能使用函。

33．参考答案：D

解析：不相隶属机关之间咨询和答复问题只能使用函，不能使用请示、意见和议案，理由同31题。

34．参考答案：D

解析：不相隶属机关之间请求批准和答复审批事项只能使用函，不能使用请示、意见和议案，理由同31题。

35．参考答案：C

解析：ABD三项均符合函的特点要求。函尽管是平行文，但它也具有法定效用和权威性，因此C

项不正确。

36. 参考答案：D

解析：函的发文机关不受性质和级别的限制，党政机关都经常使用。机关之间不管级别高低，只要是不相隶属机关均可用函行文。函尽管是平行文，但对受文方具有约束性。函必须一文一事。因此，ABC三项均不符合函的特点要求，只有D项是正确的。

37. 参考答案：A

解析：县农业局和本县财政局级别相同，又属于不相隶属机关，应使用函行文，不应使用请示。

38. 参考答案：B

解析：记载会议主要情况和议定事项时应使用纪要。

39. 参考答案：B

解析：ACD三项符合纪要的特点要求。纪要是对会议主要情况和议定事项的记载和概括，不能对会议内容进行评论。因此B项错误。

40. 参考答案：A

解析：BCD三项符合纪要的特点要求。纪要不同于会议记录，纪要是对会议主要情况和议定事项的记载和概括，不能把会议的所有内容都原样记录下来。因此A项错误。

41. 参考答案：C

解析：ABD三项标题符合纪要标题的格式要求。纪要的标题不能使用"发文机关＋纪要"的模式。因此C项错误。

二、多项选择题

1. 参考答案：ABCD

解析：ABCD均为决议的特点。

2. 参考答案：ABCD

解析：ABCD均符合决议的特点和要求。

3. 参考答案：ABCD

解析：ABCD均符合决议的特点和要求。

4. 参考答案：ABCD

解析：ABCD均符合决定的特点和要求。

5. 参考答案：BD

解析：AC符合命令的特点和要求，命令的发文机关有严格的限制，因此B项说法错误。命令（令）具有很强的强制性和执行性，受令方必须严格贯彻执行，因此D项说法不正确。

6. 参考答案：AC

解析：AC符合决定、命令（令）的要求。决议和会议通过的决定的成文日期按规定应标注在标题之下，用圆括号括起，领导签发的决定的成文日期一般应标注在正文右下方。命令（令）发文机关标志中的发文机关应使用全称，既不能使用规范化简称，更不能使用简称，因此，BD项错误。

7. 参考答案：ABCD

解析：ABCD 四项均符合命令(令)的特点和要求。

8. 参考答案：BC

解析：BC 两项均符合公报的特点和要求。公报的发布机关级别很高,或者是以中央的名义,或者是以国家的名义,或者是以政府的名义,因此,AD 两项表述错误。

9. 参考答案：ABC

解析：ABC 三项均符合公告的特点和要求。不管在什么范围内,公告都不应当作为广告或启事使用,因此,D 项表述错误。

10. 参考答案：ABCD

解析：ABCD 四项都属于通告的特点。

11. 参考答案：ACD

解析：ACD 符合通告标题写作的要求,C 项关于 2015 年国庆节放假应使用通知。

12. 参考答案：ABCD

解析：ABCD 都是公告和通告的不同之点。

13. 参考答案：AB

解析：AB 项是正确的。意见具有约束和执行功能。"以上意见如无不妥,请批转"只是上行意见的结语,不是所有意见的结语。因此,CD 项不正确。

14. 参考答案：ABCD

解析：ABCD 项都是正确的。

15. 参考答案：ABC

解析：ABC 三项符合通知的特点和要求。通知一般用于下行文,有时也可用于平行文,如知照性通知,但通知不能用于上行文,因此 D 项说法错误。

16. 参考答案：ABC

解析：ABC 三个标题文种使用正确。D 项中的标题不应使用通报,应使用通知。

17. 参考答案：BD

解析：BD 两个标题格式正确。AC 项中的标题不正确,因为通报标题不能采用发文机关＋文种或省略发文机关和事由只有文种的形式。

18. 参考答案：ABC

解析：ABC 三项都是报告的适用范围。D 项用请示。

19. 参考答案：ABD

解析：ABD 三项都是报告的适用范围。C 项是请示的特点。

20. 参考答案：ABCD

解析：ABCD 四项都符合报告的标题规范。

21. 参考答案：AD

解析：BC 两项都符合报告的标题规范。报告的标题不能使用"发文机关＋文种"的形式,更不能省略发文机关和事由单独使用"文种",因此 AD 项标题错误。

22．参考答案：ACD

解析：B 项符合报告的特点要求。报告行文方向单一,只能用于上行文。述职报告、调查报告都不是报告的类型,更不是基本类型。不管什么情况下,报告中都不能夹带请示事项。因此,ACD 三项说法错误。

23．参考答案：ABCD

解析：ABCD 四项均可使用请示行文。

24．参考答案：ABCD

解析：ABCD 四项均符合请示的特点要求。

25．参考答案：ABCD

解析：ABCD 四项均符合请示的特点要求。

26．参考答案：ABCD

解析：ABCD 四项均符合请示标题的要求。

27．参考答案：AB

解析：AB 两项均符合请示标题的要求。CD 两项不符合请示标题的格式规范。

28．参考答案：ABCD

解析：ABCD 四项均符合请示的要求。

29．参考答案：ABCD

解析：ABCD 四项均符合请示的要求。

30．参考答案：ABCD

解析：ABCD 均是请示与报告的区别之处。

31．参考答案：ABCD

解析：ABCD 四个标题均符合批复标题的格式要求。

32．参考答案：AC

解析：AC 两个标题均符合批复标题的格式要求。批复的标题不能是"发文机关＋文种"的形式,更不能是只有"文种"的形式,因此 BD 项错误。

33．参考答案：ABCD

解析：ABCD 四项均符合批复的行文要求。

34．参考答案：ABCD

解析：ABCD 四项均符合议案的特点要求。

35．参考答案：ABCD

解析：ABCD 四项都是议案的类型。

36．参考答案：ABCD

解析：ABCD 四项都符合议案标题要求。

37．参考答案：ABCD

解析：ABCD四项都体现了议案和提案的区别。

38．参考答案：ABCD

解析：ABCD四项都符合公文的行文关系。

39．参考答案：CD

解析：AB项说法正确。不管什么类型的函,都应当一文一事,不能一文多事。函一般标有发文字号,个别情况下也可以省略发文字号。因此CD两项说法错误。

40．参考答案：ABCD

解析：ABCD四项都体现了纪要与会议记录的区别。

三、判断题(正确填A,错误填B)

1．参考答案：A

解析：符合公告的特点和要求。

2．参考答案：A

解析：符合公告的特点和要求。

3．参考答案：A

解析：符合公告的适用范围和要求。

4．参考答案：A

解析：符合公告的特点和要求。

5．参考答案：A

解析：按照我国宪法和法律规定必须予以公布的重大事项都使用公告告知,按照法定程序,国家录用公务员应当发布招考公告。

6．参考答案：A

解析：符合公告的特点和要求。

7．参考答案：A

解析：通告适用于在一定范围内公布应当遵守或者周知的事项,道路施工、自来水公司管道施工、电力公司线路施工等事项需要告知一定范围内的居民和单位,因此,应使用通告告知。

8．参考答案：A

解析：符合通告的特点要求。

9．参考答案：B

解析：通告不受发文机关性质和级别的限制,各专业部门、各级人民政府等都可以使用。

10．参考答案：A

解析：公告是向国内外宣布重要事项或法定事项,一般是省部级以上的高级机关或授权的专门机关使用,省部级以下的基层部门单位不使用。

11．参考答案：A

解析：意见的发文机关不受性质和级别的限制,任何单位和组织均可以使用。

12. 参考答案：B

解析：上行意见属于上行文，必须有主送机关。平行意见也应当有主送机关。下行意见，即可以根据需要或标注主送机关，或省略主送机关（发布范围较广的下行意见，可省略主送机关）。

13. 参考答案：A

解析：15个常用公文文种只有意见和纪要可以多方向行文，但纪要上行时一般应使用报告呈送，所以，意见是15个常用公文中唯一一个可多向直接独立行文的文种。

14. 参考答案：A

解析：符合平行意见的特点和要求。

15. 参考答案：A

解析：一是符合通知的特点和要求，二是现实也的确如此。

16. 参考答案：A

解析：该说法符合通知的功能特点和要求。

17. 参考答案：A

解析：该说法符合通知的功能特点和要求。

18. 参考答案：A

解析：该说法符合通知的特点和格式要求，通知通常都有特定的受文者，一般应有主送机关。

19. 参考答案：A

解析：该说法符合通知的功能特点和要求。

20. 参考答案：A

解析：该说法符合通知的功能特点和要求。

21. 参考答案：A

解析：该说法符合通知的功能特点和要求。

22. 参考答案：A

解析：该说法符合通知的功能特点和要求。

23. 参考答案：B

解析：通报用于表彰先进批评错误，传达重要精神和交流情况。因此，传达重要精神和交流情况时应使用通报，而不是通知和报告。

24. 参考答案：B

解析：公文意义上的报告不包括专业部门使用的行业文书如立案报告、财务预决算报告等。报告属于通用公文，行业文书属于专用公文。

25. 参考答案：A

解析：报告适用于下级机关向上级机关汇报工作，反映情况以及回复上级机关的询问，因此只能使用陈述性语言，实事求是地向上级机关叙述有关事项。

26. 参考答案：B

解析：报告只能用于上行文，不能用于平行文和下行文。

27．参考答案：A

解析：报告不受机关级别高低和性质的限制，任何单位都有权使用。

28．参考答案：A

解析：答复报告用于答复上级机关的询问，属于被动行文，具有很强的针对性。

29．参考答案：B

解析：向上级机关汇报突发事件的处理情况时应使用报告。

30．参考答案：A

解析：报告是典型的上行文，因此报告必须有主送机关。

31．参考答案：A

解析：报告一般不能多头主送。

32．参考答案：A

解析：除特殊情况外，报告原则上不直报领导者个人。

33．参考答案：B

解析：请示必须有主送机关，不管什么情况，请示都不能省略主送机关。

34．参考答案：A

解析：该说法符合请示的适用范围。

35．参考答案：A

解析：该说法符合请示的行文要求。

36．参考答案：A

解析：该说法符合批复的适用范围。

37．参考答案：A

解析：该说法符合请示和批复的行文要求。

38．参考答案：A

解析：该说法符合议案的行文要求。

39．参考答案：A

解析：该说法符合议案的行文要求和写作要求。

40．参考答案：A

解析：纪要的内容代表着主持单位和与会单位的共同意志和法定权威性，因此，该说法正确。

第五章

（略）

第六章

一、单项选择题

1．参考答案：D

解析：讲话稿可分为政论性讲话稿和社交礼仪性讲话稿，政论性讲话稿主要有：开幕词、闭幕词、工作报告、专题讲话、形势报告、领导讲话、政论性演讲等。礼仪性讲话稿主要有：欢迎词、欢送词、贺词、祝酒词等。可见,正确答案应为 D。

2．参考答案：B

解析：以上四项均是讲话稿的功能,结合题目分析可知,答案为 B。

3．参考答案：D

解析：这是毛泽东同志 1945 年 6 月 11 日在中国共产党第七次全国代表大会上所作的闭幕词。

4．参考答案：C

解析：根据题目内容可知为号召式,答案为 C。

二、多项选择题

1．参考答案：ABCD

解析：讲话稿的特点有：内容的针对性、情感的鼓动性、起草的集智性、语言的通俗性和讲话的目的性。因此答案为 ABCD。

2．参考答案：BCD

解析：理由同单选题第 1 题。

3．参考答案：ABC

解析：理由同单选题第 1 题。

4．参考答案：ABCD

解析：形势报告的撰写需包括以下几个部分：一是对整体形势的概述,二是分析形势的基本特征,三是预测形势的发展趋势,四是研究应对形势发展的对策,五是应对形势发展时需要注意的问题。条理清晰、层次分明是形势报告最基本的撰写要求。由此可见,答案为 ABCD。

5．参考答案：ABCD

解析：以上四项都属于讲话稿的功能,答案为 ABCD。

6．参考答案：ABCD

解析：以上四项均属于讲话稿写作的基本规则,故正确答案为 ABCD。

7．参考答案：ABCD

解析：上述四项均符合要求,答案为 ABCD。

8．参考答案：ABCD

解析：以上四个选项均符合讲话稿的标题格式和要求。

9．参考答案：ABCD

解析：讲话稿常用的结尾方式有：概括式、希望式、憧憬式、哲理式、抒情式、宣布式。

10．参考答案：ABCD

解析：一般说来讲话稿的主体部分有以下几种主体结构：并列式、递进式、总分式、叙议结合式、交互式等。

11．参考答案：ABCD

解析：宣告性、简明性、口语化和引导性均是开幕词的特点,答案为 ABCD。

12. 参考答案：ABCD

解析：以上四项关于开幕词的说法均符合现实,答案为 ABCD。

13. 参考答案：ABCD

解析：以上四项全部正确,答案为 ABCD。

14. 参考答案：ABCD

解析：开幕词通常要阐明会议或活动的性质、宗旨、任务、要求和议程安排等,集中体现了大会或活动的指导思想,起到定调的作用,对引导会议或活动朝着既定的正确方向顺利进行,保证会议或活动的圆满成功,有着重要意义。可见,答案为 ABCD。

15. 参考答案：ABCD

解析：闭幕词的特点有总结性、概括性、号召性,同时闭幕词和开幕词一样具有简明性、口语化和宣告性三个共同的特点,所以答案为 ABCD。

16. 参考答案：ABC

解析：ABC 三项均符合开闭幕词的拟写要求,但开幕词和闭幕词不能使用讥讽和夸张等表达方式。因此,正确答案为 ABC。

17. 参考答案：ABCD

解析：闭幕词标题的写法分为两种,一种是"会议或活动全称＋文种",如《第×届校运动会的开幕词》,标题下面用括号注明致辞的具体日期,日期下方为致辞人的职务和姓名；第二种是"致辞人＋会议或活动全称＋文种",如《××市长在中小学生秋季运动会的闭幕词》,标题下面需在括号内写上具体日期,但不必署名。C、D 两项也符合闭幕词的写作要求,所以答案为 ABCD。

18. 参考答案：ABCD

解析：上述四项均符合欢迎词的特点,答案为 ABCD。

19. 参考答案：ABC

解析：ABC 三项均是欢迎词和欢送词的区别,两者在篇幅长短上并没有明确要求,不属于两者之间的区别,所以答案为 ABC。

20. 参考答案：ABCD

解析：以上四项均是对祝词、贺词和致辞的正确说法,答案为 ABCD。

21. 参考答案：ABCD

解析：上述四项均是讲话稿开头的写作方法,答案为 ABCD。

三、判断题(正确填 A,错误填 B)

1. 参考答案：B

解析：讲话类公文如开幕词、闭幕词等都应该做到情理交融,所以命题错误。

2. 参考答案：A

解析：讲话稿一般由机关行政文书人员(如秘书)代为草拟,最后由讲话者审阅定稿。有些讲话稿也可以由讲话人自己拟定。

3．参考答案：A

解析：以函数形式送达的贺词通常叫作贺信，借助电报发出的贺词通常称作贺电。贺信、贺电都是贺词，所以命题正确。

4．参考答案：B

解析：讲话稿和发言稿在不作为公务文书时，两者可以通用，一旦作为公务文书，应严格区别使用。所以命题错误。

5．参考答案：B

解析：开幕词内容尽量简洁明了，提纲挈领地对会议或活动加以概括，要有高屋建瓴的意味，不必琐碎地介绍具体事宜。语言上应该饱满而有富有张力，能够强烈地感染听众，使其深受鼓舞。所以命题错误。

6．参考答案：A

解析：命题描述符合开幕词和闭幕词的拟写要求。

7．参考答案：A

解析：开幕词发生在活动开始时，闭幕词发生在活动结束时；开幕词预示着活动的开始，闭幕词预示着活动的结束。

8．参考答案：B

解析：欢迎词的写作要做到篇幅短小，言简意赅，不必长篇大论。所以命题错误。

四、写作题

（略）

第七章

一、单项选择题

1．参考答案：B

解析：贺信是向对方表示祝贺时使用的；建议书是向有关单位或上经机关和领导就某项工作提出建议时使用的；公开信是将内容或事项公布于众时使用的。就某事向社会提建议或提议社会成员共同去做某事，只能使用倡议书。

2．参考答案：D

解析：影响的强烈性不属于倡议书的特点。

3．参考答案：C

解析：普遍性倡议书是以倡议对象为标准所划分的。

4．参考答案：C

解析：倡议书一般由标题、称呼、正文、落款四部分组成。

5．参考答案：B

解析:个人、单位或集体向有关单位或上级机关和领导,就某项工作提出某种建议时,应采用建议书。

6. 参考答案:C

解析:表示祝贺,只能使用贺信。

7. 参考答案:C

解析:向对方表示感谢只能使用感谢信。

8. 参考答案:A

解析:机关、企事业单位、社会团体或个人向社会公众说明情况、告知音讯或请求帮助时使用的一种事务性文书是启事。

9. 参考答案:D

解析:隐秘性不属于启事的特点。

10. 参考答案:C

解析:启事的格式由标题、正文和落款三部分组成。

二、多项选择题

1. 参考答案:AB

解析:CD不属于倡议书的特点。

2. 参考答案:ABCD

解析:以上四类均是从倡议者角度划分倡议书的类型。

3. 参考答案:ACD

解析:群体倡议书是以倡议者角度来划分的。

4. 参考答案:BD

解析:AC不属于倡议书的特点。

5. 参考答案:BD

解析:AC不属于倡议书的作用。

6. 参考答案:BCD

解析:贺信内容应实事求是,贺信文辞不必力求优美辞藻华丽。

7. 参考答案:ABCD

解析:以上公开信都属于公开信的类型。

8. 参考答案:ACD

解析:书写感谢信时要内容真实、感情真挚、格式规范,语言不必做到优美。

9. 参考答案:ABCD

解析:以上四项均属于写作表扬信的要求。

10. 参考答案:BCD

解析:启事的特点是公开性而非公正性。

三、判断题(正确填 A,错误填 B)

1．参考答案: A

解析:该表述正确。

2．参考答案: B

解析:从倡议者角度来讲,倡议书可以分为个人倡议书、群体倡议书、党政机关部门、企事业单位的倡议书。

3．参考答案: A

解析:该表述正确。

4．参考答案: A

解析:该表述正确。

5．参考答案: A

解析:该表述正确。

6．参考答案: A

解析:该表述正确。

四、写作题

(略)

第八章

一、单项选择题

1．参考答案: C

解析:计划不是一个单一的文种,它是由设想、纲要、规划、要点、安排、方案等文种共同组成的一种文体,而纪要属于《党政机关公文处理工作条例》中规定的 15 个常用公文文种。所以选 C。

2．参考答案: A

解析:从教材中我们可以得知计划具有以下五个特点:预见性(事前性)、目的性、可行性、可变性和约束性,所以选 A。

3．参考答案: D

解析:《党政机关公文处理工作条例》中规定了 15 个常用公文文种,这四个选项中只有通知在列,所以选 D。

4．参考答案: D

解析:标题是计划的名称,一般包括机关名称、时间、事由和文种等要素,不同的标题由不同要素组合构成。计划常见的标题形式一般有三种。第一种是由"发文机关＋适用时限＋事由＋文种"构成的全称式标题。第二种是由"发文事由＋文种"构成的简称式标题。第三种是文章式标题。计划标题不能使用"发文机关＋文种"的形式,所以选 D。

5. 参考答案:D

解析:计划标题一般包括机关名称、时间、事由和文种等要素,不同的标题由不同要素组合构成。但计划的标题不能使用"发文机关＋文种"的形式。因此,D不符合计划标题要求。

6. 参考答案:B

解析:计划以说明为主,叙述、议论要适当,不能抒情和描写。因此答案为B。

7. 参考答案:C

解析:总结是对之前工作活动进行全面回顾、检查、分析、评判,概括经验教训,用以指导今后更好地开展工作的一种公文文种。根据总结定义,我们可以得到答案为C。

8. 参考答案:C

解析:《党政机关公文处理工作条例》规定的15个常用公文文种中没有总结,因此答案为C。

9. 参考答案:D

解析:总结的特点有普遍性、借鉴性、客观性、理论性、本体性和指导性,可变性为计划的特点。

10. 参考答案:C

解析:报告人介绍自己在一定时期内履行职责的情况时应使用的文种是述职报告。

11. 参考答案:B

解析:述职报告由标题、称谓、正文、落款四部分构成,正文部分包括前言、主体和结尾。可见,答案为B。

12. 参考答案:C

解析:简报在实际工作中有各种各样的称呼,如"工作简报""信息简报""工作动态""内部参考""情况反映"等。而"会议记录"不属于"简报"类。所以答案为C。

13. 参考答案:D

解析:简报是机关内部向上级反映情况、汇报工作,或向下级、平级机关沟通情况、交流经验、了解信息、指导工作的一种简短灵活的事务性公文。因此,答案为D。

14. 参考答案:A

解析:简报由报头、报核、报尾三部分构成。报头相对于公文的眉首部分,由简报名称、期号、编发机关、编发日期以及间隔线构成。其他一般公务文书均不具有这种独特的报头,所以答案为A。

15. 参考答案:B

解析:简报是机关内部向上级反映情况、汇报工作或向下级、平级机关沟通情况、交流经验、了解信息、指导工作的一种简短灵活的事务性公文。所以答案为B。

16. 参考答案:B

解析:工作简报和动态简报属于长期性简报,综合性简报属于定期简报。会议简报属于临时性简报。所以答案为B。

17. 参考答案:D

解析:主体部分写作常用的格式有叙述式、并列式、因果式、总结式和评论式等,对比式不属于主体常用的写作格式。

18．参考答案：A

解析：1930年5月，毛泽东为了反对当时红军中存在的教条主义思想，专门写了《反对本本主义》一文，提出"没有调查，没有发言权"的著名论断。所以答案为A。

19．参考答案：C

解析：用简要语言揭示调查报告的主题，如《切实解决××市生活用水困难的问题》，属于揭示主题式标题，其他三项均不符合要求，答案为C。

20．参考答案：A

解析：叙述式是指简明扼要地写出主要事实、经验等，或对全篇事实材料进行综合概括，揭示主要内容。经分析题目描述符合叙述式的写作方法，所以答案为A。

21．参考答案：C

解析：描写式是指对富有特色的事实或有意义的一个侧面，用简练的笔墨进行传神的描述，给读者以鲜明的印象。经分析题目描述符合描写式的写作方法，所以答案为C。

22．参考答案：B

解析：提问式是指把文章中要解决的问题，或要介绍的经验、做法以设问的形式提出来，然后用事实作答。

23．参考答案：D

解析：引用式是指引用人物的深刻而又富有意义的语言作为导语，这里就是引用朱衣仙子寨农民的朴素语言作为开头。所以答案为D。

24．参考答案：A

解析：会议记录是在开会过程中由专门人员如实将会议的基本情况和会上的议程、会议报告、会议决议、讨论发言等内容记录下来而形成的书面文字材料或媒体材料，是一种没有正式打印和盖章的特殊文件。根据会议记录的定义可知本题答案为A。

25．参考答案：C

解析：会议记录是有关会议情况的真实反映，是撰写纪要的重要依据和参考资料。所以答案为C。

26．参考答案：D

解析：计划是为完成某项工作任务而预先做出打算和安排的一种事务性应用文体。在未来一定时间或一个阶段内打算做什么，怎么做，预期达到什么样的目标，将这些写成书面材料就是计划。所以答案为D。

27．参考答案：B

解析："总结一年来的工作，我可以问心无愧"，参照四个选项可以排除ACD，答案为B。

28．参考答案：C

解析：调查报告的导语即前言，以简要的文字交代调研的目的、时间、地点、调研对象、调研方法以及取得的结果，写作这部分的目的在于帮助和吸引读者阅读和理解文章内容。所以答案为C。

29．参考答案：B

解析:公文式标题由"机关名称+时间+事由+文种"构成,如《××市政府关于2010年下岗工人再就业工作的总结》,可见答案为B。

30. 参考答案:B

解析:"述职报告"和"报告"在写作时都应该做到实事求是、客观公正,因此其写作的共同点为:以陈述为主,答案为B。

31. 参考答案:D

解析:述职报告可采用主副标题的形式。如《继往开来,与时俱进,全力以赴向省级示范性中学冲刺——××中学校长×××2012年述职报告》。正题是对述职内容的高度概括,答案为D。

32. 参考答案:D

解析:这句话的主要作用是承上启下,所以答案为D。

二、多项选择题

1. 参考答案:ABCD

解析:计划不是一个单一的文种,它是由设想、纲要、规划、要点、安排、方案等文种共同组成的一种文体。所以答案为全选。

2. 参考答案:AD

解析:总结和调查报告都可以使用主辅标题的形式,答案为AD。

3. 参考答案:ABCD

解析:ABCD四项都是写作计划时应注意的。

4. 参考答案:ABCD

解析:计划的特点有预见性、目的性、可行性、可变性和约束性,可见以上四项全都正确。

5. 参考答案:ABCD

解析:上述四项均符合计划类公文的标题形式,答案为ABCD。

6. 参考答案:ABCD

解析:如果计划不成熟或没有经过正式讨论通过,应在标题后的括号内注明"初稿""草稿""征求意见稿",或"讨论稿"等字样。所以答案为ABCD。

7. 参考答案:ABCD

解析:总结常见的标题形式有以下两种,第一种是公文式标题,公文式标题由"机关名称+时间+事由+文种"构成。第二种是新闻式标题。以上四项全都符合总结标题的写作形式,答案为ABCD。

8. 参考答案:BCD

解析:A选项预见性为计划的特点,BCD三选项是总结的特点。

9. 参考答案:ABCD

解析:ABCD四项都是在写作总结时应注意的事项。

10. 参考答案:CD

解析:在撰写总结报告正文的开头部分通常采用概述基本情况或简要揭示总结的主题,为进一步展开叙述奠定基础,AB两项均不属于撰写开头部分的方法。答案为CD。

11. 参考答案: ABCD

解析:上面四项均符合述职报告的特点,答案为ABCD。

12. 参考答案: ABCD

解析:述职报告的标题有多种格式,ABCD都符合述职报告的标题要求。

13. 参考答案: ABCD

解析:述职报告的形成过程包括四个步骤,分别是回顾工作、收集材料、构思成文和检查修正。

14. 参考答案: ABC

解析:ABC三项都是简报的作用。简报的阅读对象是有关单位,包括上级机关、下级机关和不相隶属机关,不是社会公众,因此D项不是。

15. 参考答案: ABCD

解析:简报的特点有简、快、新、密、活、实,所以以上四项全部正确,答案为ABCD。

16. 参考答案: ACD

解析:属于"增刊"的简报,需在期号处注明"增刊"两字,以示区别。其余三项均符合简报报头的写作要求,答案为ACD。

17. 参考答案: ABCD

解析:ABCD四个标题都符合简报的标题要求。

18. 参考答案: BCD

解析:报尾位于简报末页下端,由发送范围和印制份数组成。上级机关称"报",同级或不相隶属的机关称"送",下级机关称"发"。同时在发送范围下界线右下方标明本期简报共印份数。由于简报是内部常用事务文书,若在本单位内部制发就不存在"报""送""发",所以报尾部分有时可以省略。由此可见,答案为BCD。

19. 参考答案: BD

解析:报告与简报的法定地位不同,报告是《党政机关公文处理工作条例》规定的常用公文文种,而简报不是;报告是下级机关向上级机关汇报工作、反映情况、答复上级机关询问时使用的,是上行文种,简报在上行的同时也可以平行或下行;报告必须按照《党政机关公文格式》中通用公文格式制作,而简报有自己的特定格式,还可视具体情况灵活掌握。如:简报一般不要求盖章,而报告是一定要用印的;报告用第一人称(如我、我们),简报多用第三人称(如他、他们)。因此,答案为BD。

20. 参考答案: ABCD

解析:简报在实际工作中有各种各样的称呼,如"工作简报""信息简报""工作动态""内部参考""情况反映"等。所以以上四项均为正确答案,答案为ABCD。

21. 参考答案: ABCD

解析:ABCD项都是简报在实际工作中的作用。因此,答案为ABCD。

22. 参考答案: AC

解析:会议简报属于临时性简报,专题简报属于阶段性简报,所以答案为AC。

23. 参考答案：ABCD

解析：调查报告的特点有针对性、客观性、时效性、典型性和研讨性等，所以答案为 ABCD。

24. 参考答案：ABCD

解析：ABCD 四项的说法都是正确的。

25. 参考答案：ABCD

解析：以上四项均符合调查报告标题的写作形式，答案为 ABCD。

26. 参考答案：ABCD

解析：A 项是公文式标题，由"事由＋文种"的形式组成。B 项是设问式标题，即采用提问的方式写标题。C 项是揭示主题式标题，即用简要语言揭示调查报告的主题。D 项是正副标题式，即用正题揭示报告的主题，副标题做补充说明。所以答案为 ABCD。

27. 参考答案：ABCD

解析：ABCD 四项均符合调查报告标题要求，理由同 26 题。

28. 参考答案：ABCD

解析：ABCD 四项都是调查报告导语写作常用的方法。

29. 参考答案：ABD

解析：进行调查报告的写作应做到夹叙夹议、叙议结合；注意材料与观点并重；详尽占有材料，如实反映情况。调查报告的写作并没有固定死板的格式。所以答案应为 ABD。

30. 参考答案：ABCD

解析：以上四项都是会议记录的特点，所以答案为 ABCD。

31. 参考答案：ABCD

解析：以上四项都是开头部分写作需要包括的内容，所以答案为 ABCD。

32. 参考答案：ABC

解析：ABC 三项是对会议记录和纪要正确的描述，而 D 选项则将两者颠倒了过来，纪要重在对会议的主要精神、会议议定事项的归纳和介绍；会议记录则侧重于全面、详细地记载会议的内容和经过。所以答案为 ABC。

33. 参考答案：BC

解析：会议记录是关于会议实况和精神的一手资料，并是写作纪要的重要依据，因此需做到真实完整，所以答案为 BC。

34. 参考答案：BCD

解析：总结按照范围分，有行业总结、单位总结、部门总结、个人总结等，所以答案为 BCD。

35. 参考答案：BCD

解析：调查报告的正文通常由导语、主体和结尾三部分组成，导语即前言。答案为 BCD。

36. 参考答案：ABC

解析：会议记录和纪要的写作主体可以为同一人，因此答案为 ABC。

37. 参考答案：ABCD

解析：以上四项都符合述职报告风格严谨性的要求，答案为 ABCD。

38. 参考答案：ABCD

解析：总结的主体部分主要包括基本情况、经验体会、经验教训、今后的打算和努力方向等几个部分。所以答案为 ABCD。

三、判断题（正确填 A，错误填 B）

1. 参考答案：B

解析：计划的约束性体现在两个方面，一是时间的约束，二是计划内容本身的约束。但是计划同样具有可变性的特征，如果计划在执行过程中有意外情况发生时可以根据实际情况对计划做出相应的调整、修改和变动，如有必要，甚至全部改变原计划。

2. 参考答案：B

解析：这句话意指：不论做什么事，实现有准备，就能得到成功，不然就会失败。它强调的是计划的预见性特征。

3. 参考答案：A

解析：总结与报告在行文方向是有区别的，总结既可以上报或下发，也可以存留本单位；而报告只能用作上行文，在用语和行文上都要注意上行文的要求和特点。所以答案为正确。

4. 参考答案：B

解析：《中共××市委关于开展党员评议工作的总结》属于专题总结。

5. 参考答案：A

解析：总结的标题可以是单标题或双标题。

6. 参考答案：A

解析：一般的工作报告在表述方式上大量使用叙述的表达方式，情况、实例的表述占绝大部分，只在篇、部分、段的开头处提纲挈领地使用一些议论性文字。"总结"则不然，其对事实、情况的直接叙述只占少部分，而且是概括性的，较多使用的是议论和说明性文字。

7. 参考答案：B

解析：述职报告是领导干部向选举或任命机构、上级领导机关、主管部门及本单位的群众汇报自己在一定时期内履行职务责任的书面报告，是干部管理考核专用的一种事务性公文。述职者要根据岗位职责和目标说明自己做了什么、取得了哪些成绩、工作效率如何、还存在哪些不足和工作失误等。

8. 参考答案：B

解析：述职报告和总结在评判标准上面存在差异，总结常常以一定时期所做的具体工作为评判标准；述职报告更多的是依据岗位职责来对述职者做出评判。

9. 参考答案：A

解析：述职报告按照表达形式可以分为口头述职报告和书面述职报告。

10. 参考答案：B

解析：工作总结主要用来介绍某个单位和部门的具体工作情况；述职报告的内容则更加关注述职

者的工作态度、工作成绩。

11. 参考答案：A

解析：简报的特点之一为"简"，就是指篇幅简短、文字简洁、意思简明、内容简要。要做到简，内容就得主题集中，重点突出，遵循一文一事的原则。

12. 参考答案：B

解析：所谓"活"，就是指简报行文的灵活性。简报可以向上级机关行文，也可以向下级单位行文，还可以向平级单位行文。而不是指简报的写作无固定格式的束缚和无具体内容要求。

13. 参考答案：B

解析：简报的编发日期，一般以领导签发的日期为准。

14. 参考答案：A

解析：简报由报头、报核、报尾三部分组成。

15. 参考答案：A

解析：按语，又称"编者按"，是对所编发的简报进行提示、评论、阐述或补充说明的文字，旨在帮助读者领会简报的主体，对阅读简报起到领导作用。

16. 参考答案：B

解析：简报不同于各级各类组织中制发的正式公文，它只起到传递信息、给决策提供参考的辅助作用，因此，它并不具有正式文件的法定效用，所以也就不能用简报代替"意见"等公文。

17. 参考答案：A

解析：工作简报，是反映机关或者系统内部日常业务工作情况的简报，属于按时印发的长期性简报；会议简报，是为了组织和引导会议的进行，及时反映各种会议情况而在会议期间编写的简报，属于临时性简报。

18. 参考答案：A

解析：命题符合简报正文中结尾部分的写作要求，所以答案为：正确。

19. 参考答案：B

解析：《关于中学生思想品德状况的调查报告》属于基本情况调查报告。

20. 参考答案：B

解析：会议记录很重要的一个特征就是凭据性，是指会议记录是对会议原始情况的真实记录，是重要的第一手材料。会议记录的材料来源不可以是间接的第二手材料。

21. 参考答案：A

解析：重要的会议记录一般要求在每次记录完毕后、散会前把记录当场宣读，发现错误或遗漏应立即更正或补充，然后由会议主持人和记录人在记录后边签字，以示负责，同时还要逐页编写页码，并在首页或记录末尾注明本次记录的总页数。

22. 参考答案：A

解析：会议记录是会议情况的真实反映，是会后了解会议召开情况、研究有关问题、贯彻会议精神和拟定有关文件(纪要)的重要参考资料，还可以起到备查的作用。

23. 参考答案：A

解析：会议记录按照形成的方式可以分为笔录、录音、录像，笔录而成的会议记录又可分为表格式会议记录和文章式会议记录。所以答案为：正确。

24. 参考答案：A

解析：会议记录的落款部分要求做完会议记录之后，由会议主持人和记录人签名，最后署上年、月、日。所以答案为：正确。

25. 参考答案：B

解析：会议记录一般在单位内部使用，不能外发。

26. 参考答案：A

解析：述职报告必须有主送机关或称谓。

27. 参考答案：A

解析：总结的标题是对观点的概括。

28. 参考答案：A

解析：正副标题式是调查报告标题的一种形式，即用正题揭示报告的主题，副标题做补充说明。

第九章

一、单项选择题

1. 参考答案：A

解析：《财政违法行为处罚处分条例》是奖惩性条例，《乡村医生从业管理条例》是职责性条例，《风景名胜区条例》是措施性条例。

2. 参考答案：B

3. 参考答案：B

4. 参考答案：C

5. 参考答案：D

6. 参考答案：C

7. 参考答案：C

解析：管理办法是各单位在某方面工作尚无条文可依的情况下，为实现有效管理，常使用办法来制定工作法则，而无宏观办法与具体办法一说。

8. 参考答案：B

9. 参考答案：B

10. 参考答案：B

11. 参考答案：C

解析：由于公约是社会成员在自觉自愿的基础之上，通过民主协商的方式制定，这便要求公约的语言应该通俗、易懂，避免晦涩。

12. 参考答案：B

13. 参考答案：B

解析：细则也称实施细则，是有关机关或部门为使下级机关或人员更好地贯彻执行某一法令、条例和规定，结合实际情况，对其所作的详细的、具体的解释和补充，具有操作性的特点。故本题答案选 B。

14. 参考答案：A

二、多项选择题

1. 参考答案：ABCD

解析：ABCD 四项均是规定和条例的区别点。

2. 参考答案：AC

解析：作为公文的办法，分为管理办法和实施办法，没有微观办法和具化办法。

3. 参考答案：AB

解析：无法规性规则与政策性规则一说。

4. 参考答案：ABCD

解析：以上四个选项均符合规范类公文的特点要求。

5. 参考答案：ABC

解析：公约的正文由引言、主体、结尾三部分组成。

6. 参考答案：ABCD

解析：ABCD 四项均为条例的特点。

三、判断题（正确填 A，错误填 B）

1. 参考答案：B

解析：发文机关可以省略。

2. 参考答案：B

解析：条例的适用范围广泛，不仅涉及经济、政治、文化领域，还有教育、科技、卫生、公安、民政、民族事务等诸多领域。

3. 参考答案：B

解析：规定适用范围广泛，党政机关、企事业单位等均可使用。

4. 参考答案：A

5. 参考答案：A

6. 参考答案：B

解析：发文机关也可省略，但不常见。

7. 参考答案：A

8. 参考答案：A

9. 参考答案：A

10. **参考答案**：B

解析：守则的标题一般由发文机关、事由和文种类别组成，但发文机关和事由可以省略。

第十章

综合练习题（一）

一、单项选择题

1.【答案】 B

解析：调查报告以介绍事实材料为主，运用叙述的方法把事情的起因、发展和结果交代清楚，但它不是运用文学具体描绘和形象刻画，是让读者具体了解经验成功之处或错误失误之处，所以要运用材料叙述来说明问题。为了揭示事物的本质意义，表明作者的主观见解，在叙述的过程中，作者往往要进行一些议论。但这种议论只能是"画龙点睛"，要恰到好处、点到即止。所以，本题答案选 B。

2.【答案】 B

解析：印章是体现公文效力的表现形式，是公文生效的标志，是鉴定公文真伪最重要的依据之一。公文中有发文机关署名的，应当加盖发文机关印章，并与署名机关相符。有特定发文机关标志的普发性公文和电报可以不加盖印章。故本题答案为 B。

3.【答案】 B

解析：过渡用语是在公文的段落之间使用，承上启下，起过渡作用，题干中的"据此、为此、现函复如下"等属于过渡用语；引叙用语是在引叙来文时使用的，如"现接、近接、前接"等；开端用语是用于表示行文的目的、依据和原因，如"为、由于、依据"等；经办用语是用于表示工作办理的时间及过程，如"业经、已经、兹经"等。故本题答案为 B。

4.【答案】 C

解析：完整的公文标题由机关名称、事由、文种组成，也有一些标题省略机关名称或事由，但不管是哪个文种都不能省略文种名称。故本题答案为 C。

5.【答案】 B

解析：《党政机关公文处理工作条例》自 2012 年 7 月 1 日起施行。1996 年 5 月 3 日中共中央办公厅发布的《中国共产党机关公文处理条例》和 2000 年 8 月 24 日国务院发布的《国家行政机关公文处理办法》停止执行。故本题答案为 B。

6.【答案】 D

解析：根据 2012 年 7 月 1 日起实施的《党政机关公文处理工作条例》（中办发〔2012〕14 号）及党政机关公文格式国家标准，现行的公文格式中已经不需要标引"主题词"了。故本题答案为 D。

7.【答案】 B

解析：述职报告是指各级各类机关工作人员，主要是领导干部向上级、主管部门和下属群众陈述任职情况，包括履行岗位职责，完成工作任务的成绩、缺点问题、设想，进行自我回顾、评估、鉴定的书面报告。所以本题答案选 B。

8.【答案】 A

解析：通知、请示、报告都必须标注确定的主送机关,公告、通告、公报,以及法规、规章、管理规章等,可以不写主送机关。所以本题答案为A。

9.【答案】 C

解析：函适用于不相隶属机关之间商洽工作、询问和答复问题、请求批准和答复审批事项。农业技校与工商局之间并没有隶属关系,故两者行文应用函。故本题答案选C。

10.【答案】 A

解析：2012年最新发布的《党政机关公文处理工作条例》规定,通报适用于表彰先进、批评错误、传达重要精神和告知重要情况。故本题答案选A。

11.【答案】 D

解析：公函,正式的或官方的书信。公函是党政机关、人民团体、企事业单位间商洽和联系工作时使用的一种文体。便函是机关团体发出的形式比较简便、非正式公文的信件。来函和去函是函的两种发文形式。所以本题答案选D。

12.【答案】 B

解析：同一组织系统中的上、下级机关间是领导与被领导的隶属关系；同一专业系统中上级主管业务部门与下级主管业务部门之间是指导与被指导关系。市文化局与省文化厅属于同一专业系统,所以是指导与被指导的关系。故本题答案为B。

13.【答案】 B

解析：条例、规定、办法是属于公文中的规范性文件。规范性文件是指具有法定效力和规范体式的文书。这类公文在颁发程序、执行落实上比较规范,约束力强,下级机关必须贯彻执行。故本题答案为B。

14.【答案】 A

解析：一般情况下公文生效的日期是签发日期。公文的标题一般由发文机关名称、事由、文种三要素构成。公文的秘密等级分为"绝密""机密""秘密"三种。紧急公文应当分别标注"特急""加急"。故本题正确答案为A。

15.【答案】 C

解析：公文代表了发文机关及其负责人的意志,公文作者一般是指发文机关及其负责人,撰写人不是公文的作者,主送机关和抄送机关要和公文的作者无关。

16.【答案】 C

解析：联合行文时,一般应当将主办机关名称排列在前。故本题答案为C。

17.【答案】 A

解析：行文关系根据隶属关系和职权范围确定。一般不得越级行文。根据题干,为了维护正常的领导关系,应逐级行文。故本题答案为A。

18.【答案】 D

解析：公文从应用范围的角度可分为通用公文和专用文书。故本题答案为D。

19.【答案】 C

解析:狭义的公文,是指党政机关处理公务时所使用的公文。故本题答案为 C。

20.【答案】 A

解析:公文须经领导审批(即审核签发)后才能制发。联合行文时才需要会签。登记、承办是收文办理的环节。故本题答案为 A。

二、多项选择题

1.【答案】 AB

解析:涉密公文应当标明密级和保密期限,其中,涉密公文一般还应当标明份号。如果涉密公文不需要规定送达的时限,则不需要标注紧急程度,只有紧急公文,即需要按规定时限送达的公文才应当标注紧急程度。涉密公文还可以在附注中标注阅读对象(阅读范围),但不是预读对象。故本题正确答案为 AB。

2.【答案】 ABCD

解析:公文语言的主要特点是庄重、准确、严谨、规范、平实、得体等。

3.【答案】 CD

解析:隶属关系包括:(1)上级领导机关与下级领导机关之间的关系;(2)上级业务部门与下级业务部门之间的关系。本题中的 AB 项均属于隶属关系,CD 两项则不属于隶属关系。

4.【答案】 ABD

解析:主送机关是公文的主要受理机关,不属于公文标题的内容。公文的标题一般由发文机关名称、事由、文种三要素组成。

5.【答案】 ABCD

解析:通用公文,是指党政机关、社会团体和企事业单位及其他组织在公务活动中普遍形成和使用的公文。

6.【答案】 AD

解析:公文主体包括:标题、主送机关、正文、附件说明、发文机关署名、成文日期、印章、附注、附件。选项 B"签发人"属于版头部分。选项 C"主题词"根据最新的《党政机关工作条例》已取消。故本题答案选 AD。

7.【答案】 ABC

解析:联合行文就是同级机关、部门或单位可以联合发文的形式。同级党政机关、党政机关与其他同级机关必要时可以联合行文。同级是联合行文的前提条件。故本题答案为 ABC。

8.【答案】 ACD

解析:公文立卷应当根据不同的保存价值来确定保管期限,保管期限分永久、长期和短期三种。故本题答案为 ACD。

9.【答案】 ACD

解析:公文写作者应具备的主要素养是:政治素养、知识素养、智能素养。故本题答案为 ACD。

10.【答案】 ABC

解析： 消除歧义的主要途径是语言变换；禁止滥用省略；在语句中增加必要的限定修饰成分；提供尽可能充分的语言环境；保证语句含义单一明确；禁用夸张、拟人、反语、双关等修辞格。故本题答案为 ABC。

三、判断题(正确填 A,错误填 B)

1.【答案】 A

解析：《党政机关公文处理工作条例》规定：公文被撤销的，视为自始无效；

2.【答案】 A

解析：《党政机关公文处理工作条例》规定：公文被废止的，视为自废止之日起失效。

3.【答案】 B

解析：《党政机关公文处理工作条例》规定：不具备归档和保存价值的公文，经批准后可以销毁。未经审查批准，任何部门和个人均不得私自销毁公文。

4.【答案】 A

解析：《党政机关公文处理工作条例》规定：销毁涉密公文必须严格按照有关规定履行审批登记手续，确保不丢失、不漏销。个人不得私自销毁、留存涉密公文。

5.【答案】 A

解析：《党政机关公文处理工作条例》规定：党政机关公文应由文秘部门或者专人统一管理。

6.【答案】 B

解析：公文的法定效力具有一定的时间性，被称为公文的时效性。公文法定效力的大小主要取决于公文内容的重要程度和现实需要。因此，该判断错误。

7.【答案】 B

解析：公文的权威性和行政约束力来自发文机关的权威和合法地位，而不是审核机关。

8.【答案】 A

解析：根据《党政机关公文处理工作条例》规定，决定适用于对重要事项作出决策和部署、奖惩有关单位和人员、变更或者撤销下级机关不适当的决定事项，因此，该判断正确。

9.【答案】 A

解析：《党政机关公文处理工作条例》规定：绝密级公文应当由专人管理。

10.【答案】 A

解析：根据规定：设立党委(党组)的县级以上单位应当建立机要保密室和机要阅文室。

综合练习题(二)

一、单项选择题

1.【答案】 D

解析：公文具有法定的权威性，这是其他的信息记录所不具备的，因此公文区别于其他信息记录的特点是具备法定的权威性。故本题答案为 D。

2.【答案】 A

解析:定稿也称为签发稿,是经审阅修改,由机关单位负责人签发或经一定会议讨论通过正式生效的文稿。故本题答案为A。

3.【答案】 A

解析:公文的语言要求准确、简明、平实、庄重、得体。其中,第一要求是准确。故答案为A。

4.【答案】 C

解析:上行文指下级机关向所属上级机关的发文,如请示、报告。上行文的结尾用语往往是"当(妥)否,请批复(示)""以上报告,请审阅""以上意见如无不妥,请批转各地、各单位贯彻执行"等等,属于祈望请求式。因此,本题选择C选项。

5.【答案】 B

解析:只有联合行文时才涉及会签,单一机关行文无须会签,因此选B。

6.【答案】 D

解析:通告适用于在一定范围内公布应当遵守或周知的事项,因此选D。

7.【答案】 A

解析:多个部门联合办理的公文,原件由主办单位归档。因此,本题选择A选项。

8.【答案】 D

解析:《党政机关公文处理工作条例》第17条规定,同级党政机关、党政机关与其他同级机关必要时可以联合行文。政府与其下一级政府并非同级,因此,本题选择D选项。

9.【答案】 C

解析:抄送机关,是除主送机关外需要执行或者知晓公文内容的其他机关。

10.【答案】 D

解析:函适用于不相隶属机关之间商洽工作、询问和答复问题、请求批准和答复审批事项。

11.【答案】 D

解析:公文主体部分,其结构层次序数运用正确的是"一、""(一)""1.""(1)"。

12.【答案】 C

解析:题目明旨指的是文章的标题点明主旨。故本题答案选C。

13.【答案】 B

解析:平行文是指向同一组织系统的同级机关或非同一组织系统的任何机关发送的公文。所以当作者与主要受文者存在不相隶属关系时应用平行文。故B项正确。

14.【答案】 D

解析:命令(令)是一种领导指挥性公文。故本题答案选D。

15.【答案】 C

解析:发文机关标志由发文机关全称或者规范化简称加"文件"二字组成,也可以使用发文机关全称或者规范化简称。故本题答案选C。

16.【答案】 D

解析：在文学创作中，有素材、题材之分，在公文写作中，凡是被公文作者有意识地搜集的事实、数字、论据，不论是否写入公文，都称为材料。

17.【答案】 A

解析：在公文写作中，"尤其值得注意的是""不难看出""值得强调的是""尽管……但是"等语句都起到强调观点的作用。故本题答案选A。

18.【答案】 B

解析：公文写作中最常用的表达方式是叙述、说明、议论，很少描写和抒情。

19.【答案】 A

解析：国家秘密的密级分为"绝密""机密""秘密"三级。"绝密"是最重要的国家秘密，泄露会使国家的安全和利益遭受特别严重的损害；"机密"是重要的国家秘密，泄露会使国家的安全和利益遭受严重的损害；"秘密"是一般的国家秘密，泄露会使国家的安全和利益遭受损害。因此按照程度由高到低是绝密、机密和秘密。

20.【答案】 C

解析：A项中的年月日不能使用简写的汉字，应该用阿拉伯数字。B项中日期写法不当，根据规定，日期应当写明具体的年、月、日。D项省略号与"等等"重复。正确写法是经营项目有：馄饨、饺子、面条，等等。C选项数字使用正确，因此，本题答案为C。

二、多项选择题

1.【答案】 ABCD

解析：ABCD四个选项均为公文的作用。

2.【答案】 ABD

解析：A选项中存在的问题一是"其他学院的领导"有歧义，可改为"学院的其他领导"；二是前半句是已然句态，后半句是未然句态，句态不一致，应去掉"将"字，并在"参加"后面加"了"。B选项中"加强全面质量管理"是单一项，"能否搞好企业管理"则是双向，即"能"和"否"，和前半句不能完全对应，应该删去"能否"。D选项无主语，应该删去"从……里"。故本题正确答案为ABD。

3.【答案】 BCD

解析：收悉是指收到（信件等）并知道了其中的内容。如：来函收悉。一般在开头，不是公文结尾。"此复""为盼""妥否"均可以作为公文的结尾。故本题答案为BCD。

4.【答案】 ABC

解析：根据公文的涉密程度，公文的密级分为绝密、机密、秘密三级。故本题答案为ABC。

5.【答案】 AB

解析：公文密级应当标注在公文首页版心左上角第二行。故本题答案为AB。

6.【答案】 AD

解析：紧急程度是公文送达和办理的时限要求。根据紧急程度，紧急公文应当分别标注"特急""加急"，电报应当分别标注"特提""特急""加急""平急"。故本题答案为AD。

7.【答案】 ABD

解析：公文标题一般由发文机关名称、事由、文种组成。

8.【答案】 BD

解析：受双重领导的机关在报送请示时应坚持主送一个上级机关，根据需要抄送另一个上级机关的原则，不能将这些领导机关都列为主送机关，因此 A 选项错误。请示作为上行文原则上主送一个上级机关，根据需要同时抄送相关上级机关和同级机关，不得抄送下级机关，所以 C 选项错误。除上级机关负责人直接交办事项外，不得以本机关名义向上级机关负责人报送公文，所以 B 选项正确。请示应按机关的隶属关系，逐级报送，在一般情况下不能越级行文，所以 D 选项正确。故本题答案为 BD。

9.【答案】 ABCD

解析：越级行文的特殊情况有：遇有特殊重大紧急情况，如战争、自然灾害等；经多次请示直接上级，长期未得到解决的重大问题；上级领导或领导机关交办，并指定越级直接上报的事项；对直接上级机关或领导进行检举、控告；直接上下级机关有争议，而无法解决的重大问题；询问、联系无须经过直接上级机关的一些工作问题等。故选 ABCD。

10.【答案】 ABD

解析：征求意见稿、讨论稿以及送审稿都还不具有正式公文的效用，它们都属于草稿。只有定稿是经过发文机关负责人审批签发的具有法定效用的正式文稿。

三、判断题(正确填 A，错误填 B)

1.【答案】 A

解析：符合公文处理的规定。

2.【答案】 A

解析：符合公文处理的规定。

3.【答案】 A

解析：符合公文处理的规定。

4.【答案】 A

解析：符合公文处理的规定。

5.【答案】 B

解析：公文办理包括收文办理、发文办理和整理归档。签发不属于公文办理的环节。

6.【答案】 A

解析：符合公文处理的环节规定。

7.【答案】 B

解析：签收是收文办理工作的开始。

8.【答案】 A

解析：符合公文处理环节的规定。

9.【答案】 A

解析:符合公文处理环节的规定。

10.【答案】 B

解析:催办分为内催办、外催办,没有复合催办。

综合练习题(三)

一、单项选择题

1.【答案】 D

解析:《党政机关公文处理工作条例》规定,标题由发文机关名称、事由和文种组成。故本题答案选 D。

2.【答案】 C

解析:公文标题一般由发文机关名称、事由和文种组成。它通常有四种形式:一是发文机关名称、事由、文种三个要素全部具备的公文标题。二是事由和文种两个要素构成的公文标题。三是发文机关名称和文种两个要素构成的公文标题。四是只标明文种的公文标题。故本题答案选 C。

3.【答案】 A

解析:为了统一中国共产党机关和国家行政机关公文处理工作,2012 年 4 月 16 日印发《党政机关公文处理条例》。在"文种"方面,《国家机关处理办法》规定公文种类有 13 种,其中没有决议和公报。《党政机关公文处理工作条例》规定文种为 15 种,增加了"决议"和"公报"。

4.【答案】 A

解析:机关之间公文行文方式有四种:逐级行文、多级行文、越级行文、直接行文。为维护组织系统的合理分工和正常的工作秩序,一般应逐级行文,避免越级行文和多级行文,因情况特殊,确需越级行文时,一般应抄送越过的机关;不相隶属的机关之间,应按平行文采取直接行文的方式。

5.【答案】 B

解析:主送机关,是指公文的主要受理机关,即对公文负主办或答复责任的机关。

6.【答案】 B

解析:公文一般有印发机关和印发日期,印发机关和印发日期一般在版记最后一行,印发机关在前、印发日期在后,且处于同一行上,所以选 B。注意"印发机关和印发日期"与"发文机关"和"成文日期"的区别。

7.【答案】 A

解析:以强制力推行的用以规定各种行为规范的法律、法规、规章称为规范性文件。

8.【答案】 B

解析:条例、规定、办法是属于公文中的规范性公文。

9.【答案】 D

解析:联合行文,不能只由主管机关加盖公章,而应由联合发文的各机关分别加盖公章。更不可以由协办机关代章,也没有必要让主送机关盖章。因此,ABC 选项是错误的,D 选项是正确的。

10.【答案】 D

解析：公文区别于其他信息记录的特点是具备法定的权威性。故本题答案选D。

11.【答案】 D

解析：份号是指公文印制份数的顺序号，涉密公文应当标注份号。

12.【答案】 A

解析：规范性公文的成文日期一般是指公文发布或通过或批准的日期。故本题答案选A。

13.【答案】 C

解析：秘密公文，是一般的国家秘密，一旦泄露会使国家的安全和利益遭受损害。故本题答案选C。

14.【答案】 D

解析：审核签发公文有分工，根据规定，公文由发文机关负责人审批签发，重要公文和上行文由机关主要负责人审批签发。故本题答案选D。

15.【答案】 B

解析：通知是行政公文中应用最广泛、使用率最高的一种公文，而不是报告。ACD三项说法正确。

16.【答案】 B

解析：公文的法定作者不是公文的起草人，而是公文的发文机关，该公文的发文机关是财政局。同时，发文机关的内设机构除办公厅(室)外，均不能对外正式行文。因此，该题的正确选项是B项。

17.【答案】 C

解析：联合行文时主办机关排列在前，其他机关依次向后排列。因此，正确选项是C项。

18.【答案】 C

解析：根据规定，联合行文时主办机关排列在前，其他机关依次向后排列。加盖印章的顺序应和发文机关标志、发文机关署名的排列顺序一致，即主办机关印章在前，其他发文机关的印章依次向后排列。因此，正确选项是C项。

19.【答案】 A

解析：公文的作者一般是指公文的发文机关，该公文的发文机关就是××厂。因此，A项正确。

20.【答案】 B

解析：根据规定，向下级机关或者本系统的重要行文，应当同时抄送发文机关的直接上级机关。因此，B选项正确。

二、多项选择题

1.【答案】 ABC

解析：公布性、普发性公文，如公报、公告、通报、通告等文种内容不涉密，没有秘密程度。根据内容需要，命令有的涉密，有的不涉密。故本题答案选ABC。

2.【答案】 AC

解析:B选项有两处错误,一是引对方的公文既无标题又无发文字号;二是"收到了"为口语。D选项缺少主语。所以,答案是AC。

3.【答案】 BCD

解析:根据《党政机关公文处理工作条例》,公文的拟制包括起草、审核、签发等程序。

4.【答案】 ABD

解析:ABD三个选项属于公文主体部分的要素。

5.【答案】 ABD

解析:联合行文的各机关部门必须是同级的。四个选项中只有C项不符合,故本题答案为ABD。

6.【答案】 ACD

解析:上级机关、不相隶属机关包括平级之间的公文适用"转发"。下级机关的文件适用"批转",而不是"转发"。B选项排除。故本题正确答案为ACD。

7.【答案】 ABC

解析:本题考查公文文种的选用依据。一般情况下公文的文种应根据行文目的、发文机关的职权范围和与主送机关的行文关系确定。所以选择ABC。

8.【答案】 BCD

解析:同级是联合行文的前提条件,A选项中的省人力资源与社会保障厅是省政府的一个部门,不可以和省委、省政府联合行文。所以只有BCD选项是正确的。

9.【答案】 ABC

解析:ABC选项是正确的。D项显然不符合公文写作的基本要求。

10.【答案】 ABCD

解析:ABCD四个选项均是。

三、判断题(正确填A,错误填B)

1.【答案】 A

解析:该判断符合公文处理的环节要求。

2.【答案】 A

解析:该判断符合公文处理的要求。

3.【答案】 A

解析:该判断符合公文处理的要求。

4.【答案】 B

解析:涉密公文应当按照发文机关的要求和有关规定进行清退或者销毁。

5.【答案】 A

解析:定稿是内容已确定,已履行法定生效程序的最后完成稿,具备正式公文的效用,是制作公文正本的标准依据。

6.【答案】 B

解析：审核后的文稿仍是草稿,只有签发后的文稿才成为定稿。

7.【答案】 A

解析：该判断符合公文处理的要求。

8.【答案】 B

解析：主要领导人因公外出,可以授权或委托其他副职领导人代为签发,事后再送主要领导人核阅。

9.【答案】 A

解析：该判断符合公文处理的要求。

10.【答案】 A

解析：该判断符合公文处理的要求。

综合练习题（四）

一、单项选择题

1.【答案】 A

解析：正本、副本、试行本都是正式公文,具有法定效用,且效用等同。草稿由于内容未正式确定,所以不具备正式公文的效用。因此,只有A项是正确的。

2.【答案】 A

解析：成文日期署发文机关负责人签发或者会议通过的日期。联合行文时,署最后签发机关负责人签发的日期。因此,A选项是正确的。

3.【答案】 C

解析：该题四个选项中,ABD三个选项的内容不管是表示敬意,还是阐明制发公文的根据、目的、原因,均应放在公文的开头部分,而不是放在结尾部分。公文的结尾形式有多种,而发出号召、提出希望和要求是其中的一种形式。因此,该题的正确选项是C项。

4.【答案】 A

解析：规范性公文的内容一般是被实践反复证明的、具有普遍性的问题,因此A项正确。规范性公文的内容比较概括,制发机关也不仅限于国家机关,日期一般以会议通过或发布的日期为准。因此,BCD三项不正确。

5.【答案】 C

解析：通常情况下,具有领导和被领导关系、业务上具有指导与被指导关系的单位之间行文,一般采用逐级行文的方式。但在特殊情况下,如发生重大灾情、战争,或多次请示上级机关而未解决,则可以采用越级行文的方式。越级行文时要把公文抄送被越过的机关。因此,C选项是正确的。

6.【答案】 A

解析：采用议论的方式撰写公文时,其观点必须正确鲜明。

7.【答案】 D

解析：公文语言不同于文学语言,其主要特点是:准确、简明、庄重、平实、得体、精练、严谨、规范。

因此,D选项是正确的。

8.【答案】 D

解析:公文不是个人的作品,公文是党政机关依法行政的工具,公文表达的是党政机关及其领导人的意志和权力,公文的权威性和行政约束力是以国家机器的强制力作为保障和后盾的。因此公文的权威性和行政约束力,不是来自收文机关和审核机关,也不是来自公文起草者,而是来自制发机关的权威和合法地位。

9.【答案】 C

解析:《国家行政机关公文处理办法》和《中国共产党机关公文处理条例》已于 2012 年 7 月 1 日停止施行;《党政机关公文处理工作条例》由中共中央办公厅与国务院办公厅联合制定,2012 年 4 月 16 日发布,2012 年 7 月 1 日起正式施行,它对党政机关公文处理工作做了全面系统的规定;《党政机关公文格式》(国家标准:GB/T 9704-2012)由国家质量监督检验检疫总局、国家标准化管理委员会联合制定,于 2012 年 6 月 29 日发布,2012 年 7 月 1 日起正式实施,此标准是对《国家行政机关公文格式》(国家标准:GB/T 9704-1999)的修订,它只是对公文格式国家标准的规定,不是对公文处理工作的全面规定和要求。因此正确答案为 C。

10.【答案】 A

解析:绝密公文、有重大错漏情况的公文、被明令撤销的公文均在需要清退的范围。已经领导人本人审阅的讲话稿则不需清退。

11.【答案】 D

解析:定稿是内容已确定、已履行法定生效程序的最后完成稿,具备正式公文的效用。

12.【答案】 A

解析:联合发文时,联合发文的机关必须做好会签。只有联合发文时才会有会签这个程序,单一机关发文时只有签发,没有会签。

13.【答案】 A

解析:A 项容易导致语句表述不完整。

14.【答案】 D

解析:市公安局准备严禁赌博,具有强制性,而且是事前制定规定和要求,告知范围是局部的,不是国内外,告知对象是自然人,而不是单位,所以应使用通告。故本题答案选 D。

15.【答案】 B

解析:批复适用于答复下级机关请示事项。故本题正确答案选 B。

16.【答案】 A

解析:述职报告是写实的工作报告,目的在于让人了解自己或自己工作单位的工作情况,因此内容必须具体,但又不宜面面俱到。述职报告的重点是政绩部分,对重点问题的决策、重点问题的解决和重点难点的突破、重点项目的经济效益、重点事情的处理和重点人的思想工作等,这些方面都应该详写。故本题答案选 A。

17.【答案】 A

解析：意见可以用于上行文、下行文和平行文。请示、报告只能用于上行文，通告属于下行文。

18.【答案】 C

解析：决定适用于对重要事项作出决策和部署、奖惩有关单位和人员、变更或者撤销下级机关不适当的决定事项。故本题答案选C。

19.【答案】 B

解析：转发性通知适用于转发上级机关、同级机关和不相隶属机关的文件。发布性通知用于发布规范性文件、下达计划和印发领导讲话等。告知性通知亦称知照性通知、事务性通知。批转性通知是上级机关批转下级机关来文时使用的一种通知。故本题答案选B。

20.【答案】 D

解析：批复的正文包括批复引据（开头）、批复内容和结语。批复引据部分的写作形式比较固定，通常按先后顺序引述下级机关请示的日期、标题和发文字号，作为批复的起因和根据，然后以"现就××事项批复如下"或"现批复如下"等过渡语句引出下文。故本题答案选D。

二、多项选择题

1.【答案】 BCD

解析：公文标题一般由发文机关名称、事由和文种组成，故A选项表述正确。BC选项的表述是错误的。标题要做到词意完整，长短适宜，因此公文标题不可太长，D选项表述不正确。

2.【答案】 AD

解析：公文的语言要做到准确、庄重、简明、平实、得体，不能使用文学语言。故本题答案选AD。

3.【答案】 AC

解析：公文的写法是固定的，无须向领导请示。写作公文前不需选择恰当的语言，只有在写作过程中才需选择恰当的语言。

4.【答案】 BCD

解析：A项语意不明，不能只严厉打击少数腐败分子，而对大多数腐败分子不进行打击，因此，"少数"两个字是多余的，改成"我们一定要严厉打击腐败分子，把反腐败进行到底"。BCD三个选项是正确的。

5.【答案】 ABC

解析：公文的密级一般是绝密级不超过30年，机密级不超20年，秘密级不超过10年。据此，本题答案为ABC。

6.【答案】 ABCD

解析：记叙文的逻辑性主要体现在中心论点与分论点之间、层次和段落之间、部分与部分之间、部分与整体之间。

7.【答案】 BCD

解析：议论文体安排层次的方式有四种：总分式、并列式、递进式、对比式。公文写作中没有循环式。

8.【答案】 BD

解析：调查报告是对典型问题、情况、事件进行深入调查，把通过调查所获取的观点、想法和数据，经过分析、综合，找出原因，得出结果，揭示出客观规律的书面报告，调查报告不属于议论文。排除AC，故本题答案选BD。

9.【答案】 AB

解析：公文开头的一般写法是重在实务，既不描写环境，也不渲染气氛，更不抒发感情，而是采用平实的开门见山的写法，说明发文的原因。常见的方式有：(1)以发生事情或存在的问题为发文的根据；(2)以某种法律、法令、决议和上级指示为发文根据；(3)以下级反映的情况为发文的根据；(4)引据对方来文来电作为发文的根据；(5)直接写明发文目的，以目的意义为发文根据；(6)以领导机关或领导人的意见或建议为发文理由；(7)以概括全文中心内容的导语为开头。因此，本题选择AB。

10.【答案】 ABCD

解析：应用文具有规范性、事务性、实用性、时效性、真实性、语言平实简练等特征。因此，本题选择 ABCD。

综合练习题(五)

一、单项选择题

1.【答案】 A

解析：决议适用于经会议讨论通过的重大决策事项。

2.【答案】 B

解析：调查报告有两个共同特点：针对性强、纪实性强。调查报告的针对性表现为：它所反映的内容必须是现实生活中人们普遍关心、迫切需要解决的问题。调查报告的纪实性表现为：它通过对客观事实的叙述，借事论理，用事实揭示事物的规律性。

3.【答案】 C

解析：A选项动宾搭配不当，文种使用不当："关于"后面应该加"实施"；文种应使用"决定"。B选项文种使用不当，词语搭配不当："意见"属于导向性和参考性文书，不具有强制性，而且在"意见"之前加上"试行"也实属多余。D选项动宾搭配不当："进一步"后面应该加"贯彻"。故本题答案为C。

4.【答案】 C

解析：函适用于不相隶属机关之间商洽工作、询问和答复问题、请求批准和答复审批事项，简便实用。故本题答案为B。

5.【答案】 C

解析：议案适用于各级人民政府按照法律程序向同级人民代表大会或人民代表大会常务委员会提请审议事项，故本题答案为C。

6.【答案】 D

解析：请示适用于向上级机关请求指示、批准，故本题答案为D。

7.【答案】 B

解析:通报适用于表彰先进、批评错误、传达重要精神和告知重要情况。故本题答案为 B。

8.【答案】 B

解析:报告为陈述性的上行文,故本题答案为 B。

9.【答案】 D

解析:成文日期指公文生效的时间。署会议通过或者发文机关负责人签发的日期。领导讲话类公文一般不需领导签发。条例的成文日期一般是会议讨论通过的日期。只有请示的成文日期必须以领导人签发日期为准。故本题答案为 D。

10.【答案】 D

解析:常用的请示结束语有:"当否,请批示""当否,请批复""妥否,请批示""妥否,请批复"等。故本题答案为 D。

二、多项选择题

1.【答案】 BC

解析:公文,特别是篇幅较长的公文,不但要突出主旨(也可称之为基本观点),而且还需提炼和安排一些从属观点(也称为小观点)来阐述、说明主旨。只有这样,公文内容才会充实,论述、说明才更充分,文章才更富逻辑力量。故本题答案选 BC。

2.【答案】 AC

解析:公文的作用主要有明法传令、指挥工作、联系公务、沟通信息、记录记载、以为凭据,宣传教育、引导舆论。BD 两项不是公文的作用,故本题答案选 AC。

3.【答案】 AD

解析:组织传阅作为收文管理活动的组成部分,其传阅的依据有两个:(1)文中的阅读范围;(2)领导人批办意见中提出的阅读范围。所以答案为 AD。

4.【答案】 BCD

解析:公文的表达方式,主要是叙述、议论、说明三种。

5.【答案】 ABD

解析:《党政机关公文处理工作条例》中规定的 15 个公文文种是:决议、决定、命令(令)、公报、公告、通告、意见、通知、通报、报告、请示、批复、议案、函、纪要。计划不在列,计划属于事务文书。因此正确的选项是 ABD。

6.【答案】 ABC

解析:公文的特点主要有作者的法定性、效用的现实性、作用的权威性、体式的规范性、处理的程序性,因此 ABC 三个选项符合,D 选项不符合。

7.【答案】 ABC

解析:按行文方向区分公文,是对发文的进一步分门别类,可分为下行文、上行文、平行文三种。

8.【答案】 ABC

解析:按涉及机密的程度,涉密公文可分为绝密件、机密件、秘密件三种。

9.【答案】 ABC

解析: 发文字号一般由机关代字、年份、发文顺序号三部分组成。

10.【答案】 ABD

解析: 工作报告的标题一般由发文机关名称、事由和文种三部分组成。有时可省略发文机关。

综合练习题(六)

一、单项选择题

1.【答案】 A

解析: 决定的特点为:指挥决策性、约束规范性和严肃重要性。命令性不是决定的特点,故本题答案选A。

2.【答案】 A

解析: A项说法是错误的,因为会议记录是与会议同步形成的实录性文书,因此具有同步性特点。BCD三项说法正确。

3.【答案】 A

解析: 简报是由机关、团体和企事业单位内部编发,用来反映情况、沟通信息的一种简要的书面报道或报告。简报名称,除"××简报"外,还有"××工作""××动态""情况反映""简讯"等。故本题答案选A。

4.【答案】 A

解析: 计划是各类机关、社会团体、企事业单位(或个人)对一定时期内即将开展的工作或活动所作的预想性的部署和安排的事务文书,它的突出特点是预想性。故本题答案选A。

5.【答案】 C

解析: 意见行文方向灵活,意见可上行、下行和平行。故本题答案选C。

6.【答案】 A

解析: 转发性通知是用于转发上级机关、同级机关和不相隶属机关的文件使用的通知。由下级党委和政府去传达中共中央和国务院发布的意见属于转发性通知的范畴。所以本题答案选A。

7.【答案】 C

解析: 各机关单位联合行文的前提是同级。题干中两单位非同级机关,不得联合行文。

8.【答案】 C

解析: 述职报告的重点在于对自身工作的认知和对未来工作的规划,总结以往只是其中的一小部分。而总结的重点在于总结以往。这也就决定了二者的选材重点必然会有所不同。因此,本题选择C选项。

9.【答案】 D

解析: 上级机关对下级机关某一项工作作出指示和安排,而根据公文内容又不适宜用"命令"时,可使用指示性通知。

10.【答案】 B

解析：细则也称实施细则，是有关机关或部门为使下级机关或人员更好地贯彻执行某一法令、条例和规定，结合实际情况，对其所作的详细的、具体的解释和补充，具有解释性和操作性的特点。故本题答案选 B。

二、多项选择题

1.【答案】 BCD

解析：下行文是指上级机关向下级机关的行文，也包括上级业务部门向下级业务部门的行文。根据实际工作需要，下行文可分别采用逐级行文、多级行文和越级行文三种方式。直接行文一般是指不相隶属机关之间的行文方式。因此，该题的正确选项是 BCD。

2.【答案】 ABD

解析：公文语言的主要特点是：庄重、准确、简明、平实、精练、严谨、规范、得体等。因此，该题的正确选项是 ABD。

3.【答案】 ACD

解析：报告适用于向上级机关汇报工作，反映情况，答复上级机关的询问。

4.【答案】 BCD

解析：通知的正文的结构一般包括通知缘由、通知事项和执行要求三部分。故本题答案为 BCD。

5.【答案】 ABCD

解析：ABCD 四项均符合通报的写作要求。

6.【答案】 ACD

解析：决定、通知、批复属于下行文，报告是上行文。

7.【答案】 ABD

解析：用于表彰奖励类的文种有三种：通报适用于一般性的表彰，如《省人民政府办公厅关于 2011 年度公文处理工作先进集体和个人的通报》。决定适用于奖惩有关单位和人员，如《国务院关于表彰全国劳动模范和先进工作者的决定》。命令（令）适用于嘉奖有关单位和人员，如《国务院、中央军委关于给武警部队抗洪抢险先进单位及个人授予荣誉称号和记功的命令》。

8.【答案】 BD

解析：上行文原则："下级机关的请示事项，如需以本机关名义向上级机关请示，应当提出倾向性意见后上报，不得原文转报上级机关"，故 B 错误。"党委、政府的部门向上级主管部门请示、报告重大事项，应当经本级党委、政府同意或者授权；属于部门职权范围内的事项应当直接报送上级主管部门"，故 D 错误。"请示应当一文一事。不得在报告等非请示性公文中夹带请示事项"，故 AC 正确。故本题答案为 BD。

9.【答案】 BD

解析：公告，适用于向国内外宣布重要事项或者法定事项。通告，适用于在一定范围内公布应当遵守或者周知的事项。公告所告知的对象不仅是国家，也包括国内外居民等。因此 AC 项说法不正确，BD 项说法正确。

10.【答案】 ABCD

解析：ABCD 四项均符合公文的行文要求。

综合练习题（七）

一、单项选择题

1.【答案】 D

解析：公文中的批复必须在正文开头引述来文的标题和文号。故本题答案选 D。

2.【答案】 B

解析：公文中无论是张贴或者登报的通告，落款处必须写明发文单位和成文日期。故本题答案选 B。

3.【答案】 C

解析：请求上级机关审批事项时应使用请示。故本题答案选 C。

4.【答案】 A

解析：公告适用于向国内外宣布重要事项或者法定事项。故本题答案选 A。

5.【答案】 A

解析：报告适用于向上级机关汇报工作、反映情况，回复上级机关的询问。故本题答案选 A。

6.【答案】 C

解析：函适用于不相隶属机关之间商洽工作、询问和答复问题、请求批准和答复审批事项。故本题答案选 C。

7.【答案】 C

解析：决定，适用于对重要事项作出决策和部署，奖惩有关单位和人员，变更或者撤销下级机关不适当的决定事项，属于下行文。故本题答案为 C。

8.【答案】 C

解析：不相隶属的机关之间联系工作，应使用函。

9.【答案】 C

解析：纪要主要用于记载、传达会议情况和议定事项。

10.【答案】 C

解析：批复是用于答复下级机关请示事项的公文，它是机关应用写作活动中的一种常用公务文书。

二、多项选择题

1.【答案】 BCD

解析：通知适用于发布、传达要求下级机关执行和有关单位周知或是执行的事项。A 选项属于不相隶属机关之间的行文，应用"函"。BCD 三项均应使用通知。

2.【答案】 BCD

解析:平行文指平行机关或不相隶属的机关之间的发文。教育部是教育厅的上级机关,它们之间的行文一般属于上行文或下行文。BCD项中的机关之间属于不相隶属机关,他们之间的行文属于平行文,故本题答案为BCD。

3.【答案】 BC

解析:一般的会议都需要做会议记录,形成纪要的会议更要做好会议记录。纪要是在会议记录等材料基础上的再加工,做会议记录是形成纪要的基础。所以A错误。纪要的内容要客观、如实地反映会议内容,忠实于会议实际,对撰写人来说不能有自己的观点,要原原本本反映与会者意见,所以D错误。BC项正确。

4.【答案】 BCD

解析:B选项缺少事由,应改为"××县政府关于××××的批复"。C选项"同意"前需加"关于"。D选项缺少文种,应改为"国务院关于同意××省完善城镇社会保障体系试点实施方案的批复"。故本题答案为BCD。

5.【答案】 ABCD

解析:ABCD四项均为调查报告的特点。

6.【答案】 BCD

解析:通告与公告的区别有:发布机关不同;内容特点不同;适用范围不同;发布方式不同。A项不是两者的区别。故本题答案为BCD。

7.【答案】 ACD

解析:由题干中来文为上级机关的公文,可知这份公文属于下行文。报告为上行文,A项错误。抄送适用于发文机关的直接上级机关、不相隶属机关或下级机关,此处"××市政府"可能是公文的主要受理机关,也可能是抄送机关,B项正确。若上级机关下发的是知照类的公文,下级机关是无须回复,C项错误。批复适用于答复下级机关请示事项,也不是所有公文都应抄送,收到公文也不能马上存档,D项错误。故本题答案选ACD。

8.【答案】 ACD

解析:决定的内容带有很强的政策性,决定的内容必须和党的有关方针、政策保持一致,也应与机关原有的各项规定紧密衔接,不要相互抵触或前后矛盾,否则就会失去权威性和约束力,失去政策性。制发公文只需发文单位负责人同意即可。ACD三项正确,B项错误。

9.【答案】 ABCD

解析:ABCD四个选项均为报告的类型。

10.【答案】 CD

解析:上行文是指向所属上级机关呈送的公文,主要文种有报告和请示。故本题答案选CD。

综合练习题(八)

一、单项选择题

1.【答案】 A

解析:上行文一般不能直接交给领导者个人,但领导者直接交办的事项可以直接交给领导者个人。

2.【答案】 C

解析:某市卫生局和省歌舞团之间是不相隶属单位,因此应使用函行文。

3.【答案】 B

解析:市政府表彰劳动模范时应使用的文种是决定。命令和通报不适合用于市政府表彰劳模。决议没有表彰功能。

4.【答案】 A

解析:函是"适用于不相隶属机关之间商洽工作,询问和答复问题,请求批准和答复审批事项"的公文。某省教育厅和国家统计局是不相隶属的机关,它们之间询问和答复问题需要用函。

5.【答案】 C

解析:批复是针对请示而发的,属于被动发文。

6.【答案】 C

解析:公报适用于公布重要决定或者重大事项。

7.【答案】 A

解析:纪要适用于记载会议主要情况和议定事项,不需要加盖印章即可生效。

8.【答案】 D

解析:公告发文机关级别较高,多为省、部级以上机关。

9.【答案】 A

解析:命令(令)和通知具有发布规章、规定、办法的功能,决议和决定、意见和函、通告和通报则没有这项功能。

10.【答案】 C

解析:纪要适用于记载会议主要情况和议定事项。故本题答案选C。

二、多项选择题

1.【答案】 CD

解析:现在所有的公文都不需要主题词。排除A项。印发时需要注明印发机关和印发日期,而其他公文一般也需要标明这一要素,排除B项。纪要与一般的公文最大的不同之处是,纪要不盖印章即生效,一般不需要主送机关。故本题答案选CD。

2.【答案】 ABCD

解析:ABCD四项均是请示的构成要素。

3.【答案】 ABCD

解析:ABCD四项均是通报的特点。

4.【答案】 ACD

解析:批复是用于答复下级机关请示事项的公文,是被动行文,下级有请示,上级才会有批复;批复具有较强的约束力和强制性。批复的内容一般针对请示的内容进行回复,具有针对性。因此,本题选择ACD。

5.【答案】 ABD

解析：总结是人们对过去一定时期的工作进行全面回顾、评价、研究，从中找出规律性认识的应用文体。常见的"工作小结""工作回顾""工作体会"等都属于总结。意见不属于总结的应用文体。因此，本题选择ABD。

6.【答案】 ABCD

解析：纪要的主要作用是：沟通情况、交流经验、统一认识、指导工作。因此，本题选择ABCD。

7.【答案】 ABD

解析：决定是适用于对重要事项或者重大行动做出安排、奖惩有关单位及人员、变更或撤销下级机关不适当的决定事项的公文。只有事关全局、政策性强、任务艰巨、执行时间较长的重要工作，才适用决定。故AB项正确。决定与命令（令）都具有权威性、严肃性与强制性，但与命令（令）相比，在发文机关、内容等方面二者都有质的区别。故C项错误。决定具有行文的严肃性、事实的明确性、执行的长效性等特点。故D项正确。因此，本题选择ABD。

8.【答案】 ABCD

解析：决定、决议、通知、批复都属于下行文。

9.【答案】 ABD

解析：公告、公报、通告属于下行文，报告属于上行文。

10.【答案】 AC

解析：命令（令）适用于公布行政法规和规章、宣布施行重大强制性行政措施、批准授予和晋升衔级、嘉奖有关单位及人员。通知适用于发布、传达要求下级机关执行和有关单位周知或者执行的事项，批转、转发公文。故本题答案为AC。

综合练习题（九）

一、单项选择题

1.【答案】 A

解析：命令（令）适用于公布行政法规和规章、宣布施行重大强制性措施、批准授予和晋升衔级、嘉奖有关单位和人员。故本题答案选A。

2.【答案】 D

解析：《立法法》第71条规定：国务院各部、委员会、中国人民银行、审计署和具有行政管理职能的直属机构，可以根据法律和国务院的行政法规、决定、命令，在本部门的权限范围内制定规章。因此，本题选择D选项。

3.【答案】 C

解析：函适用于不相隶属机关之间商洽工作、询问和答复问题、请求批准和答复审批事项。故本题答案选C。

4.【答案】 C

解析：报告适用于向上级机关汇报工作、反映情况，回复上级机关的询问。故本题答案选C。

5.【答案】 B

解析:通报适用于表彰先进、批评错误、传达重要精神和告知重要情况。故本题答案选B。

6.【答案】 A

解析:公文按其内在属性分为:规范性公文(规定、条例、章程、办法、细则等)、指令性公文(命令、决议、决定等)、指导性公文(通知、批复、意见等)、知照性公文(通报、公报、简报等)、公布性公文(公告、通告、布告等)、商洽性公文(函等)、报请性公文(请示、报告等)、记录性公文(会议纪要、大事记等)。故本题答案选A。

7.【答案】 B

解析:该用语属于发函的结束语,按照函的写作要求,应该表述为:贵单位收到此文后,请迅即函复为盼。

8.【答案】 C

解析:向平行和不相隶属机关行文请求或回复需要批准的事项,应使用函,而不用请示和批复。

9.【答案】 C

解析:报告是适用于向上级机关汇报工作、反映情况、回复上级机关的询问,是上行文,故C正确。

10.【答案】 B

解析:调查报告是对某项工作、某个事件、某个问题,经过深入细致的调查后,将调查中收集到的材料加以系统整理,分析研究,以书面形式向组织和领导汇报调查情况的一种文书。细致公正的调查是写好调查报告的前提,没有调查就没有发言权。所以B正确。

11.【答案】 C

解析:财政局就港务局所提问题所作答复,属于不相隶属机关之间相互商洽工作、询问和答复问题的范围,因此,应使用的公文是函。

12.【答案】 B

解析:意见、批复、命令划归为下行文。报告是上行文。

13.【答案】 C

解析:决定的主要特点有:政策性、权威性、规定性、指导性、单一性、稳定性等。但被动性与灵活性不是决定的特点。

14.【答案】 C

解析:主题集中、重点突出、讲求时效都属于通知的写作要求。通知不是文学作品,不能要求语言生动。因此选C。

15.【答案】 B

解析:印章是体现公文效力的表现形式,是公文生效的标志,是鉴定公文真伪最重要的依据之一。公文中有发文机关署名的,应当加盖发文机关印章,并与署名机关相符。有特定发文机关标志的普发性公文和电报可以不加盖印章。故本题答案为B。

16.【答案】 A

解析:各类机关单位对公文立卷地点的正确选择:(1)对一些比较小的机关或基层单位来说,可以考虑由机关的办公室或者秘书室来负责集中进行立卷的工作。(2)对于一些中等机关或者大机关来说,如驻地比较分散,文件数量又较多,则可以考虑各自确定立卷地点;如驻地比较集中,文件数量不算多,则可以考虑集中在秘书部门进行立卷。(3)对于财会、人事、信访、保卫等业务性质特殊的组织机构来说,就可以考虑由他们自己来单独进行立卷。故本题答案为A。

17.【答案】 B

解析:维护文件的高度严密性是指公文语言结构的严密。主要是防止公文内容出现含糊不清、歧义、有漏洞的情况,以免使阅读者怀疑其权威性和正确性。故本题答案为B。

18.【答案】 B

解析:过渡用语是在公文的段落之间使用、承上启下,起过渡作用的,题干中的"据此""为此""现函复如下"等属于过渡用语;引叙用语是在引叙来文时使用的,如"现接""近接""前接"等;开端用语是用于表示行文的目的、依据和原因的,如"为""由于""依据"等;经办用语是用于表示工作办理的时间及过程的,如"业经""已经""兹经"等。故本题答案为B。

19.【答案】 A

解析:《党政机关公文处理工作条例》规定:同级党政机关、党政机关与其他同级机关必要时可以联合行文。选项A中山东省人民政府和济南市人民政府属于上下级关系,不是同级,不能联合行文。所以本题答案选A。

20.【答案】 A

解析:通知、请示、报告都必须标注确定的主送机关,公告、通告、公报,以及法规、规章、管理规章等,可以不写主送机关。所以本题答案为A。

二、多项选择题

1.【答案】 ABCD

解析:ABCD四项均符合总结的标题要求。

2.【答案】 BCD

解析:命令(令)中的任免令用于任免国家领导干部。决定用于任免高级别的领导干部。通知可用于任免基层干部和人员。

3.【答案】 BCD

解析:隶属关系包括:(1)上级领导机关与下级领导机关之间;(2)上级业务部门与下级业务部门之间。A项属于隶属关系,BCD三项属于非隶属关系。

4.【答案】 ABD

解析:AB两项是通知使用广泛、使用频率高的原因,CD两项不是。

5.【答案】 BCD

解析:通知的正文的结构一般包括通知缘由、通知事项和执行要求三部分。故本题答案为BCD。

6.【答案】 AD

解析:公文主体包括:标题、主送机关、正文、附件说明、成文日期、印章、附注、附件。主题词根据最新的《党政机关工作条例》已取消。故本题答案选 AD。

7.【答案】 ABC

解析：联合行文的前提是平级机关。故本题答案为 ABC。

8.【答案】 ACD

解析：上级机关公文，有关法律法规、规章、制度以及有关方针政策，领导者做出的指示，口头指令或其他形式传授的意图可以用作承办工作的依据，下级机关公文则不可以。故本题答案为 ACD。

9.【答案】 ACD

解析：公文立卷应当根据不同的保存价值来确定保管期限，保管期限分永久、长期和短期三种。故本题答案为 ACD。

10.【答案】 ACD

解析：公文写作者应具备的主要素养是：政治素养、知识素养、智能素养。故本题答案为 ACD。

三、判断题（正确填 A，错误填 B)

1.【答案】 A

解析：简报只是对本地区、本部门、本单位的某项工作进展情况、某种开会问题，或会议概况等简要地加以总结，报上级主管机关，发下级单位，起传递信息、交流情况作用的一般性文件，只有参阅性，没有规定性。

2.【答案】 A

解析：演讲稿也叫演说辞，它是在较为隆重的仪式上或某些公众场所发表的讲话文稿。演讲稿具有宣传、鼓动、教育和欣赏等作用。

3.【答案】 B

解析：公告适用于向国内外宣布重要事项或者法定事项。而通告则适用于在一定范围内公布应当遵守或者周知的事项。

4.【答案】 A

解析：该表述符合函的定义。

5.【答案】 B

解析：根据《党政机关公文处理工作条例》规定，党政机关公文主要包括决议、决定、命令（令）、公报、公告、通告、意见、通知、通报、报告、请示、批复、议案、函、纪要15个文种。简报属于事务文书。

6.【答案】 A

解析：该表述符合《党政机关公文处理工作条例》的规定。

7.【答案】 A

解析：该表述符合《党政机关公文处理工作条例》的规定。

8.【答案】 A

解析：该表述符合《党政机关公文处理工作条例》的规定。

9.【答案】 B

解析:根据《党政机关公文处理工作条例》规定,经批准公开发布的公文,同发文机关正式印发的公文具有同等的效力。

10.【答案】 B

解析:议案的发文机关只能是各级人民政府,政党、军队、群团组织一般不能使用。

综合练习题(十)

一、单项选择题

1.【答案】 D

解析:公文的标题一般由发文机关名称、事由和文种组成,故本题答案为D。

2.【答案】 C

解析:A选项动宾搭配不当,文种使用不当:"关于"后面应该加"实施";文件内容有"决定采取以下措施"等语,应使用"决定""规定"。B选项文种使用不当,词语搭配不当:"意见"属于导向性和参考性文书,不具有强制性,而且在"意见"之前加上"试行"也实属多余。D选项动宾搭配不当:"进一步"后面应该加"贯彻"。故本题答案为C。

3.【答案】 A

解析:公文的效力产生的日期是签发日期,A项正确。公文的标题一般由发文机关名称、事由、文种组成,要求词意完整,排列对称,长短适宜,间距恰当,并未对具体字数做要求,现实中一般的公文标题会超过10个字。公文的秘密等级分为"绝密""机密""秘密"三种。紧急公文应当分别标注"特急""加急",电报应当分别标注"特提""特急""加急""平急"。故本题正确答案为A。

4.【答案】 C

解析:某卫生厅和某大学之间是不相隶属关系,之间商洽工作应使用平行文:函。故本题答案为C。

5.【答案】 B

解析:主送机关,是指公文的主要受理机关,即对公文负主办或答复责任的机关,故本题答案为B。

6.【答案】 D

解析:常用的请示结束语有:"当否,请批复","妥否,请批复","当否,请批示","妥否,请批示"等。据此,D项中的请示结束语较为得体。故本题答案为D。

7.【答案】 C

解析:《党政机关公文处理工作条例》第17条规定,同级党政机关、党政机关与其他同级机关必要时可以联合行文。题干中两单位非同级机关,不得联合行文。

8.【答案】 B

解析:正常情况下,上行文应当逐级行文,不能越级行文,下行文可根据工作需要多级行文,或直达基层行文。因此。B选项错误。

9.【答案】 C

解析：公文中的请示均属办件，收文机关必须及时处理，明确作答，限期批复。这也是请示与报告这种阅件的不同之处。故本题答案选 C。

10.【答案】 D

解析：ABC 三项属于将要去做的事项，应使用"通知"。D 项属于已经发生的事项，需把相关情况通报给有关部门，使用"通报"是正确的。

二、多项选择题

1.【答案】 ABCD

解析：ABCD 四项均符合纪要的特点和要求。

2.【答案】 ABCD

解析：公文语言的主要特点是庄重、准确、严谨、规范、得体。

3.【答案】 BCD

解析：公文拟制包括公文的起草、审核、签发等程序。故本题答案为 BCD。

4.【答案】 ABC

解析：ABC 三项属于撰写公文的要求。公文不是文学作品，因此 D 项不是公文写作时的要求。

5.【答案】 ABCD

解析：以上四项均符合《党政机关公文处理工作条例》的要求。故本题答案为 ABCD。

6.【答案】 ABD

解析：凡是反映本机关正常工作活动的，具有查考利用价值的业已办理完毕的公文材料均在立卷归档之列。故本题答案为 ABD。

7.【答案】 ABCD

解析：ABCD 四项都属于应当审核的内容。

8.【答案】 ACD

解析：意见是多向行文，不同行文方向的意见，处理程序也就不同，A 项正确。意见用于对有关问题提出见解和处理办法，对受文者都有一定的强制性影响，B 项错误。CD 两项均符合意见的写作要求和处理程序。

9.【答案】 ABC

解析：该单位违背了公文处理原则中的保证质量原则、时效原则、保密原则。故本题答案为 ABC。

10.【答案】 BCD

解析：B 选项缺少事由，应改为《××县政府关于××××的批复》。C 选项"同意"前需加"关于"。D 选项缺少文种，应改为《×××关于同意××局完善城镇社会保障体系试点实施方案的批复》。只有 A 项正确。故本题答案为 BCD。

三、判断题（正确填 A，错误填 B）

1.【答案】 A

解析：公文的撤销和废止，由发文机关、上级机关或者权力机关根据职权范围和有关法律法规决定。公文被撤销的，视为自始无效。

2.【答案】 A

解析：该表述正确。

3.【答案】 B

解析：不具备归档和保存价值的公文，经批准后可以销毁。

4.【答案】 A

解析：该表述正确。

5.【答案】 A

解析：符合公文管理要求。

6.【答案】 B

解析：公文的法定效力具有一定的时间性，这被称为公文的时效性。

7.【答案】 A

解析：《党政机关公文处理工作条例》规定：公文处理工作是指公文拟制、办理、管理等一系列相互关联、衔接有序的工作。

8.【答案】 A

解析：服务性、程序性、时效性、管理性均为公文处理工作的特点。

9.【答案】 A

解析：该表述符合《党政机关公文处理工作条例》的规定。

10.【答案】 A

解析：该表述符合公文处理的规定。

参考文献

1. 高永贵主编:《公文写作与处理》,北京大学出版社2013年版。
2. 徐成华等主编:《〈党政机关公文格式〉国家标准应用指南》,中国质检出版社、中国标准出版社2012年版。
3. 饶士奇主编:《公文写作与处理》,辽宁教育出版社2004年版。

本书附录收入《党政机关公文处理工作条例》和《党政机关公文格式》,可通过扫描下方二维码获得: